☆外贸单证系列

跟单高手教你做跟单

TO BE THE BEST MERCHANDISER

汪 德 丁叙然 冯英俊◎著

中国海关出版社

图书在版编目(CIP)数据

跟单高手教你做跟单/汪德,丁叙然,冯英俊著.—北京:中国海关出版社,2009.4

ISBN 978-7-80165-623-0

Ⅰ.跟… Ⅱ.①汪… ②丁… ③冯… Ⅲ.国际贸易-单证 Ⅳ.F740.4

中国版本图书馆 CIP 数据核字(2009)第 050395 号

跟单高手教你做跟单

GENDAN GAOSHOU JIAONI ZUO GENDAN

汪 德 丁叙然 冯英俊 著

中国海关出版社

(北京市朝阳区东四环南路甲 1 号 100023)

新华书店经销 北京京都六环印刷厂印刷

2009 年 4 月第 1 版 2011 年 2 月第 2 次印刷

开本:1/16 印张:16.25

字数:235 千字

ISBN 978-7-80165-623-0

定价:32.00 元

海关版图书,印装错误可随时调换

发行部:010-65194229

编辑部:010-65194259

社办书店:010-65195616

出版社网址:www.hgcbs.com.cn

序言

关于本书

当初接到中国海关出版社饶淑荣编辑的约稿时，我感到很有压力，但是想想，这也是对自己的一个挑战，与其担心，还不如把更多的时间放在如何写好这本书上。我想从自己的工作经历出发写一些感受和经验，希望能对外贸同行有所帮助。同时，我也想通过这次机会锻炼一下自己，希望在写完这本书的时候，离高手的距离又近一步。

关于工作

以前在学校里学习的都是理论知识，实际操作几乎没有。当时我的师傅手把手从零开始教我，我自己也很主动学习各方面的知识，师傅教的每件事、每个步骤，自己都记录下来，等第二遍自己操作的时候，就按照自己的记录慢慢摸索，实在不懂的地方再请教他。就这样一步一步走过来，渐渐地我也对单证等流程熟悉了起来。

其实社会跟学校区别很大，在大学里也许背背书、做做题就可以了，很多题目也都会有所谓的标准答案。但到了社会上，情况就复杂多了，很多东西都要学会变通，很多工作都会有很多不同的方法去完成，而且效果也会不一样。每件事都没有所谓的标准答案，而且只要你努力、方法得当，就可以做得更好。各个方面都是相互联系、相互影响的，其中最重要的一个环节就是沟通：同一个部门之间的沟通、你和供应商之间的沟通、你和客户之间的沟通等，这里面都有很多“文章”。

关于方法

21 世纪是一个信息时代，网络如此发达，我们可以更好地利用网络为我们的工作服务。网络的信息有很多，有好的和不好的，有有用的和没有用的。第一要学会如何寻找对你有用的信息，第二要学会如何辨别信息的真伪，第三就是如何掌握有效信息。这对我们的工作十分重要。我们从刚参加工作开始，要度过一个从学校到社会的转型期，以前学习的都是理论知识，参加工作后就要实践。所以在这个过程当中很多东西我们都要实现从概念到实践的转变，也会碰到很多新的问题，也不可能每一个问题都去问你的同事或上司。所以就需要我们要有自学的能力，从网络上、别人的经历中去迅速地学习，完成自己的转型。这方面我自己也有切身的体会。

我在工作之前就参加了一个国际商务单证员的培训，接触的都是概念。培训的时候，我们天天都讲信用证、提单等，可是真正的正本我们从来都没有见过，虽然也知道出货后要进行提单确认，但当第一次实践操作时，感觉完全跟书本上说的不一样，这样的情况太多。

所以，我们平时在工作需要的时候，经常搜索一些自己要了解的资讯，如果发现一个很好的网站就会收藏起来，以便下次用到。一个出色的跟单员，会跟踪他要负责的订单的整个过程，所以跟踪就显得很重要。也许在内部，你可以打个电话就知道某件事的状态，但是如果不是在内部发生的过程，就要通过其他的途径去跟踪。如果有异常情况就要及时反应并采取对策。

这本书是我跟我的两位同事丁叙然和冯英俊一起写的，丁叙然先生是我们公司自行车部门的外贸业务员，负责欧盟客户的订单，有着丰富的工厂和外贸公司操作的经验，主要负责本书第二章和第四章的写作。冯英俊先生是我们公司服装部门的设计师，负责整个公司服装订单技术方面的事宜，对于服装报价、技术、生产过程、贸易、验货等都非常熟悉，他主要负责本书第八章的写作。

目 录

跟单高手教你做跟单
gendan gaoshou jiaoni zuo gendan

第一章

认识跟单员

renshi gendanyuan

● 一、跟单员的角色认知

当内陆城市刚刚理解外贸就是跟老外做生意的时候，沿海城市却悄悄地出现了很多时髦的“员”工在外贸行业的各个岗位上忙碌——外销员、业务员、跟单员、理单员、单证员、报检员、报关员，等等。在外行看来也许最熟悉的就是业务员了，因为内贸企业也会有业务员，而对于其他“员”工就了解很少了。即使对于即将加入和刚刚加入外贸行业的人来说，要想对这些“员”工有个清晰的认识，也非易事。

当然这些员工都是属于外贸类型的或者与外贸有关的公司，他们之间并不是完全独立的，而是一个有方向性的动态过程，有着各种各样的联系，在日常工作中会经常有交流和配合。外贸类型的企业都是以连续不断地完成客户订单为主线，围绕订单安排各种日常生产，订单就是企业运作的根本，是企业的生命。企业的正常发展很大一部分要靠订单的顺利操作，而这一点恰恰就需要一个强有力的执行者来管理订单，执行订单整个生产过程中相关的事宜，因此“跟单员”就应运而生。

所谓“跟单员”，是指在企业运作过程中，以客户订单为中心，跟踪产品或服务运作流程的专职人员，是企业内各部门之间、企业与客户之间、企业与其他相关机构之间相互联系、相互协调的枢纽。一个优秀的跟单员必须具备全面的生产进度控制能力，不仅要具有严谨的思维、周密的计划，还要有很强的人际沟通能力，可以说要“一切尽在掌握之中”。

关于跟单员的英文现在职场上有好几种说法，比较多的就是 Merchandiser，也有的称之为 Account holder、Order Manager 等。名称也许并不重要，关键是作为跟单员要知道自己的工作职责，要考虑如何更好地跟踪和管理客户的订单，使之按时、按质、按量地发给客户，这才是跟单员工作的宗旨。

我曾经看到一本书上说跟单员不是单证员，也不是外销员等，我认为这种说法很片面。广义的跟单员要负责的工作基本上涵盖了一个订单从生产到出货再到收汇和退税结束的全部内容。可以说跟单员不仅是一个业务员，也是一个单证员，同时还是其他的“员”。只是在各个不同的公司、不同的地区、同一个公司不同的发展阶段有着不同的称呼和不同的工作安排。有时在同一个行业内的不同公司之间，即使是同样职位的跟单员也会有着不同的工作内容。

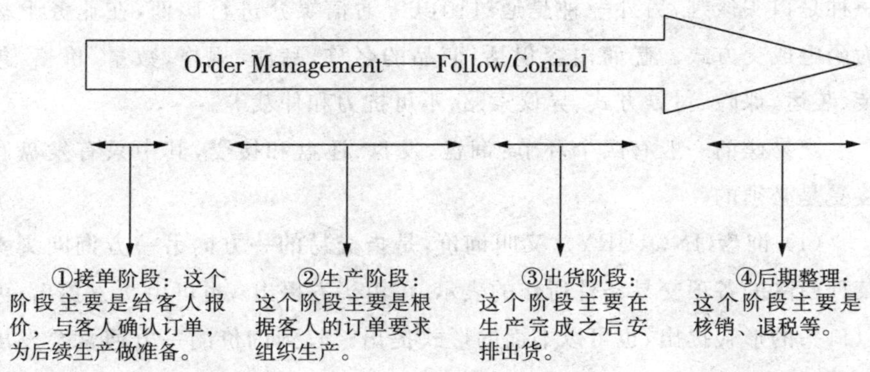

从上面的流程图可以看出，一个广义的跟单员的工作内容就是一个订单的整个操作流程，围绕订单这根主线来安排他们的日常工作。而狭义的跟单员就是上图中的某一个或某几个环节，在不同的公司会有不同的理解。所以说有时跟单员也是业务员，需要跟客户接洽，就订单的某些问题进行讨论。有时跟单员也是单证员，在货生产好之后他们需要统计出货资料、安排出货、跟踪收汇等过程。跟单员的工作几乎涉及企业的每一个环节，销售、生产、品管、财务都会有跟单员的身影。所以说跟单员是一个很重要的职位，官虽小权力却很大，事情多责任也重。

二、跟单员的常见工作流程及内容

如前所述，一个广义的跟单员的工作大致可以分为四个阶段：接单（订单确认）、生产（订单执行）、出货、后期整理，所以一个跟单员的工作流程也是按照上面的顺序来安排工作，可能在有的公司是由几个不同阶段的跟单员来处理这些工作。

1. 确认订单

一个订单的确认需要跟客户之间进行一定的交易磋商，又称交易谈判，就是买卖双方就交易条件进行谈判，达成协议的过程，其有两种形式：一种是口头谈判，另外一种是通过函电等通信媒介进行磋商，在业务上称为函电成交方式。磋商内容包括：商品的名称、品质、规格、数量、价格、包装、装运、保险、付款方式、异议索赔、不可抗力和仲裁等。

交易磋商一般有四个环节：询盘、发盘、还盘和接受，其中只有发盘和接受是必须的。

(1) 询盘(INQUIRY)，又叫询价，是指交易的一方向另一方询问买卖某种商品的各项交易条件所作的表示，可由买方提出 ，也可由卖方提出；可以口头的形式提出，也可以书面的形式提出。收到询价的一方通常会发出报价，以便进一步磋商交易条件。询价的目的是邀请对方作出发价，一般在实际工作中比较多的就是通过邮件的形式来操作。

(2)报盘(OFFER)，又叫发盘或要约，是买方或卖方向对方提出各项交易条件，并愿意按照这些条件达成交易，是订立合同的一种确定的表示。在实际业务中，发盘通常是一方在收到对方的询盘后作出的。按法律约束力不同可以将发盘分成实盘（有法律约束力的发盘）与虚盘（无法律约束力的发盘）。按照国际贸易惯例，一方所发实盘（要约）在有效期内被对方无条件接受（承诺），合同即告成立。所以，报盘，特别是报实盘，是一件十分严肃的商业行为，要承担重大的法律责任，必须认真对待，通常要规定报盘的有效期。

构成报盘的要件：一是发盘内容必须十分确定，要标明货物的名称，明示或默示地规定货物的数量或规定数量的方法，明示或默示地规定货物的价格或规定确定价格的方法；二是要表明受盘人接受发盘人即受约束的意思，如果发盘人只是就某些交易条件建议同对方进行磋商，而根本没有受其建议约束的意思，则此项建议不能被认为是一项发盘。

有关报价的几点说明

在实际操作中，报价是企业与客户沟通的切入口，一定要谨慎对待。价格一定要合理，理想状况是比当时的市场行情低一些，以体现公司的价格竞争力，更好地吸引客户。最忌讳的是，相同配置下，报价与同行之间相差太远；或相同条件下，报价后进行大幅度的降价，使客户认为你根本不懂市场或不负责任，最终导致客户在对公司的认可上大打折扣。报价要合理，降价也要合理，并不是客户说高，你就一次性降下很多，如从 9 美元降到 7 美元记得中间还有 8 美元的过渡，而且这种过渡要自然，不然客户会以为你降价是以降低质量为前提。民营企业的老板经常这样做，同意降价，但是同时降低质量。本人曾经亲耳听到一个采购经理对一个老板说："我要你降价，是在相同质量下降低价格，而不是叫你偷工减料。"

在国际贸易中，报价一般可以按照下面的惯例进行：

①价格以数量的确定为基础；

②在相同条件下，价格只能下降，不能上涨；

③数量增加，价格会下降，数量减少，价格会上涨；

④对产品细节进行更改，会影响价格的调整，对产品增加了配置，价格会上涨，减少了配置，价格会下降；

⑤相同规格的配置，在不同产品上价格相同，主要表现在商标的印刷/压印、金属商标、产品包装胶袋及纸盒等。

同时，业务员在实际工作中，根据自己产品的特点制作一份报价单模版，会有助于及时地报价并使报价条理清晰。报价单包括产品的详细信息及交易条件，如产品名称、规格、材料、包装资料、每一集装箱的装箱数或单个产品数、适用贸易术语、最低定货量、交货日期等，作为日后制作合同的依据。如果客户在询盘中提出了若干问题，必须一一回答或是在报价表中予以体现。不要客户问你 6 个问题，你只知道 4 个，就立即回答 4 个，客户过几天发现你还有 2 个没有回答，又发邮件询问，刚好你又掌握了 1 个，就又回答了 1 个，还剩下 1 个，当客户发现的时候又来询问，来来往往既浪费了很多时间，也让客户感觉到你不够专业。在这样的情况下，如果一些问题需要确认才能回答，就直接和客户说明，在合理的时间内询问清楚，给予客户一次性回答。有些客户还会发给你一些表格让你完成，通常比较烦琐，但是作为业务一定要耐心地完成，因为他的询问表格是根据他们的思维制作的，会有助于他们更好地了解你们的公司和产品。

此外，每报一个价格除了在电脑上做记录外，还要记录在工作日记上，以方便查询。并且要多熟悉你给报价的外国人的名字。因为他们中的一些人名字比较长，如果报价后他们来电询问细节，当他们报上名字后，你会不停地想他是谁，他询的是什么产品，不能轻松作答，给客户留下不专业的印象，也许会影响交易的进一步达成。

在一些民营企业中，根本没有成本核算，都是老板或老板娘自己想出来的，这时千万不要迷信他们给你的价格，要明白老板能作的价格你也一定可以作，同时自己也要多去了解市场的价格，做到心中有数。

(3) 还盘(COUNTER－OFFER)，又叫还价或反要约。还盘是指受盘人不同意或不完全同意发盘提出的各项条件，并提出了修改意见，建议原发盘人考虑，即还盘是对发盘条件进行添加、限制或其他更改的答复。受盘人的答复如果在实质上变更了发盘条件，就构成对发盘的拒绝，其法律后果是否定了原发盘，原发盘即告失效，原发盘人就不再受其约束。一笔交易往往经过反复讨价还价，才能成交。从法律上讲，还价构成对原发价的拒绝，并成为还价一方作出的新的发价。在这种情况下，原发价人如愿意与对方进一步洽商，可以针对还盘(新发价)提出自己的还盘：如认为距离太大，则可终止磋商。

与还盘同时进行的工作还有样品的确认。样品是业务流程中不可缺少的一部分，是前步工作询价及讨价还价的后继工作，是订单确认的前奏。

在样品方面，业务人员要做以下工作：

①辨析客户索样意向。每个公司对样品都会有一套措施，而业务人员因为与客户接触最多，决定权也最大。作为业务人员来说，当然是寄出的样品越多，接单的可能性也就越大。但从公司整体利益及长远的发展来说，业务人员分辨是否需要为此客户提供样品很有必要。第一，公司资源

有限：每天制作的样品数量、样品制作成本、公司整体出样效率/速度。第二，产品款式曝光过多会使产品销售寿命减短，新款式利润减少。但以上两点不应成为公司对业务人员样品制作限制的借口。公司在样品方面要实行"按需分配，整体统计"的原则。按需分配，即按业务人员所需来制作样品；整体统计，即对每个业务人员的打样数量进行统计。

②与样品制作部门进行沟通，保证寄出所有样品符合要求，质量令客户满意。如客户收到不满意的样品，后果会是很严重的——连下次询价的机会都不会给你。客户对样品的不满意表现在：

第一，产品不符合客户要求（颜色、结构、配置、包装等）；

第二，产品质量有问题；

第三，样品根本不是客户需要的样品。

以上情况无论是哪一种，都会令客户对该企业的服务能力产生怀疑。所以业务人员如果决定安排样品，就需要制作质量合格、符合客户要求的样品。

③确认样品制作细节，合理使用样品制作部门的资源。在向样品制作部门下单要求制作样品前，需要和客户完成样品所有细节方面的确认。然后再向样品制作部门下达制作指示。因为样品细节的任何更改将为样品制作部门带来很大的工作量，从而影响其他样品的制作。

④样品完成时间是体现企业能力的一部分。在业务人员决定要制作样品时，样品制作部门需尽一切办法保证样品在要求的时间内完成。

⑤样品收费和免费原则没有绝对，它是企业不同阶段采取的一种策略。公司制订样品费用原则后，业务人员需按照规定来执行。

⑥样品制作完成以后，业务人员需对样品进行检查，以确保样品的所有细节都符合客户要求。同时，业务人员必须留有一套相同的样品在手上，此套样品作为业务人员将来与客户进行沟通的基础，也是订单确认的标准，这一点非常重要。但是，有一些公司没有充分认识到此套样品的重要性，为客户提供样品时，公司没有留下相同的样品作为标准，而只是留下纸格、材料样等。当客户需要进一步确认细节时，业务人员就没有任何与客户进行沟通的基础了。如果客户说到某点问题，而业务人员不清楚，这样会给客户留下很坏的印象。

⑦样品制作进度和情况需向客户反馈，以让客户了解样品正在制作过程中。

⑧样品制作完成后需记录下样品主要参数并拍照后寄出。寄出时，需包装完整并使用合适的包装箱，以保证样品在运输过程中不被损坏。寄出后应立即向客户提供快递单号，以方便客户查收。同时，自己要对样品进行跟踪，当显示客户已经签收后，要及时发邮件与客户确认。

关于样品费用

单独将样品费用拿出来讨论是因为现在许多公司非常关心这个问题。是否收取样品费用是根据公司不同时期的策略来决定的。现在公司的样品费用措施如下：

样品分为：客户询价打样，客户来样的回样。

样品运费：客户支付样品运费，仅限于新客户及国外客户。

样品收费原则：

①对于初次交往的客户。

第一，对国内客户收取样品费用，按照产品报价的三倍收取，另加快递费用。如真皮产品，按整张真皮收取费用。

第二，E-MAIL 或 FAX 样品费用的形式发票给客户确认及要求支付费用，在样品形式发票上需注明工厂详细资料。

此策略可以将许多没有诚意做订单而只是索取样品的公司从客户中过滤出来，从而方便企业将重点放在有效的客户身上。

②合作的贸易公司（有过订单的公司）。

第一，在样品费用较少及公司主营产品与工厂产品对口的情况下，免费提供样品，客户需支付样品运费。对连运费都不想支付的公司，可以将其纳入放弃的客户群体。

第二，当样品费用较高，需收取样品费用；承诺在订单后从货款中全部退还的，应在订单后主动将样品费用退还。

③大客户（订单频率较高、数量较大者）样品全部免费，如果客户同意，让客户支付样品运费。

④国外客户需支付样品运费，样品免费；如样品制作费用较高（涉及印

刷、模具等)，需让客户支付部分样品费用。

关于样品费用这个问题，两种处理方式(收取样品费用、免费)都是正确的。主要看公司在客户开发上的策略。现在市场趋势是供过于求，每一种产品都有上千家生产商，供买家选择的空间很大。我们来分析两种方式的优势和劣势。

收取样品费用

使公司有限的资源更有效地被利用，并过滤掉许多无价值的客户，使公司更好地为部分客户提供服务，同样减少公司在样品成本方面的开支。

样品免费

从态度上来说，是积极性的进攻，同时为竞争对手制造障碍。但是，公司承担所有样品制作费用，在样品上的负担较重。

从以上两方面可以分析，两种方式我本人更喜欢后者，前者较为谨慎，而后者表现得较为主动，体现出另一种气势。现在很多大型公司对直接客户使用的就是这种方式，只要产品质量、服务、新产品推出一系列的程序不出现问题，其他公司就很难切入进去。也就是说，他们自己为难自己，也为同行制造了障碍。样品免费，那么如何辨别客户价值就会被提到日程中来。对有价值的客户采取攻堡垒的方式来进行开拓，这是一种很主动的客户开发方式，也将会带来直接效果。

谈到这里，要提及一个细节，那就是客户如果索取产品目录，公司该采取什么样的处理方式来对待运费的问题？通常来讲，对于国内的客户可以寄送目录，并承担快递费用，因为这个费用一般不高，有人主动索要目录总比到各展会上发好些。对于国外客户，可以考虑发给其电子目录。

在实际操作中，个人认为，如果样品价值与快递费用基本相当，客户愿意承担快递费用，工厂应该免费提供样品，毕竟生意是双方面的事，而且单纯是为了骗取样品的人并不多。

(4) 接受(ACCEPTANCE)，又称承诺。接受是收到发价的一方对所提各项交易条件表示同意的意思表示，发价一旦被对方接受，双方就达成了协议，合同即告成立。

合同确立后就可以起草外销合同并发给客户签字，且盖章确认，有的时候我们可以用形式发票来代替，在上面注明客户名称、产品型号、产品数量、单件、总金额、价格术语、付款方式、交货期、包装方式和运输方式等内容。在很多公司，合同需要复印几份，业务员自己一份、跟单员一份、财务一份、生产部门一份、总经理一份。客户确认无误签字回传后，就可以安排生产。

2. 安排生产

在跟客户确认了订单之后，如果是在外贸公司，就由业务员或专门的采购员（各个公司职位或工作安排不同）下订单给他们的供应商，跟供应商签订采购合同。如果是在工厂，就由工厂的业务员或跟单员根据客户的要求制作公司内部格式的生产任务单，经过业务员、外贸部负责人、技术部或设计部负责人、生产部负责人、总经理签字后，下发到生产部门，交给生产部组织安排采购原料和生产。跟单员要将所下发的生产任务单留底，并把订单主要信息输入自己的工作表格中，以便自己及时跟踪（后面内容将会具体说明）。

就工厂的情况来讲，生产任务单主要是为了工厂内部安排生产的，所以它也有别于正式订单。一般情况下，生产任务单一定要包含以下几个信息点：

（1）订单号码：在生产任务单上要标明简单明了的、统一的订单号码。

在外贸出口中，往往会出现很多的重要号码，如果编制方法没有规律的话，会对我们的工作产生很大的困扰，有时还会引起混淆。比如一般会出现外销合同号码、形式发票号码、发票号码、工厂订单号码、客户订单号码等。很多客户都有自己的号码编制习惯和方法，在跟他们签订单时，要么以你们的方法编写号码（方便工厂内部操作），并要注明客户的订单号码（方便客户工作），要么就以客户的订单号码为依据。

号码的编制方法也有很多，有的工厂就按订单的数字顺序编写，如PC－1001、PC－1002；有的工厂根据日期编写，如 PC－080618001、PC－080618002；有的工厂根据客户的名称简写，如客户名字是 Unionstyle Limited，那订单号就是 US2008－001 或 2008US－001。总之，方法多种多样，无论通过什么方法来编写，一般都要有个很强的规律，不仅方便客户也要照顾自己的工厂。有的订单号码简单明了，但是包含了很多信息，一看到订单号码，就知道大概的信息，比如下单日期或者是哪个客户等。

最好的方法是在规律编写的基础上统一一个号码。比如生产任务单上的号码和外销合同号码等相同，包括后面出货的商业发票号码，也同样用这个号码编写。这样会使订单操作比较清晰，无论是技术部或者是采购部，还是财务部，当你们要交流修改订单信息的时候，只需要说出订单号码，大家都能把焦点集中在这个订单上，从而避免引起不必要的麻烦。否则，采购部说采购合同号码、国际业务部说外销合同号码、生产部说生产任务单号码、单证部说商业发票号码，这样当各个不同部门讨论同一个订单的时候要费很大力气才能使大家把焦点集中到这个订单上面。

(2)产品型号或规格：在生产任务单上要写明产品的详细信息。

根据客户的采购要求，要把所要生产的产品的型号，规格(包括尺寸大小、颜色、性能等)，数量等在生产任务单上写明，这些信息非常关键，跟单员要详细地检查，如果出错就会与客户的采购订单相悖。如果误差很大的话，就会引起客户的不满或投诉，有的则可能会造成很大的损失。

例如，我们有个服装面料订单，三种不同的花型(为了方便理解就用A/B/C来代表)，每个花型有三种颜色(黑色、咖啡色、藏青色)，客户在给我们下订单的时候，是按下面反的方式写给我们的(为了简化例子，单价部分不做列明)：

ITEM NO.	COLOUR NO.	QUANTITY/M	UNIT PRICE/USD	AMOUNT/USD
A	黑色	4000		
A	咖啡色	2000		
A	藏青色	3000		
B	黑色	2500		
B	咖啡色	3000		
B	藏青色	1000		
C	黑色	3600		
C	藏青色	5000		
C	咖啡色	1200		

上表是客户所下订单的关于型号和数量的信息，跟单员要根据客户订单做成自己工厂内部的生产任务单。从上表看，A花型和B花型的颜色顺序是：黑色→咖啡色→藏青色，花型C的颜色排列顺序是：黑色→藏青色→

咖啡色，最后两个颜色的顺序与前面两个花型的顺序不同。但是跟单员在做生产任务单的时候根本没有发现这个问题，还是以为与前面两个花型一样，所以他做的生产任务单的信息是：

ITEM NO.	COLOUR NO.	QUANTITY/M	UNIT PRICE/USD	AMOUNT/USD
C	黑色	3600		
C	咖啡色	5000		
C	藏青色	1200		

生产任务单做好之后经过其他人的审核(也都没有发现问题，因为认为数量的问题主要是由跟单员审核)后就交给生产部去安排生产了。就这样一直到生产结束，单证员在根据仓库发过来的数据制作报关资料的时候发现C花型的其中两个颜色的数量跟外销合同相差非常大，所以立即告知跟单员和业务员。最后经详细核对(因为当时也不敢肯定是外销合同打错了还是生产任务单打错)，重新查看与客户往来的邮件，最后发现是跟单员在做生产任务单的时候出错了。

这个订单是跟客户做T/T付款，最后业务员跟客户详细解释并道了歉，所幸的是客户也愿意接受这样的误差(因为当时订单要求很急，也没有时间重新来做)，但是要求提供一定的折扣。工厂没有办法，也只能接受客户的要求，否则就会损失更大。

通过这个例子也可以看出，跟单员的工作要十分细心，发出去的资料一定要经过事先检查后没有问题再发。

(3)包装要求：在下生产任务单的时候，如果能跟客户提前确认，就把包装要求写上去，方便有关部门后面的操作。也有很多客户是在订单下过去之后，边让工厂生产大货边确认这些资料，一般都要求在大货生产完成前几天确认这些信息，否则会影响货物的包装，从而影响交期。

根据产品的性质不同，有的产品要求用纸箱包装(大部分产品)、有的要求先用塑料袋包装后再装纸箱(比如服装)、有的要求用编织袋包装(比如面料)、有的要求用木箱包装(比如稍微大一些的设备，对包装要求较高，如果是木箱包装要注意熏蒸)。跟客户确认好包装资料的规格、装箱方式、唛头等。比如有的产品从工厂出货到最后销售中间需要经过很多环节，客户对纸箱的抗压要求比较高。有的客户要求唛头要印刷在纸箱上，而且对主唛和侧唛都有不同的要求，并且对各个信息的字体、颜色或印刷位置都要求很严格，一定要严格按客户的要求执行。

(4)日期:生产任务单上一般有两个日期，一个是下单日期，另外一个是交货日期。注明下单日期，是为以后统计生产时间做准备，这样就可以判断每批货生产所用的时间。当生产进度出现问题时，生产部门经常会推卸责任，说业务部下单太晚，如果你的生产任务单上注明了下单日期，他们也就只得面对事实。再有一个重要日期就是交货日期，这个非常重要。在之前跟客户确认订单的时候就要谈到交期的问题，客户对质量和交期要求都很严格，不能为了赶交期而忽视质量，也不能以质量为借口而拖延交期。有的产品时间性非常强，比如某种产品，客户就是为了赶在圣诞节销售，一旦工厂晚交货，如果没有赶在圣诞节前销售的话，即使货发过去了，也会比预期的销售量低很多，这样客户会损失很大。所以他们要么索赔，要么不接受货物等。

业务部在给生产部门下生产任务单安排生产时，一般要给自己留有一段时间，一旦生产有异常情况时，还有时间来改变。

这个过程也应从给客户报价的时候就要注意，因为预计的生产时间一般都是生产部门报给业务部，然后由业务部核算、检查后再报给客户。比如，某客户要采购 30000PCS 的某种产品，经生产部核算后，整个生产过程需要 20 天，那业务部在报给客户的时候一般要报 27 天左右。无论在什么样的情况下，业务部都要留有这样一段时间，时间长短根据实际情况而定。因为生产过程有时候是难以预料的，经常会出现异常。如果经常因某个小小的异常情况导致交期延后几天的话，虽然很多时候客户也能被迫接受，但是会给客户留下非常不好的印象。如果是在做信用证的情况下，交期延后经常会导致不符点，一是会产生不符点费用，二是会产生因客户拒绝接受不符点而带来的收汇风险。

例如，我们公司在斯里兰卡有自己的工厂，我们先在全球采购各种原料和零件，然后到我们工厂生产，生产出成品后再出给客户。当从其他国家采购半成品时，我们自己要负责把零件运送到我们的工厂才算前段工作完成。这样，我们工厂的生产日期经常会根据所需半成品的到货情况而定，即便有某一种零件没有到，也会影响到后面的生产。而我们报给客户的交期，往往是我们从斯里兰卡出成品的交期。所以，在报交期的时候一定要考虑到前段运输的时间，而且也要把可能会发生的异常情况纳入进去考虑。比如由于某个港口天气等原因，导致船延期脱班；由于工厂的原因而产生的甩货（旺季经常会出现集装箱上不了船的情况）；由于船只在某些停靠港口拥堵而产生航程时间加长，等等。一旦出现上述类似的情况，都会影响到我们的半成品到货时间，如果严重就会影响后续的生产和我们给客户的交期。所以报交期的时候一定要考虑到异常情况，并留有一定的时间来处理。

(5)交货地点：生产任务单上通常也要注明交货地点，一般都是送到货代指定的仓库。比如，工厂的报价是 FOB SHANGHAI，如果走拼箱(LCL)的话，一般要求货送到货代的指定仓库；如果是整箱(FCL)的话，一般情况下都是安排卡车到工厂装箱。也有的客户在国内有仓库，他们会要求把货送到他们的仓库，然后自己集中安排出口。

注 意

并不是说整箱货就一定都是到工厂装柜，也有的货在工厂没有办法装柜。货代仓库专门用来装箱操作，操作过的产品种类繁多，各种必须的装箱设备也较为齐全，而且在装箱方面经验丰富。所以有的特殊货物，即使是整箱也会送到货代仓库来装箱。比如一些比较大的设备，在装箱时一般都要用到铲车(这个工厂也都会有)，而且装箱时，需要在集装箱内用特殊的绳子固定，防止移动(这种情况工厂一般难以办到)。还有，有一些大型的钢板，由于尺寸的原因，经常会出现平铺摆放和垂直摆放都难以放下的情况，需要斜着放置，这种情况下，由于钢板很重，首先需要特殊的设备装箱，其次还需要特殊的设备固定，防止钢板在海上运输过程中发生移动而损坏集装箱。

(6)付款方式：国际贸易中常见的付款方式有 T/T(电汇，一般分前 T/T 和后 T/T)、D/P(托收，付款交单)、D/A(托收，承兑交单)、L/C(信用证)等。一般 T/T 和 L/C 的情况出现最多，最少使用的、对出口方最不利的就是 D/A。付款方式也是在客户下订单之前就要确认好的，要根据客户的信用情况，跟客户谈判。如果是新客户，第一次合作的话，最好选用前 T/T 的方式或者 L/C(但是开证行必须是信用非常好的大银行);如果是老客户且付款信用非常好的话,尽量争取 T/T 和 L/C 的付款方式,如果客户要求的话,可以考虑接受 D/P 或 D/A 的付款方式。总之,付款方式和价格术语的选择会关系到出口收汇的安全性,在以后的章节中会另作介绍。

(7)其他注意事项:一般会注明各种需要注意的事项。比如包装过程中要注意一些什么情况;或者是根据以往的经验,这种产品在生产过程中经常会出现某些异常,所以在这次的生产过程中要特别注意等。还有的生产任务单会附加一些其他的技术资料,比如工艺单之类的,也需要在生产任务单上注明。

(8)相关人员签字:生产任务单下发到生产部门之前需要取得各个相关部门的签字认可,比如业务部负责人、跟单员、技术部负责人、生产部负责人,等等。签字就意味着他们同意上面的安排,也意味着他们要按照上面的计划安排生产。如果在某个环节出了问题,跟单员可以找到相关的负责人来处理。

跟单员需要跟踪整个生产过程,确保各个环节都能按预期的安排进行,把异常情况也控制在可以预计和可以接受的范围内。

跟单员要把大货生产的过程分解成几个不同的、有相互联系的过程,列出表格规定出各个环节要完成的时间,然后对照表格找出各个控制点,跟踪每个环节是否按时完成,如果预计不能按时完成,一定要找出问题所在,及时解决。因为生产是连续的过程,前面的环节耽误了,如不及时处理,后面的环节会延续被耽误,导致最后的交期推迟。

总之,生产过程中有很多需要注意的环节和问题,在后续章节中会做更详细的介绍。

3. 原料采购跟踪

原料的采购问题,在很多公司都会有专门的人员去负责,比如采购部、生产部,由他们向自己的上游供应商采购必须的原料或者零件。跟单员需要注意的就是要跟相关的负责部门及时保持联系,确保所有必需的原料或零件能按时、按质、按量送到公司的仓库,为后面的大货生产做好准备。

跟单员必须知道,某个订单需要采购哪些原料或零件,这个原料或零件应向哪个供应商采购、具体的数量和交期等信息。最好是要按订单制作出各种表格，便于实时跟踪生产进度。例如，下面是一个简单的原料采购跟踪表：

订单号码	零件名称	供应商	数量	发货日期	到货情况	备注

以上的表格只是一个简单的例子，一定要根据自己的工作需要，设计成能够包含所有必要信息的表格。当打开表格的时候，你就会知道各个订单的进度，哪些是比较急的，清楚自己每天需要做些什么，每完成一个步骤都应该更新在自己的表格中。

当各个零件送到工厂时，跟单员也要组织相关人员安排检验，检查数量是否正确、质量方面是否有不良情况，如果部分零件有质量问题的话，能自行修复的就要修复，不能自行修复的就要立即安排他们退回重新补做，以确保后面的大货生产没有任何问题。

4. 生产过程跟踪

跟踪生产过程：一是为了了解生产进度问题，二是为了防止重大质量问题的产生，这些最终都是为了使订单能够顺利地完成生产。

当原料或其他所需零件都准备好时，就要开始安排大货生产或组装。跟单员需要确认这个日期是不是跟原计划安排的日期相同或相差不大。生产部一般都会有技术人员在车间，但是跟单员自己也要不定期地去生产线上观察，看有没有比较大的生产问题产生，小问题可以督促操作工自行处理，超出他们能力范围的，就要寻求技术人员的帮助。

在货物生产完成后，就要送到仓库或品质管理等部门进行厂内检验、包装和数据统计。不同的订单和产品有不同的包装要求，要根据客户的要求来操作。操作标准和需要注意的事项在生产任务单上应该有很详细的指示。检验、包装完成以后就要成品入库，按照不同的订单分开堆放，并把统计的资料交给仓库的管理人员。

5. 安排出货

生产完成以后，就要进行检验和包装。检验一般有厂检、客检和第三方检验。首先按照自己工厂内部的检验标准进行检验和统计，把明显是次品的产品首先排除掉。初步检验合格的产品就按照客户的要求进行包装，统计数据后入库并做好记录。

其次就是客检，有的国外客户在国内有代表处，专门负责他们采购订单的协调、跟踪和检验等。如果客户在国内有外贸公司的话，他们都有专门的 QC 部门（质量控制，也称验货人员）过来验货。所以适时跟客户预约，安排验货也很重要。有的客户为了控制质量会安排"中查"（生产过程中进行查验）和"尾查"（生产结束后进行查验）。特别是在尾查的时候，一般是在工厂出货前一天进行。如果有不合格的产品就需要剔除出来，并写好验货报告和拍好照片。

还有一种验货方法是第三方验货，很多客户在国内没有办公室，如果从国外安排人员过来检验的话，成本太高，很不现实，所以在很多情况下，他们都是选择第三方公正机构来验货，像 ITS/SGS/BV，等等。现在市场上第三方验货的机构很多，各个国家的客户都有不同的选择。第三方验货的情况最重要的就是预约和协调，一般要提前很长时间预约，以便让他们提前安排，还有就是一般要安排车辆去接验货人员到工厂，工厂要预先做好准备，全力配合验货人员。如果这次质量问题很严重的话，他们不会让这批货通过，会要求工厂修改，下次再来检验。

很多情况下，如果是工厂的原因导致验货无法正常进行，需要第二次验货时，工厂要支付很多相关的费用，因为这已经超出了他们的正常工作安排；如果导致他们延长验货时间时，工厂也需要支付他们加班费用。总之，在与很多验货机构打交道的过程中，特别要注意沟通和协调，以确保验货过程能够顺利进行。

检验完成以后，在质量合格的前提下，工厂可以安排出货。首先是统计数据，向货代（分客户指定的货代和公司自己的货代）订舱，确认好船期、送货时间和地址。然后就是制作好报关资料[COMMERCIAL INVOIVE/PACKING LIST/报关单/报关委托书/核销单/外贸合同/换证凭条或通关单（如果需要的话）]，做好之后把所需的全套报关资料按要求填写好寄给货代，以便他们报关。同时，如果是整箱货，且安排集装箱到工厂装箱的话，要协调好装箱时间；如果是需要将货送到货代指定仓库装箱的话，就需要安排车辆把货送到仓库。

货和单证资料都按时送达之后，一般在船开前 2 天左右，货代会跟单证人员确认提单信息。单证员根据要求确认提单，如果没问题就可以安排货代签出正本提单；如果需要电放的话，就要制作一份电放保函传给货代。然后就是确认费用；如果运费是到付的话，就只需确认国内人民币费用；如果运费是预付的话，还要加海运费，基本上这些费用在订舱的时候就需要确认。

经常会出现这种情况，不管是客户指定货代还是公司自己的合作货代，在订舱的时候没有完全确认好费用，当他们确认费用的时候，发货人认为货代收费太高，不予确认，但是如果不确认的话，一般情况下货代是不会把正本提单寄给发货人的。面对这种情况，双方往往都会争执很长时间才能解决，要么是货代调整费用，要么是发货人接受那样的收费。总之需要花费更多的时间和精力来处理这件事。

等一切都确认无误之后，如果跟货代之间没有付款方面的协议，或者说关于付款方式不能跟货代协商好的话，就需要安排付款，然后货代才会寄出正本提单。有的指定货代（客户指定的货代）只要提供付款水单就可以安排放单，有的指定货代必须要他们的财务查到到账才能安排放单。所以要提前跟货代确认好，以免耽误放单时间而影响后续的操作。

6. 货物运输跟踪

生产完成后，仓库相关人员会把入库数据发给业务部，跟单员需要根据此数据准备制作报关所需资料。一般需要做好 COMMERCIAL INVOICE（商业发票）& PACKING LIST（装箱单），做好之后就会统计出件数、毛重和体积等数据，并且要与外销合同（跟客户之间的订单）核对，看看预计出货的数据是不是跟合同相符。不管是做 T/T 还是 L/C，很多时候客户都会规定一个溢短装条款和具体的百分比，比如＋/－ 5%，看看是不是符合客户的要求。

在做 T/T 或 D/P 等情况下，出现超出合同规定的范围时，要跟客户确认，多出或少出客户是否接受，如果接受的话就可以出；做 L/C 时，数据最好要符合 L/C 的要求，多出的部分不能出，如果是短交的话，看看时间是否来得及重新补做，来不及的话，就只能按实际出货，这个时候也要提前跟客户确认好，短交会产生不符点，要让客户接受这个不符点，否则不要在有不符点的情况下轻易出货。

等一切都确认无误后，就要开始安排订舱，准备出货。如果是 FOB 的情况，一般都是客户指定货代（也有的客户是指定的船公司），把注明有收货人、发货人、港口信息、数据的订舱委托书传给货代，安排订舱。

订舱前也需要确认我们准备配的船公司、船名航次等，看看是否符合我们的要求。

订舱过后要跟踪货代的回复，看仓位是否订下来了，如果有的话，LCL（拼箱）就要让他们传 Delivery Instruction（进仓通知书）给工厂，安排送货和寄送报关资料；FCL（整箱）就要让他们传 Shipping Order（简称 S/O 柜纸/提箱单/配舱回单）给工厂，安排提箱车队到工厂装箱。

LCL 一般送货到货代指定仓库，然后由仓库统一装箱和报关；FCL 一般都是到工厂装箱（前面也有说过特殊情况）。送过或装箱之后要跟踪船的动态，一是看我们的货有没有上船，二是看船有没有脱班晚开的情况。

船开之后，最好是跟踪一下船的航程，看看整个航程是否有异常情况，我们的货是不是会按预计的时间到达目的港。一般情况下，集装箱船也是一个个港口依次停靠，进行装卸货后再继续航行，所以当其中某个港口由于天气或其他原因而耽误很长时间的时候，这条船就会作出相应的变动，临时取消某些货物比较少的港口。

例如，下图是船名为：TS PUSAN V. 824 的预期行程表。

港口	抵达当地日期/时间	抵达船舶的航线名	抵达船舶的航次	离开当地日期/时间	离开船舶的航线名	离开船舶的航次
Hong Kong	16 Jun 2008, 13:12 Mon (actual)	AIM2	818E	16 Jun 2008, 22:20 Mon (actual)	AIM2	818E
Xingang	19 Jun 2008, 11:00 Thu (estimatec	AIM2	818E	20 Jun 2008, 03:00 Fri (estimated)	AIM2	824W
Qingdao	21 Jun 2008, 04:00 Sat (estimated	AIM2	824W	21 Jun 2008, 18:00 Sat (estimated	AIM2	824W
Shekou	24 Jun 2008, 04:00 Tue (estimatec	AIM2	824W	24 Jun 2008, 15:00 Tue (estimatec	AIM2	824W
Hong Kong	24 Jun 2008, 20:00 Tue (estimatec	AIM2	824W	25 Jun 2008, 07:00 Wed (estimate	AIM2	824W
Singapore	28 Jun 2008, 07:00 Sat (estimated	AIM2	824W	28 Jun 2008, 18:00 Sat (estimated	AIM2	824W
Port Klang	29 Jun 2008, 08:00 Sun (estimatec	AIM2	824W	29 Jun 2008, 19:00 Sun (estimatec	AIM2	824W
Colombo	02 Jul 2008, 15:00 Wed (estimatec	AIM2	824W	03 Jul 2008, 08:00 Thu (estimated	AIM2	824W
Dubai	07 Jul 2008, 04:00 Mon (estimated	AIM2	824W	08 Jul 2008, 05:00 Tue (estimated	AIM2	824E
Bandar Abbas	08 Jul 2008, 17:00 Tue (estimated	AIM2	824E	09 Jul 2008, 17:00 Wed (estimatec	AIM2	824E

从上图可以看出，从 XINGANG（天津新港）出发之后，正常情况下一天就会到 QINGDAO（青岛港），但是那段时间青岛港正好是大雾天气，港口很多船都无法正常作业，TS PUSAN V. 824 这条船也碰到同样的问题。

Carrier: OOCL　Vessel Code/Name: TPS - TS PUSAN　Voyage: All　Port: All

Date Range: 05 Jun 2008 - 28 Aug 2008

Port	Arrival			Departure			Vessel Schedule Remarks
	Local Date/Time	Service	Voyage	Local Date/Time	Service	Voyage	
Colombo	07 Jun 2008, 06:30 Sat (actual)	AIM2	818E	08 Jun 2008, 05:10 Sun (actual)	AIM2	818E	
Port Klang	omitted	AIM2	818E	omitted	AIM2	816E	
Singapore	11 Jun 2008, 23:55 Wed (actual)	AIM2	818E	12 Jun 2008, 12:10 Thu (actual)	AIM2	818E	
Hong Kong	16 Jun 2008, 13:12 Mon (actual)	AIM2	818E	16 Jun 2008, 22:20 Mon (actual)	AIM2	818E	
Xingang	20 Jun 2008, 02:54 Fri (actual)	AIM2	818E	20 Jun 2008, 23:30 Fri (actual)	AIM2	824W	
Shekou	omitted	AIM2	824W	omitted	AIM2	824W	
Qingdao	25 Jun 2008, 05:20 Wed (actual)	AIM2	824W	25 Jun 2008, 21:50 Wed (actual)	AIM2	824W	Berth/Port Congestion
Colombo	omitted	AIM2	824E	omitted	AIM2	824E	
Hong Kong	30 Jun 2008, 22:30 Mon (actual)	AIM2	824W	01 Jul 2008, 07:30 Tue (actual)	AIM2	824W	
Singapore	05 Jul 2008, 07:00 Sat (estimated)	AIM2	824W	05 Jul 2008, 19:00 Sat (estimated)	AIM2	824W	
Dubai	omitted	AIM2	824E	omitted	AIM2	824E	

上图是更新后的行程安排，可以看出，从 XINGANG 到 QINGDAO 原计划一天的航程，最后花了五天时间，中间就是因为天气原因引起港口无法正常作业而产生的 Berth Port Congestion（港口拥堵）。而且后面许多原计划会停靠的港口都取消了停靠，比如 SHEKOU/COLOMBO/DUBAI 等港口。从这个例子可以看出，这些船会受到如天气等很多因素的影响而改变预计停靠的港口，或者虽然不改变航程，但是改变航程时间。所以在出货后跟踪船期也很重要，知道了船的动态就可以通知目的港提前做好安排和计划。

7. 后续整理

拿到提单后，就要准备资料给客户付款和清关。如果要做得更好的话就要随时跟踪一下船的动态，看看中间停靠的港口有没有耽误时间，是否会按原来预计的时间到达目的港。

（1）付款方式为 T/T。

1）前 T/T：出货前付部分定金，余款在工厂出货前付清。例如，30% Deposit，70% Before delivery。这种情况下，一般是收到客户的余款才安排出货,所以对于出口商来讲没有收汇风险,出货后就可以准备情况资料寄给客户清关,一般情况下常规的货物要求的清关资料是:Commercial Invoice & Packing List & Certificate of Origin & Bill of Lading。这些是一些常规资料,当然不同国家的不同客户会有不同的要求,最保险也是最正确的做法就是询问客户,看看他们要求一些什么清关资料。比如,有的客户要求提供 Form A 或 Form E 等特殊的产地;服装方面有的类别需要配额,所以需要办理配额证;有木质包装的需要提供熏蒸证明,等等,总之,要按客户的要求去制作资料。

2)后 T/T:出货前付部分定金,余款见提单传真件或扫描件;或者没有定金,全款在出货后几天付清。例如:20% Deposit,80% against the copy of B/L,100% T/T 10 days after the date of the B/L。总之,具体的付款方式种类很多,关键是要看出口商如何跟进口商去沟通和协商。

在客户付款后,按客户要求准备全套单据寄给客户。

3)D/P 或 D/A:托收,即付款交单和承兑交单。跟单托收的范围较广,可以作为贸易、非贸易、贸易项下从属费用等的结算工具,相对于光票托收,在贸易项下的托收结算绝大部分都使用跟单托收。如果在国际贸易中,当货物处于买方市场,或买卖双方相互了解,是多年的伙伴等,往往使用跟单托收作为贸易结算方式。

出口商出货后,整理好各种单据,填好发票号码、发票金额、付款人、代收行等信息,把整套单据寄给托收行。托收行收到单据后会安排将单据寄给代收行。

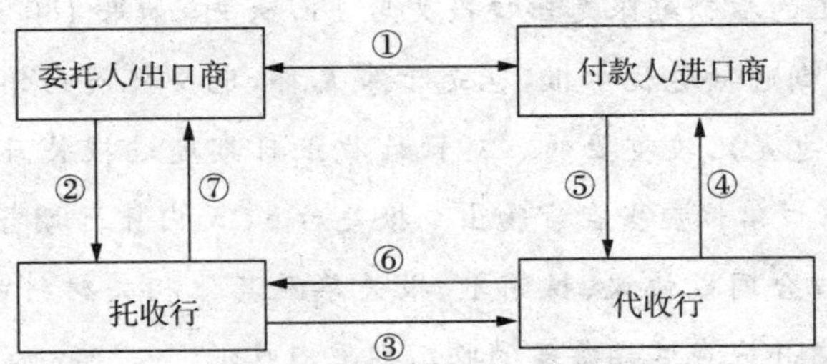

上图是 D/P 的业务流程:

①买卖双方签订贸易合同,并确定 D/P 为付款方式;

②出口方准备好全套托收的单据,交给托收行,委托托收行安排此项业务;

③托收行审核单据,如果没有问题,就寄给代收行;

④代收行收到单据后办理委托代收手续,并提示进口商;

⑤进口商审核单据并将款项付给代收行;

⑥代收行将相关的手续费扣除,并把货款付给托收行;

⑦托收行收到款项后扣除相关手续费,把余款付给委托方(出口商)。

4)L/C:信用证结算。这种情况下在出货前后,按照信用证办理各种单据,单据都准备妥之后,要先详细审核,没有问题就把全套单据在规定的时间内寄送给交单银行,并跟踪银行审单的情况,如果有不符点且能够改正的话,就要及时改正,争取做到没有不符点交单。

最重要的一件事情就是跟踪收汇,保证收汇安全。收汇后还有一些相关的事项需要跟踪,比如货代退回核销、报关单核销联和退税联,同时也要注意到电子口岸报送数据和网上交单等过程。再有就是准备资料进行核销和退税。

一般正常的操作流程是:认证发票→银行结汇(出具水单)→核销→退税,但是在现实过程中总是由于一些原因,造成不能按这个步骤进行,如不能及时收汇。这里面有多种操作方法,大概介绍一下:

一是没有及时收汇可以从别的水单进行拆借;

二是大多数地方在没有核销的情况下,可以在 90 天内先行退税申报,以免超期,这叫单证不全申报,等以后核销单核过之后再补上,也是可行的。

注 意

即期收汇的核销期限是出口报关后 180 天内,如果 180 天内没有及时收汇,就算前期进行退税申报,也是于事无补,也要视同内销征税,所以及时收汇、催汇也是比较重要的。对预计收汇日期超过报关日期 180 天(含 180 天)的,出口单位应当在货物出口报关后 60 天内凭远期备案书面申请、远期收汇出口合同或协议、核销单、报关单及其他相关材料向外汇局办理远期收汇备案并应在远期备案的收汇期限内收汇。

同时还要注意以下三个时间点的控制:

①退税申报期:90 天;

②核销期:180 天(远期收汇除外);

③发票认证期:90 天,但外贸企业的习惯做法是开票后 30 天内要进行发票认证。

在核销和退税等工作都结束后,很多公司财务都有一个订单的财务总结,把这个订单的各个财务数据进行统计分析和总结,为以后的订单操作提供更好的指导。比如有的订单,由于某些原因出现亏损的话,就要找出详细的亏损原因,下次操作同样订单的时候要避免这个问题。

三、跟单员的工作要求及技巧

要想成为一名合格的跟单员也许不是很困难,但是在如今竞争激烈的社会中,仅仅是对自己要求合格还远远不够,为了能在各种竞争中获胜,我们要努力把工作做得更好,争取成为优秀的跟单员。这就需具备一定的基本工作能力,而且也要掌握一定的工作技巧,也可以说是对跟单员的要求,虽然不能对各个行业进行具体分析,但是总体上可以概括为以下几点作为参考:

1. 很强的沟通和协调能力

跟单员的工作牵涉到方方面面,工作跨度非常大,与每个部门都会打交道,要面对的人和事也很多,这个时候强有力的沟通和协调能力就显得十分重要。一名能力比较强的跟单员在客户和公司之间、在公司内部各个部门之间游刃有余,处理起事情来也是得心应手。有的时候也会遇到棘手的问题,但是经过他们的努力,总会及时找到合理的解决办法。如果沟通能力欠缺,那么就处理不好与公司内部的关系,与其他部门的配合自然也不会很协调,这在很大程度上影响了业务的开展。

例一:我们的总公司在台北,上海这边的 office 主要是跟踪、协调处理各种业务上的事宜。我们一般在国内从事采购业务,然后再出口,在很多地方都有供应商。2007 年 4 月底的时候我们有一批货要从宁波港口出口(供应商也在宁波)到我们的印度公司去,出货量是一个 40HQ。同时其他的业务同事也有另外两票很小的订单(数量很少)需要出口到同一个地方、同一个收货人。当时的第一反应就是看我们预计要出订单的集装箱里是否能够拼下其他的货。这时,就需要跟不同的供应商和货代去沟通(如果我们不拼在一个柜子，这两票单独走拼箱的话会让我们印度公司增加很多的成本，包括海运费和其他费用）。

（1）首先要让这次出货的供应商核算他们的体积，因为在出货前各种包装（如纸箱）规格都很清楚，核算起来应该也比较准确。只有有了准确的数据才好能做后续的决定。同时也要让另外的两个供应商核算那两票准备拼柜的订单体积。

（2）我统计完他们的数据之后，总体积大概是 63CBM。如果装箱比较紧凑的话，一个 40HQ 没有问题。所以当时就决定让另外两家供应商的货也送到宁波这家工厂去拼柜。

（3）我们决定之后先要跟宁波的这家工厂沟通，因为货要送到他们那里去，需要他们的工人帮忙卸货和装柜。因为这些是他们订单之外的事，所以他们有权不做。当然很多人认为这件事很小，很多工厂都会配合；但有的工厂，比如装箱工厂实行的都是计件工资，所以工人不愿意做；也有的工厂本身就不是很配合。所以，事先的沟通很重要。

（4）通知另外两家供应商，把宁波工厂的地址、联系人（安排送货）和宁波货代的地址、联系人（安排寄送报关资料）告诉他们，并让他们按这样的方式出货，看看他们有没有什么困难。因为根据他们的报价，是 FOB SHANGHAI，他们一般把货送到上海的仓库就算完事，如果特意要送到宁波去，也许会增加他们的费用，很多工厂都会计较这些问题，这些事情都要事先沟通好。

还有，比如我们其中一家供应商的贸易方式是做进料加工（不是一般贸易），他们报关是需要手册的，这个手册需要在海关注册和备案。因为他们的公司在江苏昆山，而且手册上备案的口岸也只有江苏省的港口和上海港。这次到宁波出口，需要到宁波报关，这样的话用这个手册报关就行不通。要么把手册多备案一个口岸，要么做转关。操作起来都是比较麻烦的，毕竟这次他们的货很少，1CBM 都不到，这样操作工厂也不大愿意。这时就要跟他们充分沟通。如果仅仅是询问他们可不可以，他们肯定告诉你不可以。如果你是命令他们那样做，他们可以不听从。因为当初的合同都是表明要从上海出口。

（5）最后与三家供应商一一沟通下来，他们都同意了这样的操作。货也全部装下去了，至少到这一步，我们做得都算是比较妥当。

跟单员职位虽小但是权力大，因为只有他是各个订单的管理者，他要跟踪订单流程的每个环节。任何部门都要跟他配合，必要的时候还要听从他的指挥。很多部门在不理解跟单员的工作时，会认为跟单员是在越权管理，这个部门不是属于他的管辖范围，很多时候表现的不是很配合。这时跟单员要建立起强势沟通，“谁对跟单员不负责，就是对订单不负责，也就是对公司不负责”。只要你的想法或思路是正确的，就要坚持，你指出别人的错，他们也会心服口服。如果你是怕别人指出你的错而不敢前进，那你这样想就错了，不要觉得没有面子。在很多方面，别人比你懂得更多，他们指出你的错误你才能进步。

虽然我们在工作中要建立强势沟通，但是一定要注意技巧，包括称呼、礼貌、说话方式和语气等各个方面。而且在平时的工作中和下班的时候都要注意与不同部门之间做好相关的非工作的交流和沟通，建立一定的感情，这对在今后的工作配合当中会有一定的帮助。

2. 很强的时间管理能力

作为跟单员，一定要有非常强的时间概念和时间管理能力。跟单员的宗旨其中一条就是保证订单按时完成。给客户报价和确认订单的时候会确定一个具体的交期，一旦订单确定以后，工厂就要开始备料准备生产。一般产品的生产需要经过如下几个过程：

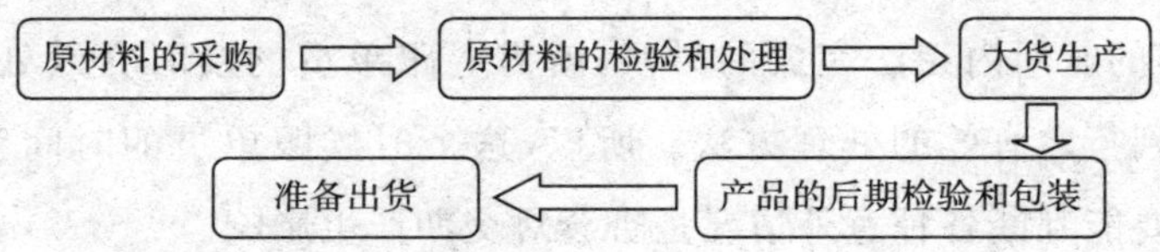

跟单员要跟踪的范围很大，环节也很多，为了确保订单能按原始交期顺利出货，每个环节都应该合理地分配相应的时间，每个环节都要有“控制点”，然后整个流程要严格按照计划来执行，不能想到什么地方就做到什么地方。单从时间方面来看，如果你仅仅关注一个最后的完成日期，那么如果中间环节出现问题，你就不能及时发现，或者当发现的时候，时间太晚了，已无法及时修正。

环节划分的越多、越清晰，控制点就越多，时间管理的力度要求就越大，出现问题也就能尽早处理，这样才能保证各个订单的交期按时完成。要紧紧掌握各个控制点是否按时完成，如果没有完成，要找出原因和解决办法，否则就会影响订单的最终交货日期。比如，按原计划，零部件到工厂的时间是 7 月 10 日，但是到了 7 月 8 日如果零件供应厂商还没有把零件全部准备好的话，就要及时跟他们沟通，看问题到底出在哪里，如果不及时处理，整个后面的环节都要顺延。

当然控制点也不能设置太多，本来是一个连续的环节，要人为地拆成几段，反而会引起相反的效果，这样会增加不必要的工作量。所以跟单员必须要知道产品生产的详细过程，并知道每个环节需要的相应时间，列出“合理的”控制点，设计出相应的表格，便于自己跟踪和控制（如下表）。

订单号码	原料入库	原料处理	零件准备	上线生产	下线检验	产品包装	成品入库

把一个订单的生产过程分解成不同的阶段，也可以说是分解成几个不同的控制点。每个阶段都需要一定的时间，而且每个过程都有可能产生一些异常的问题，所以每个环节都要留有一定的误差范围。假如生产需要 2 天，但是由于机器的原因，生产速度减慢，整个过程需要 3 天，这样比较小的误差是属于正常的范围，不会影响交期。如果某个环节所用的时间超出了我们能接受的误差范围时，或者是从当前的生产情况可以推断改环节肯定在计划的时间内无法完成的时候，就需要跟单员的及时介入处理，查明原因，找到行之有效的处理方法。所以，这个时候跟单员的时间管理能力要很强，要能判断各种意外情况是否会对交期产生影响。

3. 较好的产品认知能力

不管你是在工厂还是在外贸公司，只要是在跟单员这个职位上，就必须对自己的产品很熟悉，包括产品的生产过程、产品的规格、产品的性能、产品的成本核算和报价等。如果对产品不熟悉，在跟单过程中，比如在生产线上，就会很难发现生产中出现的问题。或者是在其他的环节上，如果你不熟悉产品，就很难说服其他人，或者很难判断其他人的信息是否正确，这样就会处于被动的一面。同时，如果你对产品不熟悉，当某个环节出现了问题，你会毫无对策，无法提出你的改进意见。例如，当我们向一个工厂就某种产品询价的时候，如果我们事先对这个产品了解很少，我们就很难判断工厂价格是否合理，也就很难及时地找到合适的价格。

4. 保持清醒的头脑

一个跟单员每天接触的订单非常多，而且各个订单规格都有所不同，下单时间不同，各个订单都处于不同的状态。这个时候就需要跟单员每天都要保持清醒的头脑，各项工作都要井然有序。知道什么事情是最急的，什么是最重要的，分清轻重缓急。经常会出现这种情况，如混淆同一个客户的不同订单、同一个订单的不同型号、不同订单的同一个型号等。我们公司有不同的产品，每种产品有不同的供应商，每个供应商都有很多不同型号的产品订单在操作，而且这些订单都处于不同的进度，如果我们没有一个清醒的头脑，就会感到工作非常地烦琐、混乱。

5. 良好的工作习惯和工作态度

一名优秀的跟单员要有端正的工作态度，平时工作要非常认真、细致，因为稍有不慎就会出错。还要养成一个良好的工作习惯，要学会使用各种常见的办公软件，学会设计各种各样的表格来记录自己的日常工作内容，这样才不会有遗漏。工作常用的就是EXCEL，每个跟单员都要结合自己的工作内容和性质，设计和建立各种相关的表格，按部就班地完成每一项工作。每个细节不仅要做到心中有数，而且要记录在表格中。刚开始做这些表格时可能会不习惯：第一，因为事情少，觉得没有必要，自己能记住。但是事情多了，想要全部记住是根本不可能的，而且时间久了，再想要回忆起以前的事也不容易。第二，刚开始时可能会觉得每天做这些记录会很烦琐。但是只要你习惯了，做的时间长了之后，就会发现非常有必要。通过表格，你的工作进度和状态就会一目了然。

比如，我现在负责的是公司物流方面，所有的出货，不管是海运、空运还是国际快递都需要我来安排，我会设计各种表格来记录我的工作。

Sep. No.	Order No.	ETD	ETA		VENDOR		Forwarder
			Tracking	CNFM	Name	Terms	

上图仅仅是我工作表格中非常小的一部分，我在这个表格中设计了很多栏目，由于篇幅的限制没有办法全部列出，只能列出几个要素作为例子供大家参考。我的表格包括了如下信息（我们是外贸公司，跟工厂的流程和工作内容有一定的差别）。

（1）订单信息：包含订单号码、给工厂的交期等信息；

（2）船务信息：包含 ETD/ETA、船公司、船名、航次、提单号、集装箱箱封号、起运港、目的港、运输方式（空运还是海运，或者是其他方式）、数量（整箱还是拼箱，整箱的话需要多少个什么类型的集装箱）、运费（预付还是到付，金额是多少）；

（3）货代信息：通过哪个货代操作，他们的联系方式等；

（4）供应商信息：这个订单是下到哪个供应商，他们的联系方式、付款方式等。

这个表格是用 EXCEL 做的，为了设计美观一些和实际的工作需要，排列方式跟上面的文字表述有所不同。而且很多信息可以用“批注”记录信息。当你看到这个表格的时候，就知道各个订单操作到什么样的状态。就我自己来说，基本上每天上班第一件事就是打开这个表格，上周走的船是否按原计划进行，各个预计挂靠的港口有没有取消的情况（由于各种原因，船公司经常中途取消一个港口挂靠）。如果是我们的目的港被取消的话，我们就要及时通知目的港。

当一个订单全部结束或者某件事结束之后可以用不同的颜色表示，以方便提醒自己。比如 EXCEL 的正常背景是无色,如果我用黄颜色填充表示这件事已经结束,其他的部分就是正常操作的订单或事件。下面可以用几张图片来大概了解一下:

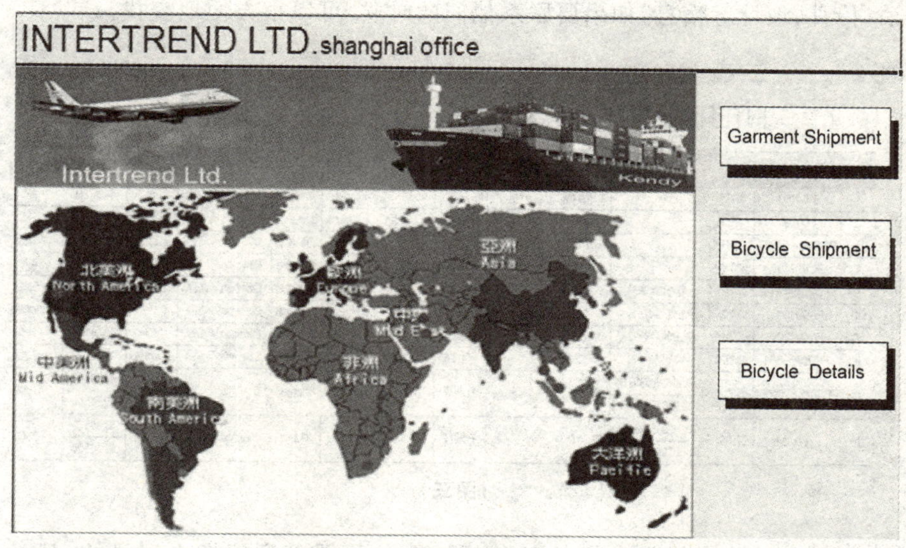

(图一)

图一:这是主界面,通过 EXCEL 的链接,可以按"Garment Shipment"、"Bicycle Shipment"、"Bicycle Details"等按钮进入其他的相关界面。我们公司有两个业务组,一个是服装组,另一个是自行车组。所有 Shipping 方面的事都要通过我这里安排。

INTERTREND LTD SHANGHAI OFFICE

BACK HOME

Seq. no	Order no.	ETC	ETD	ETA	FTY			Forwarder				PORT			CLIENTS	
					Name	Teams	Doc.	Name	Booking	Bl cnfmng	PI & inv	POL.	POD.	MODE	By email	By courier
1	CB-96/97/98	07/6/3	07/6/6	07/6/27	[illegible]	FOB/LC	Recvd	[illegible]	booked	cnfmed	sent	Shanghai	New York	SEA	YES	07.06.12/8614007581
2	CB-94/85/86/87	07/6/19	07/6/20		[illegible]	FOB/LC	Recvd	[illegible]	booked	cnfmed	sent	Shanghai	Seattle	AIR	YES	07.06.22/8614007603
3	CB-101/103	07/6/19	07/6/20		[illegible]	FOB/LC	Recvd	[illegible]	booked	cnfmed	sent	Shanghai	New York	AIR	YES	07.06.22/8614007603
4	CB-106	07/7/16	07/7/21	07/8/10	[illegible]	FOB/LC	Recvd	[illegible]	booked	cnfmed	sent	Shanghai	New York	SEA	YES	07.07.28/8614007640
5	CB-109	07/8/16	07/8/17	07/8/26	[illegible]	FOB/LC	Recvd	[illegible]	booked	cnfmed	sent	Shanghai	New York	SEA-AIR	YES	07.09.05/8614007754
6	CB-107	07/8/20	07/8/24	07/9/2	[illegible]	FOB/LC	Recvd	[illegible]	booked	cnfmed	sent	Shanghai	New York	SEA-AIR	YES	07.09.05/8614007754
7	CB-108	07/8/24	07/8/27	07/9/17	[illegible]	FOB/LC	Recvd	[illegible]	booked	cnfmed	sent	Shanghai	New York	SEA	YES	07.09.05/8614007754

(图二)

图二:这是服装部分的记录表格,上面有每个订单的出货记录,因为篇

幅的限制，很多内容是在“批注”里。把鼠标指针移动到相关的内容，“批注”就会显示出来。比如这个图里有两项：“FTY name”（工厂名称）和“Forwarder name”（货代名称），在批注里一般都写他们的联系人、联系电话、传真、地址等信息，如果要联系他们的时候，可以很方便地查找。

INTERTREND LTD SHANGHAI OFFICE

BACK HOME

Seq. no.	Order no.	ETD	ETA		VENDOR		FORWARDER		PORT			QTY	FREIGHT	SHPNG CM
			Tracking no.	cnfmed	Name	Teams	Name	Booking	POL	POD	MODE			
1	PC-7093	07/7/5		07/7/17		FOB/TT		booked	Shanghai	Colombo	SEA	LCL	$42/CBM	APL
2	PC-7088	07/6/21		07/7/3		FOB/TT		booked	Shanghai	Colombo	SEA	LCL		APL
3	PC-7043/44/46/77	07/7/10		07/7/23		FOB/LC		booked	Shanghai	Colombo	SEA	1*40HQ	$1,550.00	CMA
4	PC-7077/46	07/7/12		07/7/25		FOB/LC		booked	Shanghai	Colombo	SEA	1*40HQ	$1,900.00	APL
5	PC-7046/47/48	07/7/17	142758840863	07/7/29		FOB/LC		booked	Shanghai	Colombo	SEA	1*40HQ	$1,900.00	EMC
6	PC-7048/49	07/7/18	142759247015	07/8/26		FOB/LC		booked	Shanghai	Colombo	SEA	1*40HQ	$1,550.00	EMC INDIRE
7	PC-7048/49	07/7/19	APLU064335224	07/8/1		FOB/LC		booked	Shanghai	Colombo	SEA	1*40HQ	$1,880.00	APL
8	PC-7049/50/51	07/7/24	142759404587	07/8/5		FOB/LC		booked	Shanghai	Colombo	SEA	1*40HQ	$1,700.00	EMC
9	PC-7072/86/99/100	07/7/25	HJSCXNG108353106	07/8/7		FOB/TT		booked	Tianjin	Colombo	SEA	2*40HQ	$2,305.00	OOCL
			HJSCXNG107353005										$2,305.00	
10	See inserts	07/7/30	OOLU2003496150	07/8/16		FOB/TT		booked	Tianjin	Colombo	SEA	2*40HQ	$2,305.00	OOCL
			OOLU2003496151										$2,305.00	

（图三）

图三：这个表格是自行车订单的出货记录，是按照船期来记录的，某一个船期可能会出很多个订单。

INTERTREND LTD SHANGHAI OFFICE

BACK HOME

Seq. no.	Order no.	Sales	Vendor	Dely date	ETD					ETA					REMARKS
					1 SHPT	2 SHPT	3 SHPT	4 SHPT	5 SHPT	1 SHPT	2 SHPT	3 SHPT	4 SHPT	5 SHPT	
1	7046	Carol	JOYKIE	07/7/10	07/7/10	07/7/12	07/7/17			07/7/23	07/7/25	07/7/31			completed
2	7047	Carol	JOYKIE	07/7/17	07/7/10	07/7/12	07/7/17			07/7/23	07/7/25	07/7/31			completed
3	7048	Carol	JOYKIE	07/7/24	07/7/17	07/7/18	07/7/19	07/7/24		07/7/31	07/8/8	07/7/31	07/8/6		completed
4	7049	Carol	JOYKIE	07/7/24	07/7/17	07/7/18	07/7/19	07/7/24		07/7/31	07/8/8	07/7/31	07/8/6		completed
5	7050	Carol	JOYKIE	07/7/31	07/7/24	07/8/1				07/8/6	07/8/12				completed
6	7051	Carol	JOYKIE	07/7/31	07/7/19	07/7/24				07/7/31	07/8/6				completed
7	7062	Deborah	GEO		07/6/4	07/6/9				07/6/19	07/6/24				completed

（图四）

图四：这是自行车订单的出货记录，是按每个订单号来记录的，我们一般每个订单都要分几次出货，所以有 1SHPT、2SHPT、3SHPT 等，如果全部出完的话，就在最后一栏 REMARKS 里备注 completed，表示这个订单已经结束。

还有一点就是，不管在什么样的岗位上，你都需要根据你的工作性质和内容总结一些方法，建立各种 EXCEL 模板，这样对提高工作效率和质量非常有帮助。当你设计好模板之后，只需要填写几个因变量，其他的部分都会根据你的公式自动计算，这样既不容易出错，工作效率也会提高很多。

6. 异常事件的及时处理

前面也提到过，跟单员的工作环节比较多，各个环节都有可能出问题。如果不及时发现和更正，最后就会影响订单的质量或交期，进而会影响到客户对公司的印象。

当某个环节出现异常情况时，要及时提出，要求相关人员改正，并提醒其他人员注意这个问题。如果出现的问题比较大，就要找到相关负责人，比如原材料出了问题，可以找采购；如果是生产中出现了质量问题，就要找厂长；如果是出货方面的问题，可以找单证员等。而且还有很关键的问题，当出现了比较大的异常情况时，为了及时处理，要找对人很重要。不要去找该事件的当事人，他们仅仅是一个操作者，对这种情况承担不了责任，也拿不出处理办法，你找他的时候，他还是要向上级反映情况，所以要找对负责人、相关级别的领导。这个要找的人，职位不是太低也不能太高。如果是一个大问题，去找一个小小的操作员根本无济于事；如果是一个小问题，去找总经理就有点小题大做。

所以，为了各种异常情况能够顺利解决，要找对人，花最少的时间、以最快的速度、最高的效率来处理。

第二章

原材料的采购与跟踪

yuancailiao de caigou yu genzong

一、原材料的核算

对原材料进行核算，目的是为了计算出整个产品的价格，从而向客户进行报价。所以在报价之前，首先要解决的问题就是准确了解客户具体需要的产品是什么。有些时候我们会碰到需要根据一张图片，或者一张配置表，一个需要修改几处细节的参考样或者跟样品一模一样的东西来报价的情况。不同的情况需要用不同的方式进行价格核算。原则上是如果有不清楚的地方，是无法计算出价格的，对于那种只有一张图片或者资料不齐全的配置表报价的时候，我们可能只会报一个大概的价钱，或者在报价单上把欠缺的资料补上并写上备注，说明此价格是基于什么具体配置的价格。对于那些需要修改细节的参考样的报价也是一样的，需要将修改的部分注明并写上备注。对于那些大货跟实样一模一样来报价是最简单的状态，可以做到报价及时与准确。

其次就是了解到客户的具体要求之后就可以开始报价的工作。

简单来说，要计算报价就必须核算所有原材料的价格并加上利润。具体来看，情况就要复杂得多。我们先以一件服装为例，看如何对其进行价格核算。一般来说，一件衣服的价格牵涉到面料成本、辅料费用、工费、杂费、利润，这些费用相加得到的总价除以当前的美元汇率就得到了报给客户的美元报价，当然这只是一个初始的报价，还要考虑到是否有退税的因素。

下面我们来对诸要素逐个进行分析。

1. 面料成本

面料成本等于用料价格、口袋布与腰内里的价格总和。用料成本是用某种面料的单位价格乘以用在某一件衣服上的面料数量计算出来的。比如客户确定需要用面料 A 来制作衣服。如果面料 A 的价格为 100 元/米，用在某件衣服上的此种面料需要 1.5 米，这样这件衣服的用料成本就是 100×1.5＝150 元。假设口袋布价格为 2.4 元，腰内里的价格为 1 元，那此衣服的面料成本就为 150＋2.4＋1＝153.4 元。

2. 辅料成本

辅料是指衣服上除了面料以外的其他要素。一般的辅料有扣子、拉链、唛头、吊牌、衣架、各种装饰品以及包装，等等。这一部分的价格需要核算的地方比较多，但是价值相对比较少。先了解一下一件衣服一共要用到哪些辅料，然后将这些辅料价格算出来相加即可知道一件衣服的辅料成本。

3. 工费

工费是指将所有原材料加工或者组装成成品（产品）的过程中所需要消耗的费用。一般来说工费包括工人工资、模具费用、使用机器的费用、水电等能源消耗的费用、仓库管理费用，等等。通常一个产品的原材料成分越多，涉及的工艺就越复杂，生产周期也就越长，这样工费相应地就越贵。我们还是以服装为例来说明，服装生产需要采购、表面处理、打板、裁剪、缝合、整烫、水洗、包装、质检等工艺，不同的工艺需要配备相应的工人或者技术人员，同时这些工艺也会涉及各种机器，机器运作又需要油、电、水等能源，做出来的成衣需要安放在仓库里面。这些环节都需要资金去运作。算出这些资金并平摊在每一件衣服上面，这样就可以算出制作一件衣服需要多少工费。具体的工费每个工厂都有一套自己的核算系统，工人的工资等标准也不一样。

4. 杂费

杂费主要包括产品从工厂运输到出口港口途中以及报关商检等产生

的一些费用，也叫内陆包干费。这里面的费用包括订舱费、码头费、拖卡费、船公司文件费、报关费，有些货代还收操作费等。一般来说，订舱费、码头费、船公司文件费、报关费以及操作费的价格基本上都是固定的。但是，不同的港口这些费用会有差异，比如上海港跟宁波港的这些费用就有差异。另外自己找的货代跟客户指定货代的费用也有差异，指定货代的费用一般偏高。另外拖卡费取决于柜型、工厂到港口的距离等因素。这些费用也需要平摊到每一件衣服上。

之所以要计算杂费，就是因为我们在外贸出口过程中，报价都需要根据与客户确定的贸易术语来核算出口方所需要承担的费用。国际贸易中最常见的贸易术语有 FOB、CIF、CFR 等。

首先来解释一下什么是 FOB、CFR、CIF。

FOB 是国际贸易中最常用的贸易术语之一，FOB 的全文是 Free On Board(... named port of shipment)，即船上交货(离岸价格)，习惯称为装运港船上交货。

按此术语成交，由买方负责派船接运货物，卖方应在合同规定的装运港和规定的期限内，将货物装上买方指定的船只，并及时通知买方。货物在装船时越过船舷，风险即由卖方转移至买方。

在 FOB 条件下，卖方要负担风险和费用，领取出口许可证或其他官方证件，并负责办理出口手续。采用 FOB 术语成交时，卖方还要自费提供证明其已按规定完成交货义务的证件，如果该证件并非运输单据，在买方要求，并由买方承担风险和费用的情况下，卖方可以给予协助以取得提单或其他运输单据。在费用的负担上，规定买方要支付卖方协助提供出口单证的费用以及出口税和因出口而产生的其他费用。

责任和风险暂且不说，单从成本方面来说，FOB 价等于产品的出厂含税价加上杂费。FOB 价一定是美元价格，所以需要将人民币价格除以当前的汇率。

我们现在以一个实例进行说明。假设有一个 20 尺柜(28 个立方)的服装要从上海港出口，服装工厂在浙江义乌，一件服装的出厂含税价为 40 元，那请问报给客户的 FOB SHANGHAI 价应是多少钱?

内陆包干费：

报关费：RMB125/票；

操作费：RMB125/票；

船公司文件费：RMB125/票；

定舱费：RMB220/20；

码头费：RMB370/20；

拖车费：根据实际装箱地点确认。

以上是一个货代公司发过来的报价。基本上行情价都是差不多的。我们按此来计算杂费。拖车费的部分，从浙江义乌到上海，一个20尺柜一般是RMB 1700。所以一个20尺的柜子的内陆包干费为RMB 2665(125+125+125+220+370+1700=2665)。

接下来要计算装箱量。假设一个纸箱装20件衣服，纸箱的尺寸为58×53×30CM，一个20尺柜子的立方为28，这样[28/(0.58×0.53×0.30)]×20=6080件衣服。也就是说一个20尺的柜子可以装6080件衣服(当然这也是一个比较粗略的、理论的计算方法，因为纸箱规格不可能和集装箱尺寸完全匹配，多一个纸箱放不下，少一个又多出很多空间，这样会浪费一定的空间)。

用2665除以6080=RMB 0.438，这个就是平摊到每件衣服上的杂费。所以一件衣服货送上海价为40+0.438=40.438元。用这个价格除以当前美元汇率比如6.82=USD 5.93。这个价格再加上公司的利润就是最终报给客户的FOB SHANGHAI的美元价格。

FOB价虽然是报价中用得最多的，但是有时候也需要报CFR或者CIF的价格给客户。

下面来介绍CFR。

CFR. COST AND FREIGHT(... named port of destination)，即成本加运费(……指定目的港)。此术语是指卖方必须负担货物运至约定目的港所需的成本和运费。这里所指的成本相当于FOB价，故CFR术语是在FOB价的基础上加上装运港至目的港的通常运费。简单来说，CFR=FOB价+海运费。我们还是继续引用上一个从上海出口20尺柜的例子，客户告知我们，目的港是斯里兰卡的科伦坡，让我们报 CFR 价格给他们。这个时候就必须找货代公司询问一个 20 尺柜从上海港到斯里兰卡科伦坡港的海运费，然后将海运费平摊到每一件衣服上，具体的平摊方法请参照之前杂费的算法。

为了确保货物在海上的安全，有些客户往往要求投保，于是就产生了 CIF。

CIF 术语的中译名为成本加保险费加运费，指定目的港，其原文为 Cost，Insurance and Freight(... named port of desti-nation)按此术语成交，货价的构成因素中包括从装运港至约定目的港的通常运费和约定的保险费，故卖方除具有与 CFR 术语相同的义务外，还得为买方办理货运保险，支付保险费，按一般国际贸易惯例，卖方投保的保险金额应按 CIF 价加成 10%。如买卖双方未约定具体险别，则卖方只需取得最低限度的保险险别，如买方要求加保战争险，在保险费由买方负担的前提下，卖方应予加保，卖方投保时，如能办到，应以合同货币投保。

需要强调指出的是，按 CIF 术语成交，虽然由卖方安排货物运输和办理货运保险，但卖方并不承担保证把货送到约定目的港的义务，因为 CIF 是属于装运交货的术语，而不是目的港交货的术语，也就是说 CIF 不是“到岸价”。

CIF 到岸价即“成本加保险费加运费”，是指在装运港，当货物越过船舷时卖方即完成交货。

CIF 通常是指 FOB＋海运费＋保险费。

5. 利润

将前面 4 项的价格加在一起就是产品的成本。将成本加上预计的利润就是可以报给客户的价格。如果不加杂费，只加利润及税，那计算出来的就是出厂含税价，这个价格一般在报给国内客户时会用到。比如工厂报价给外贸公司就是报出厂含税价。利润加得太多，报出去的价格就没有竞争力，从而吓跑了客户；利润加得太少，出现一些涨价，汇率变动的时候又有亏本的风险。所以到底要加多少利润还是很值得斟酌的。一般工厂报价会根据产品的不同加 10%～30%的利润，当然有很多的产品利润非常高或者是比较低。

在实际操作中，作为一名跟单员，有时候需要自己去计算以上各方面的价格，这就需要同与各个价格有关系的部门或者人员联系，从而算出价格。我们以工厂跟单员和外贸公司跟单员为例来分别介绍。

(1)在面料成本里面。如果是工厂跟单员，首先在拿到客户的样衣或者确认的面料信息后，找面料厂进行报价。工厂一般都有现成的配套面料厂家，如果没有就需要自己通过网络或者其他方式临时开发，并要求他们报价过来。与此同时，跟单员也需要对行情有所了解，比如要知道棉花多少钱一斤，不同等级的棉花怎么分类或者其他面料的市场行情价格或者不同工艺布料的大致价差，等等。这样在让面料厂家报价的同时，自己心里也可以算一下大致的价格。如果最后面料厂家报的价格相差不大，那就是一个比较有效的价格，如果相差甚远，那就必须货比三家或者直接跟这家报价的工厂进行讨价还价的工作。

(2)在辅料成本这一个环节，跟单员需要跟那些辅料厂核价，对扣子、拉链、唛头、吊牌、衣架、各种装饰品以及包装的价格行情都要有所了解。我们来说说吊牌与包装的价格。吊牌由印刷公司生产，涉及要素较多，有制版费、颜色多少的价差、纸张厚度不同的价差、覆膜与否的价差等。包装分塑料袋和外箱。塑料袋的厚度、材料、纸箱的瓦数、黄或者白或者彩箱都存在价差。

(3)工费方面。这个基本上是由老板来算的。比如工人工资、机器费用、能源消耗也都是比较固定的费用。

(4)杂费。在这一项里，跟单员的工作量也比较大，需要联络货代、车队等，从而得到报价。不同的货代在不同的航线上有各自的优劣势，比如有些公司做欧美线有优势，有些公司主攻东南亚航线，所以在核算杂费的时候一定要货比三家，特别是涉及海运费的情况。

(5)利润。这方面很多公司也是有规定的，一般加利润就是按照公司规定的利润百分比来计算。不过有些客户是量大利润低，碰到这种客户就需要跟老板反映具体情况，酌情降低利润从而获得订单。一般的原则是欧美客户可以适当加高一点利润，亚非拉等国家的客户利润就要放得比较低一些。

另外，测试也会对价格产生影响。一方面做认证本身就包括测试费用。另一方面，为了通过测试，工厂不得不选择品质更好的原材料以便通过测试。这两方面的因素导致了成本的增加。

报价是一个理性的过程，各项成本或费用都是计算出来的，在报价过程中最忌讳的就是感性的报价，看看样品或规格表，然后根据自己的经验估一个价格来报给客户。如果是在跟客户 meeting 的时候遇到新的 case，可以预估一下做参考。但是正式的订单报价不能这样操作。如果价格估计很高，也许客户都不会给你讨价还价的机会，这样就会丢掉 order，如果价格估计很低，只要接下这个订单就会亏本，如果先接下订单，然后跟客户说之前的报价有错，再提高价格，客户会很反感这样的做法。如果价格变化不多，也许客户会接受，但是价格变化很大的话，客户很可能会 cancel 这个 order。而且经常跟客户说报价有错的话，客户就会怀疑这个公司的业务能力，以后不会再与其合作。

下面我用一个图来解释上面说的这些价格要素之间的关系。

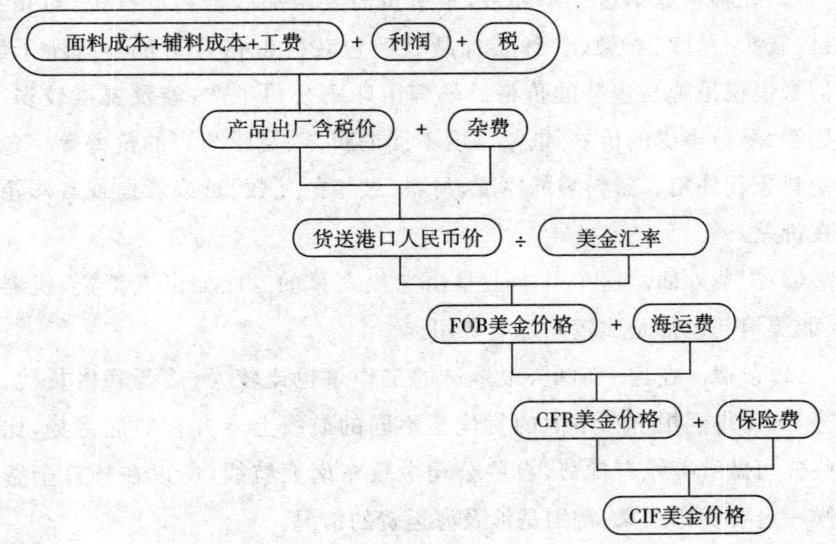

如果是外贸公司的跟单员，往往会比较被动，无法拿到第一手的资料与最好的价格。很多情况下工厂也只是给一个产品总的单价，不会给每个部分的价格，这时就需要跟单员跟工厂那边多沟通，尽量拿到详细一些的报价，才可以对报价进行适当评估，从而在讨价还价中掌握一些主动权。另外，外贸公司的跟单员不能只向某一家工厂询价，必须货比三家，一方面可以判断出最好的价格，久而久之，也可以了解每个工厂的报价风格，配合情况等;而且也需要了解行情,这样可以拿到比较有竞争力的价格。外贸公司跟单员需要将从工厂拿到的价格再加上自己的利润,然后报给最终客户。

但是,一份报价单远远没有这么简单。除了价格,一份完整的报价单还必须包括产品图片或者编号、产品细节说明、报价有效期、毛净重、纸箱尺寸、立方体积、20 尺柜装箱量、最小起订量以及交期等信息。具体请参考下面的报价单格式。

ZHEJIANG ABC INDUSTRY CO.,LTD.

Add: No.31 Yinchuan East Road Economic Development Zone, Yongkang City, Zhejiang, China.

Tel: 0086-579-×××××××× Fax: 0086-579-×××××××× E-Mail: 123@QQ.com

Photo	Description	Item Number	Price(FOB Ningbo)	Packing	Size(mm)	G.W/N.W(kg)	QTY	MOQ	20FT OTY	Delivery Time	MEAS(cm)
MP-295	Steel mini pump.Black color. Small hose with AV or EV included.	MP-295		Polybag	22×400	25/24KGS	100PCS	1000PCS	83000PCS	30days	43×28×28
MP-23B	Compatible Presta/Schrader for all types of valves. Thumblock lever. Thandle design. Telescopic tube. PVC tube.	MP-23B		Head card	28×285	23/22KGS	100PCS	1000PCS	292900PCS	30days	51×40×47

一旦客户接受了价格,把订单下过来了,工厂就要开始采购零部件或者原材料,按照订单生产了。接下来我们进行第二个环节的工作——原材料采购。

● 二、原材料的采购

1. 要采购必须先要拿到与客户确定的订单、相关的配置表,然后将配置表制作成相应的采购单

<table>
<tr><td colspan="2">一二三五金工具有限公司</td></tr>
<tr><td colspan="2">YI ER SAN METAL TOOLS CO. ,LTD</td></tr>
<tr><td>Add:</td><td></td></tr>
<tr><td>Tel:</td><td>形式发票</td></tr>
</table>

续表

Fax：	PROFORMA INVOICE			
E-mail：				
To Messrs：				
	DEF COMMERCIAL ENTERPRISE			
装船日期				
1. Date of shipment	WITH ONE MONTH AFTER RECEIVE 20% ADVANCE AMOUNT			
包装				
2. Packing	EXPORT CARTON			
付款方式：	开给我方100%保兑不可撤销即期付款信用证，并须注明可在上述装运日期后十五天内在中国议付有效.			
3. Terms of Payment：	FOB NINGBO			
项目	品名及规格	数量	单价	总值
Item	Name of Commodity & Specification	Quantity	Unit Price in US$	Amount in US$
			FOB	NINGBO PORT
	BICYCLE PUMP	18000PCS	USD 1.00	USD 18000.00
	ITEM NO：S-297			
	Packing：20 PC PER CARTON			
	Size：38×500			
	G. W/N. W：20/19KGS			
	MEAS：57.5×30×19			
	20FT QTY：18000PCS			

以上这个形式发票(Proforma Invoice)就是订单的合同。此合同由工厂做给客户,客户确认无误签名或者盖章回传之后开始生效。根据合同上确定好的付款方式来确定采购计划。如果有预付款的付款方式,就必须等预付款到账之后,再把采购单下给相关供应商。如果是做L/C或者D/P等没有预付款的付款方式,在收到客户 L/C 或者收到客户订单之后即可下采购单。

接下来我们需要将合同里确定的产品信息翻译(制作)成采购订单。有时候合同里可能没有或者无法将产品具体的细节表现出来,这个时候就需要对照当初跟客户确定的产品要求或者相关配置单去制作采购订单。一般来说是拿着订单制作生产单,再根据生产单来制作采购单。

五金工具有限公司制造品种式样通知单

订货单位	2008024					交货地点	701514		
生产数量	1000 把	每件包装	50 把	计件数	20 件	内包装	吸塑		
规格型号及名称	MP-933B φ22×300					商标	05376/28	外包装	
颜色	手打气筒管子	银	气室		胶管	黑	胶管长度	15 Cm	唛头
颜色	脚踏气泵脚架		脚筒		胶筒	红	胶管长度	Cm	唛头
用何种气夹	美国	用何种柄	颜色		Z.P.Z 05376 REF. 701514 50PCS/CTN C.NO.1- BARCELONA MADE IN CHINA G.W.: 12 KGS N.W.: 11 KGS MEAS: 51X31X29 CM				
用何种附件	十塑粒	用何种柄	材料						
其他特约事项									
外箱尺码	长 51 厘米, 宽 31 厘米, 高 29 厘米								
毛重	12 公斤	净重	11 公斤						
下达任务日期:	4.21	产品完工日期:							
计划发货日期:	5.9	实际发货日期:							
合同号:		签合同日期:							
备注	5/袋								

销售科　　　　生产科盖章

纸箱 改✓

以上是某五金工具公司下到车间的生产单。生产单里面包括了生产总数量、包装方式、产品型号、产品尺寸以及产品的一些细节要求、纸箱唛头、毛净重等信息。有了这些信息之后,我们就可以制作相应的采购单以及纸箱。

接下来我们来看如下所示的采购单:

印刷采购单

交货日期:2008-06-20　　跟单:朱××　　生产单号:6-2/2008

种类	品名	尺寸	包装方式	数量	要求
彩卡	24×6.5 煎盘		1	1200	指定材质
彩卡	26×6.5 煎盘		1	1200	指定材质
彩卡	28×6.5 煎盘		1	1200	指定材质
彩卡	30×6.5 煎盘		1	1200	指定材质
彩盒	24×11 汤锅	33.5×12.5×25	1	960	单瓦
彩盒	26×12 汤锅	35.5×13.5×27	1	1200	单瓦
彩盒	28×14.5 汤锅	35.5×16.5×29	1	1200	单瓦
彩盒	30×15.5 汤锅	36.5×17.5×32	1	1200	单瓦
彩盒	32×16 汤锅	38×17.5×33	1	600	单瓦
外箱	24×6.5 煎盘	50×32×41	10	120	标准出口外箱
外箱	26×6.5 煎盘	54×34×41	10	120	标准出口外箱
外箱	28×6.5 煎盘	58×36×41	10	120	标准出口外箱
外箱	30×6.5 煎盘	62×38×41	10	120	标准出口外箱
外箱	24×11 汤锅	52×35×39.5	6	160	标准出口外箱
外箱	26×12 汤锅	56×36.5×42.5	6	200	标准出口外箱
外箱	28×14.5 汤锅	60×37×51.5	6	200	标准出口外箱
外箱	30×15.5 汤锅	66×38×54.5	6	200	标准出口外箱
外箱	32×16 汤锅	68×39.5×54.5	6	100	标准出口外箱
外箱	9.5 奶罐	43×22×23	12	60	标准出口外箱
外箱	10.5 奶罐	45.5×24.5×24	12	60	标准出口外箱
隔板	24×6.5 煎盘	48×30	1	600	单瓦
隔板	26×6.5 煎盘	52×32	1	600	单瓦
隔板	28×6.5 煎盘	55×35	1	600	单瓦
隔板	30×6.5 煎盘	60×36	1	600	单瓦
S形隔板		45×8		2400	白板纸

以上是一个厨具工厂的包装采购单，此工厂将采购单下给印刷公司的订单。采购单对需要采购的各种原材料的型号、种类、尺寸、数量等都有说明，这样采购起来就会一目了然。

有了采购单，接下来就是选择供应商了。

2. 要采购的东西确定好了，就要确定把采购单下给哪家或者哪几家供应商

培养一个好的供应商有时候比找一个好的客户更加困难。一个合格的供应商要具备强大的实力、完善的生产管理制度、良好的配合意识、出色的质量以及有竞争力的价格。所以我们在确定买家之前，要先对广大供应商进行评估、筛选，最终选择下单给哪家或者哪几家供应商。

如果一个工厂涉及的原材料很多，这样就需要比较多的配套供应商。以自行车为例，一个自行车需要的零件有几十种，因此也相应需要有几十个供应商。下图是一个自行车的规格表，从中可以看出零部件是相当多的，每一个零件又有不同的供应商。

No		Component	Model #	Description / Material	Maker	Color/Finish
1.	Frame	Frame	AS DRAWING	**20"12"STEEL FRAME.**W/V BRAKE.大五通.	FUDA	**F/PMS#210C PINK R/ PMS#219C PINK**
2.		Front Fork	**AS DRAWING**	20 FORK STEEL .28.6MM等径腿 开裆100MM.W/V BRAKE.焊接式叉爪.	FUDA	**PMS#219C/210C PINK**
3.		Headset	XR-C2	22.2"27"30MM, H:33MM 8PCS STEEL	XURI	CP
4.	Brake	Brake	212P	RESIN COATED STEEL V BRAKE 110MM.W/BLK BRAKE PADS. F:90度弯管.R:110度弯管	APSE	BLK
5.		Brake Lever	N306P-1	RESIN BKT/ LEVER. W/adjustable 尾端大于12.7MM	APSE	BLK
6.		Cables / Housing	2P	2P F:2"("480"700MM).R: 待定	APSE	BLK
7.	Transmission	Chainwheel	**Z-100(4)/Z-002**	40T"3/32"/140MM,CHAINWHEEL CP ,STEEL ONE PCS COLD CRANK CP 1/2".W/PIN.	JINYAN	CP
8.		Chainguard	**JW-P019**	PLASTIC 40T "P" TYPE GUARD	JIAWEI	CLEAR PMS#210C
9.		Bottom Bracket	GS-909	9PCS STEEL W/CRANK.	JINYAN	CP
		BB GUIDE	TC-S01	PLASTIC	TCW	BLK
10.		Chain	Z30	1/2"3/32	KMC	BROWN
11.		Freewheel	TZ-06	INDEX 6SPEED 14-28T.	**SHIMANO**	BLK/BRW
12.		Pedals	VP-872N	PLASTIC MTB 1/2" W/BALL w/ RR-0217 reflectors (FRANCE STARDARD)	VP	BLK
13.	Wheel	F / Hub	SF-HB03	3/8"100"140MM 36H 45#14G . UCP small flange W/SW	SHUNFENG	CP
14.		R / Hub	SF-HB03	3/8"130"170MM 36H"14G 45# . UCP SMALL FLANGE,C:38.5MM	SHUNFENG	CP
15.		Rims	HLQ-16	20"1.5" 36H"14G ALLOY 320G SIL AV 安全磨损线.	JHT	SIL
16.		Spokes / Nipples		14G"45# STEEL UCP NIPPLES	XINGRONG	UCP
		SPOKE DISC		5-1/2 CLEAR	TCW	CLEAR PINK
17.		Tires	**P1033**	20"1.90" BLK W/WHITE SIDE有白边。	**WANDA**	BLK
18.		Tubes/TAPE		20"1.90" Butyl tube AV,RUBBER TAPE 20"20MM.	**WANDA**	BLK
19.	Steering	Handlebar	DT-932	STEEL 560"1.6T R:40MM 15DEGREE	DT	CP
20.		H'Bar Stem	HA-C40	ALLOY HEAD/STEEL STEM22.2" L:180 EXT: 40(要通过EN14764)	HL	CP
21.		Grips / Tape	TC-G07	L:120MM.R:90MM. 无毒。	TCW	BLK
22.		Rotor		NIL		
23.	eat	Saddle	AS PHOTO	MTB PVC COVER,W/CP clamp / rails.W/ ARTWORK	YUANYI	**AS PHOTO**
24.		Seat Post	DT-303	25.4"250"1.4T W/MINIMUM INSERTION.STEEL.	DT	CP

Spec 里面的供应商都是评审过的合格供应商。在 Maker 一栏里就是

供应商的名称。

我们以上说的这些供应商，是工厂手头上已经掌握了他们一些资料之后的情况。在实际工作中，有很多供应商是我们还没有跟他们接触过的，甚至连很多供应商的名字都不知道。所以接下来我们要讲一下如何寻找供应商。

如何寻找供应商呢？一般的途径有行业的展会、B2B网站（如阿里巴巴、Made-in-China等）、黄页、客户推荐、本区域现有资源等。

行业的展会是获取供应商信息最有效的途径。在展会上，我们不仅可以收集到同行业各供应商的样本（Catalogue），还可以看到供应商的最新产品，从而对他们的产品质量有个初步了解，还可以当面跟他们进行某些价格的洽谈以及下订单。

展会的效果虽然好，但是毕竟受到时间和空间的限制，很多时候我们也要通过网络去开发供应商。通过各大B2B网站收集供应商资料是最有效率的方法。

这个是阿里巴巴的英文首页，输入产品的英文名作为关键词来搜索。比如输入“floor cleaning machine”，然后点Search就可以进入相关界面。

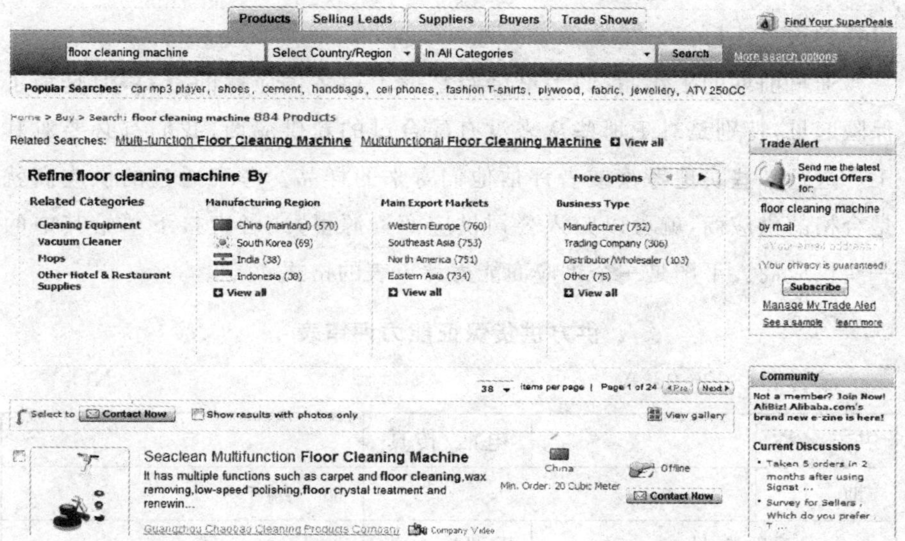

从这个页面上可以找到 884 个相关产品，根据产品可以找到不同的供应商。

不过如果是工厂找供应商的话，通过阿里巴巴中文网站更加方便（注意阿里巴巴的中文与英文是不同的系统）。通过产品的中文名称来搜索，搜索到的产品信息以及供应商的信息会更多。

一般专业的行业展会，主办方都会出版一些黄页书，书里都有参展商的资料，包括公司名称、联系方式以及主要产品的图片等，所以通过黄页找供应商也是非常方便的。

一般来说，找供应商是工厂自己的事情，但是有时候客户会反过来推荐一些供应商让工厂去选择。这些情况大多会出现在工厂生产出来的产品无法通过测试的时候，这时客户如果从事某个具体行业很久的话，他会推荐一些能过测试的零件商给工厂，让工厂替换某些零件，从而让产品本身通过测试。

本区域的现有资源，一般来说，很多行业都具有区域集中化的分布特点。具体我们来看看浙江省的永康市。全国防盗门行业，百分之八十的防盗门企业都集中在永康，拥有像步阳、王力、星月神等众多知名企业。这些防盗门企业带动了当地五金配件、钢材等供应商的发展。所以有时候如果一个防盗门企业需要找下面的供应商，他们只要开着车在永康转转，就可以找到很多工厂。

通过前期的工作，我们手里已经掌握了很多供应商的资料，但是为了保险起见，特别是对于那些从来没有配合过的新供应商，我们有必要对其工厂进行一些实地考察或者评估他们寄来的样品。考察通过的供应商就是合格的供应商，就可以归入公司供应商资源里，或者直接下单给其中的一些供应商。下图是一个供应商能力评审表的格式。

供方供货保证能力评审表

编号：JL-006-03-A　　　　NO.

<table>
<tr><td>供方名称</td><td></td><td>电话/传真</td><td colspan="2"></td></tr>
<tr><td>地　址</td><td colspan="2"></td><td>邮　编</td><td></td></tr>
<tr><td colspan="2">本公司采购产品：</td><td>重要度分类</td><td colspan="2"></td></tr>
<tr><td colspan="5">供方企业综合评价：
资材部：　　日期：</td></tr>
<tr><td colspan="5">供方技术能力及产品实物评价：
技术研发中心：　　日期：</td></tr>
<tr><td colspan="5">供方制造能力评价：
生产部：　　日期：</td></tr>
<tr><td colspan="5">供方检测能力评价：
品质部：　　日期：</td></tr>
<tr><td colspan="5">评价结论：
技术副总：　　日期：</td></tr>
</table>

供方考察评价表

填表人：×××　　　　编号：×××

通过考察评估，我们可以初步判断哪些供应商是可以继续配合的，是合格的供方，我们制作相关的合格供方名录的表格进行归档，那些产品质量达不到要求或者工厂综合实力达不到要求的，就要果断地淘汰掉，以免浪费双方的时间。下表是某摩托车厂的合格供应商名录。

合格供方名录

序号	供方名称	供应产品类别及名称	重要度分级	首次列入日期	评定序号	年度复评结果
1	台州迪马车辆部件有限公司	车架				
		全车铁件				
2	台州路桥兴吉机械有限公司	全车弹簧				
3	温州大顺机车配件有限公司	化油器				
4	台州市路桥华波摩托车配件厂	前/后铝轮				
5	台州市路桥区德福汽摩部件厂	排气消声器				
6	台州市路桥齐力减震器厂	前/后减震器				
7	台州路桥雄风铸业有限公司	载物架				
8	台州路桥鑫宏机械制造有限公司	油箱				
		油箱盖				
9	浙江省天台县银超摩托车仪表厂	仪表				
		传感器				
10	温岭市天龙汽摩配件厂	油箱开关				
11	浙江嘉爵摩托车制造有限公司	发动机				
		空滤器				
		电缆				
		坐垫				
12	江阴富达摩托车配件厂	油门线				
		脚刹线				
		风门线				
		坐垫拉锁				
13	莆田市精密锻造有限公司	后制动器				
14	温岭市车辆机电配件厂	组合把座				
15	温岭正田摩托车零部件制造有限公司	盘式制动器				

编制：　　　　审核：　　　　批准：

选择供应商还有个影响因素就是供应商及其产品的定位要跟目标客户的定位一致。俗话说好马配好鞍。如果产品是需要做相关测试的，那就必须选择产品质量相对比较好或者能通过测试的供应商的配件。出口国不同，他们要求的测试也不一样。比如欧洲、美国的测试标准较高，澳大利亚或者加拿大的标准就没那么高，另外还有很多国家根本就不需要做测试等事项。所以根据这些测试标准的不同，我们也应该选择不同的供应商配件来组装成品。如果这个产品是要出口到非洲的，有A、B两家供应商，A供应商的产品质量可以达到非洲市场的需要，而B供应商的产品质量可以达到欧洲标准。这时就完全没有必要选择B供应商，虽然其质量可能更好，但对于欧洲市场的价格非洲市场是不能接受的。

采购的过程。

首先我们要把规格表或者其他技术参数资料发给供应商，让他们核价并报价给我们。如果价格合适一般就要他们打样过来确认，样品确认后进行价格的确认。然后确认交期，商谈付款方式，下单给供应商。

我们先要拿到总的采购计划表，如下表所示：

采购计划表								
							2007年××月	
序号	供应商名称	品名	单位	订货数量	采购数量	请购时间	到货时间	请购部门及请购者
1	上海华荣铜业有限公司	A-19T 弹子前排 2.5×6.8	KG	18	18		每月备库存量	锁仓
2	浙江佳卫锁业有限公司	特能锁面板	片	50000	50000		每天2000片	锁仓
3	上海浦凌	热轧板 1.8×1250×2500	KG	20000	20000		根据生产安排送货时间	钣金
编制：				批注：				

从上面的采购计划表我们可以看出，需要向选好的三家供应商采购相关材料，接下来要分别向这三家供应商下单，即与供应商签订供货协议(购销合同)。

供货协议

供方性质：□合格　□试用　　　　　　　　　　　　　　　　编号：

当事人：　甲方：

　　　　　乙方：

兹为甲方向乙方订购下列产品双方议定各项条件如下：

产品名称					
产品图号或样品说明					
检验标准					
抽样方案	MIL-STD-105D	MIL-STD-105D	MIL-STD-105D	MIL-STD-105D	MIL-STD-105D
检查水平	一般检查水平Ⅱ	一般检查水平Ⅱ	一般检查水平Ⅱ	一般检查水平Ⅱ	一般检查水平Ⅱ
合格质量水平	AQL＝1.5	AQL＝1.5	AQL＝1.5	AQL＝1.5	AQL＝1.5
产品单价(含运费)					

订货方式	交货期限	延期扣款	包装要求
以甲方采购部下达的《产品订购单》为订货依据。	乙方在收到《订购单》后依“订购单”规定的时间送货。	每拖延1天罚订货总价1%或由本公司将订货部分或全部取消。	乙方必须依甲方提出的产品包装技术条件对产品进行有效的防护。
交货地点	**运输方式**	**保证责任**	**付款方式**
浙江永康长城工业园中国·王力集团有限公司。	乙方在保证产品安全的情况下，负责选择相应的运输工具。	所供产品卖方需提供100%的产品，不良品不能按照合格品计算，应付款。	每季度结算上季度的供货款。

特别说明	
1. 乙方同意对甲方所采购的上列产品的所有技术予以保密，并制定相应的保证措施；	
2. 乙方必须保证向甲方提供的产品符合订货单上的数量和质量要求以及交期要求；	
3. 若乙方无法如期交货，甲方有权在约定交货期后当日内要求取消订单，并向乙方要求赔偿；	
4. 如贵公司所交产品品质不符合规定，甲方有权退货或要求赔偿，乙方不得拒绝；	
5. 如因交货误期、规格不符、品质不良而造成甲方损失，乙方应负赔偿责任；	
6. 产品虽经甲方验收，如因品质不良而致使甲方产品遭客户退货或索赔时乙方应负赔偿责任；	
7. 对乙方提供物料不符合接收标准，采取让步接收时，甲方对该批物料将按照货款额的 80%付款；	
8. 乙方必须按《订购单》的订购数量交货，甲方有权拒付超过订购数量交付的货款；	
9. 当乙方不提供备品时，甲方付款将按照实际检验的结果，计算接收的合格品数量，并支付货款；	
10. 解除协议约定： (1)乙方若违反本“特别说明”中的第 1 款时，甲方有权解除本协议，并追究乙方的法律责任； (2)乙方若违反本“特别说明”中的其他款项，导致甲方生产无法正常进行时，甲方有权解除本协议，并追究乙方的法律责任； (3)甲方若未按本协议履行义务，乙方有权解除本协议，并追究甲方的法律责任。	
甲方： 负责人： 地 址：	乙方： 负责人： 地址：

以上表格需要供应商以及工厂双方签字确认后生效。

3. 跟单员如何做好采购的工作

采购是跟单中非常重要的环节，一旦采购的原材料出现问题，就会直接影响整个订单的生产情况，因此如何做好采购工作就显得尤为重要了。要做好采购工作,务必按照以下要点不断完善自己。

(1)眼要“尖”——判断能力要强:一般采购都是采用定点供货的方式,这样为了节约时间,货源和质量就需要得到保证,那就要求你的观察能力以及灵活机动能力要强,确定好供货商。

(2)为了别人能够更好地为你服务,你的信誉要好,付款时间很重要,特别是月结的或更长时间结一次账的情况。

(3)多上网了解其他行业的信息,建立更广泛的采购同行的朋友网络。

(4)采购还要尽可能具备更多的知识,比如各个国家的法律概况和文化,配件的通用性(替代品)。

(5)心态要正,要有最基本的思想道德素质。不管是谁主管采购工作,都要以对得起企业,对得起老板,对得起自己的良知为准。

(6)对自己所负责的业务范围要熟悉,业务知识要全面,并且要勤奋好学,虚心上进,否则很容易被淘汰。

(7)对所负责购买物料的行情变化及市场存货的多少能从多方面去分析,并总结出一定的规律来,做到心中有数。

(8)能对不同时期所面临的采购难题提出自己的分析及给出相对应的采购策略。价格无论是涨还是降,都能提前预测到。不会出现行情已变,却一无所知,自己仍稀里糊涂的局面。

(9)能对各个供应商有比较清楚的了解和比较,对其产品的质量有较深的认识,最好能具备一些自己所采购物料的专业知识。

(10)能在稳定老供应商的同时,引进新的供应商,以维持正常的供应体系,而不致使所需物料受供应商限制,尽最大可能地开发新供应商。

(11)能处理好自己与公司相关人员的工作关系,做好协调工作,主动做好人性化服务和配合,以及做好公司的物料供应服务保障工作。

(12)能主动和领导沟通,正确领悟领导的意思,在不违背原则的前提下与领导搞好关系,共同降低采购成本。

(13)能做到与新老供应商搞好关系,及时解决与供应商面对的相关问题,以及搞好经济关系,能在公司所需之时,得到供应商的大力支持。

(14)能让自己的采购技能及谈判技巧日益提升,多方面全方位地真正降低采购成本。

(15)采购作业要非常小心,避免工作上的失误而造成公司重大的经济损失,采购是要负担全部责任的,所以做任何事情都不能有"随便"两字。

(16)与供应商的任何业务往来一定要在事情发生前沟通清楚,并将相关信息及时同业务员沟通,严禁单方面进行操作。

(17)采购在接待供货商时,说话要有礼貌,要有好的形象,同对方交谈时,头脑要灵活,不知道的地方要尽量告诉对方,等清楚后再回复,公司其他的事情尽量少谈,找主题重点谈,会客时间尽量在 10 分钟至 15 分钟之间,谈话时间长,会延误自己的工作,白天的时间是很忙碌的,要懂得善用时间。

(18)采购工作是有一定的诱惑的,一定不要迷失自我,不要收供货商回扣或礼品(如有都应交给上级处理),因为这样做不仅会损害公司的利益,更会害了自己。

(19)同供货商相处,要平等对待,不要认为自己是客户就了不起,这样是不可能同供货商建立好关系的。

(20)采购不能以公司名义私自开采购单购买自己所需的材料,或帮其他人采购材料,这样做是违法的,任何采购单一定要有客户的正式订单方可作业。

(21)所有的供货商都要有《供货商调查表》,等传真过来后,采购填写《供货商评定表》给上级报批合格后,方可采购原料,然后再登记《合格供货商记录》。

(22)仓库工作人员每月应对库存进行一次盘点,并交一份给采购部,采购负责对盘亏、盘盈进行分析,并追踪材料的去向。

(23)后勤在发给《供货商进料不良通知》时,采购了解情况后,传真给供货商追踪回复结果,并出具扣款资料给财务扣除货款。

(24)采购在作业时遇到困难,要立即告诉上级处理,不要等到没有办法处理了再告诉上级,这样会影响货期,给公司造成损失。

(25)供货商提供的样品,采购员要先记录在《样品登记明细表》上,然后再给业务部门确认,结果回复供货商,让供应商做相关记录并存档备用。

(26)供货商传来的报价单,采购员只有了解了市场原料的最低价,才能知道怎样降价,采购员要多同其他公司采购员和公司业务员交流,才能了解材料最低价。

(27)采购员没有权力备原材料,需要备原料或安排库存的,一定要有业务员的备料通知单方可,而且要把备料通知给上司。

(28)供货商在报价时,有三种方式:①报可以转厂价,②开增值税票(注明是含多少点),③不用转厂也不用开税票(普通收据)的价格。以上情况一定要在报价单上说明清楚,以防事后发生争议。

(29)采购过程是一个很紧张的过程,有时会一边执行一边做文件,因为这是对外工作,切记要将文件做清楚,否则会损害公司的利益。

(30)若因时间紧迫的关系,要求将物料直接从供应商处寄给客户时,采购员一定要获得上司的批准,且在事后不迟于第二天须将送货数量通知相关业务员开具销售单,采购员应该尽量减少此类事情的操作方式。

(31)由供应商直接寄给客户的货物一定要要求供应商不能开立任何单据放于货物当中,并要求供应商写速递单时一定要写本公司的名称和电话。

(32)对于利润过低的销售报价,采购员一定要给上司审核方可报给业务员,以保证公司的利润空间。

● 三、原材料的检验和入库

为什么要进行原材料的检验?因为送过来的原材料不可能是完全没有问题的,总会在数量、内在品质、外观等方面出现一些问题。如果在入库前不做检验工作的话,等到生产过程中才发现问题,就为时已晚,而且那时供应商还有可能不认账。

我们现在通过一个例子来具体讲解如何进行原材料的检验以及检验工作的整个流程。为了保证水的纯净与安全,那就必须针对制作纯净水的整个工艺流程中所用到的所有原材料逐一进行检验,只有确保了每个环节的原材料没有质量问题,那最终生产出来的水才是安全纯净的。生产一瓶纯净水需要原水、净水桶、瓶盖、消毒剂、化验用药品、标签、合格证、塑封和包装袋等。那我们就必须对上述这些要素逐一检验。

1. 原水的检验

(1)原水指标要符合浙江省地方标准——DB33/383-2002 有关水源水

质的规定。

(2)原水检验指标和要求应符合表1的规定。

表1

项目	要求
色度、度	≤10
混浊度,NTU	≤1
臭和味	不得有异臭、异味
大肠菌群,MPN/100ml	≤3
PH值	6.5—8.5

2. 净水桶的检验

净水桶需要满足以下条件方可使用:

(1)生产厂家或供方有生产许可证、卫生许可证;

(2)有合格证和出厂检验报告;

(2)外观:桶体呈淡蓝色或白色、透明有光泽、无杂质、无气泡、无破损、无结疤、韧性较强,桶身标明生产厂家的名称、商标及生产日期;

(4)重量:每只桶净重750±10g;

(5)数量:符合订货数量。

3. 瓶盖的检验

合格的瓶盖必须具备以下条件:

(1)生产厂家或供方有生产许可证、卫生许可证;

(2)有合格证和出厂检验报告;

(3)外观:瓶盖呈蓝色、颜色均匀、无杂质、无裂纹、无破损、无结疤、韧性较强;

(4)重量:每只瓶盖净重13.9±0.1g;

(5)数量:符合订货数量。

4. 消毒剂的检验

合格的消毒剂必须具备以下条件:

(1)生产厂家或供方有生产许可证、卫生许可证；

(2)有合格证和出厂检验报告；

(3)交货日期在规定的保质期内，并符合需方要求；

(4)其包装、标签、盛装容器等符合《中华人民共和国药品管理法》的有关规定；

(5)数量：符合订货数量。

5. 化验用药品的检验

合格的化验用药品必须具备以下条件：

(1)生产厂家或供方有生产许可证、卫生许可证；

(2)有合格证和出厂检验报告；

(3)交货日期在规定的保质期内，并符合需方要求；

(4)其包装、标签、盛装容器等符合《中华人民共和国药品管理法》的有关规定；

(5)外观：无破损、无渗漏，药品和包装未被污染；

(6)数量：符合订货数量。

6. 标签、合格证、塑封的检验

合格的标签、合格证、塑封必须具备以下条件：

(1)生产厂家或供方有生产许可证、卫生许可证；

(2)外观：无破损，所用材料、尺寸、厚度均符合本公司的要求，背胶不脱落、黏性好；

(3)内容：图案、文字清晰不重叠，不褪色，无错别字，内容符合本公司的要求；

(4)产品标签应符合 GB 7718 的规定，标注：产品名称、净含量、制造者的名称和地址、生产日期、保质期和标准号；

(5)数量：符合订货数量。

7. 包装袋的检验

合格的包装必须具备以下条件：

(1)生产厂家或供方有生产许可证、卫生许可证；

(2)材料:所用材料无毒无味、材质均匀,无色透明,符合《食品卫生法》的要求；

(3)无破损,抗拉强度均符合本公司的要求；

(4)数量:符合订货数量。

我们还是以纯净水为例,其检验方法和规则如下:

(1)原水:每两周检测1次,每次取样600ml。

(2)产品抽样:按表2抽取样本。

表2

批量范围/个	样本数量/个	合格判定数/Ac	不合格判定数/Re
≤150	3	0	1
151—1200	5	0	1
1201—35000	8	1	2
≥35000	13	2	3

注:“样本数量”指从每一批成品中抽取1个销售包装(桶)。

(3)净水桶、瓶盖、消毒剂、标签、合格证、塑封和包装袋按表2抽样检查。

(4)所有原材料的进货数量应与采购数量相同。

(5)净重采用称量法,尺寸、厚度采用测量法。

(6)其他项目根据相应的要求采用目测、手摸、鼻嗅、对比等方法进行检验。

通过以上检验方法会得到一些数据,我们还需要分析这些数据来判定产品是否合格,以下是判定产品是否合格的依据:

(1)以上表1所列项目只要有1项不合格,就判定为不合格。

(2)化验用药品只要有1项不合格,就判定为不合格。

(3)其他主要原材料按表2判定。

没有问题的原材料就可以入库了。入库的一些收据,一方面是让仓库管理员记录实际原材料的数量、型号等信息。另一方面是供应商结汇的凭证。

入库之后需要对原材料进行归类整理，并按照订单的交期来与生产部门沟通安排订单的生产。入库之后要及时向生产部门反映到料情况，以便合理安排订单时间。

首先，供应商填收款收据，拿给工厂仓库管理员签字。

收 款 收 据 NO：0159240

交款方: 日期: 年 月 日

品名	单位	数量	单价	金额								备注
				十	万	千	百	十	元	角	分	
合计人民币(大写)	拾 万 仟 佰 拾 元 角 分 ¥:											

①存根

收款方(盖章) 开票人 收款人

然后仓库管理员根据收款收据填写入库单。

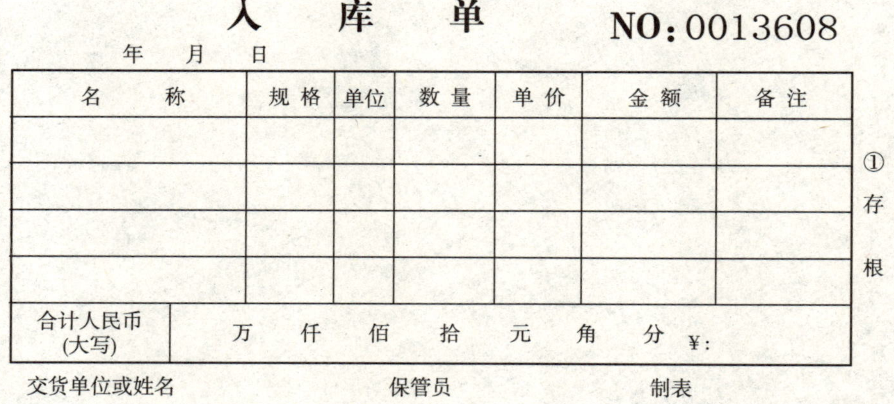

入 库 单 NO：0013608

年 月 日

名称	规格	单位	数量	单价	金额	备注
合计人民币(大写)	万 仟 佰 拾 元 角 分 ¥:					

①存根

交货单位或姓名 保管员 制表

仓库管理员要对照之前跟单员统计出来的部件数据与供应商填写的入库单对照，实际入库的数量一定要大于，至少等于统计数量，最好是有替换品。确认之后按照归类整理进仓库，同时做好仓库数据系统的更新和录入。

第三章

生产的前期安排

shengchan de qianqi anpai

本章内容是一个前期计划的过程,起着过渡和衔接的作用,所以要综合各方面的信息,以便作出正确而高效的安排,下面作一简略介绍。

● 一、原材料的前期处理

1. 原材料采购的进度跟踪

原材料采购的订单下给各家原材料供应商之后,要有专门的人来负责各个采购订单的进度跟踪,否则经常会出现订单不能及时交货,导致交期延后,影响后续的生产和成品订单交期的情况。

一般原材料订单的签订都是以客户订单的交期为准绳,然后分别根据生产时间来确定原材料订单的交期(其实实际过程是,在给客户确认订单交期的时候,就要根据各种原材料的交期和生产时间来确定最终成品的交期,而且各个环节都需要留出比计划更多一点的时间,以防有什么生产上的意外情况发生)。例如,某个客户的订单,数量是一个 HQ。所需的 A 材料要 20 天交期(包括送货到厂的时间),B 材料需要 25 天交期(包括送货到厂的时间),C 材料需要 30 天交期(包括送货到厂的时间),整个生产时间需要 3 天时间(包括前期处理和包装时间),给客户报的最少是 35 天,但为了保险起见,一般都需要报给客户 40～45 天的时间。这样的话,如果中间有异常情况,延长一点时间也不至于影响客户的交期。

2. 原材料到货情况统计

原材料采购订单到了交货时间前一周左右就要联系工厂了解供应商是否准备好、何时发货等情况，以及是否有其他异常情况。货到工厂之后要安排仓库统计人员统计详细数据，看与发货记录是否一致，如果完全一致的话就签收货物，如果有短少的情况就要当着送货人员的面说明这些情况。如果不做审核就签收，货物有短少再去找上游厂家的话，他们通常不会承认。

详细统计到货情况，也有助于安排生产，如果原料或零部件到不齐的话，生产没有办法开始。根据这样的到货情况，大致可以知道何时安排上线生产。而且从统计的资料中也可以看出，哪些部分原料或零件没有到货，可以有针对性地去催促。

3. 原材料的质量检验

原材料到厂的时候，我们不但要检查数量，同时也要检查质量，看看上游厂家给我们发的货是否符合采购订单的要求，是否有质量问题。数量问题可以在签收货物的时候就点清楚（最主要的就是大的件数问题，件数不能少，至于内包装里具体的个数，可以随后再核查，如果在签收之前去清点的话，可能就需要比较长的时间）。

因为检查质量问题需要比较长的时间，因此可以先签收这些原材料，等进库之后再详细检查质量问题。如果不符合要求就要及时提出来，并做好记录。然后跟相关人员讨论处理方法，看看能否自己通过相关的处理来修复这些问题。如果不可以的话，就要联系原材料的上游厂家，要么让他们安排人员过来处理，要么就把货物全部退回到他们的工厂去做修复处理。

无论是通过什么样的方法，都要保证通过这些处理之后能够满足我们的要求，而且要尽量保证交期符合我们的安排。否则会由于这一部分原材料或零件而影响到整个订单的交期。

例如，我们有个供应商在南京，我们向其采购自行车整车（以零件的形式出货，不需要组装），原来按订单的交期，预计出货日期是 8 月底和 9 月初两个航次。在订舱之前我已经把出货的计划全部列出给了工厂，但是后来他们发邮件告诉我们订单要延期两周左右。没有办法，他们都没有货出，只能延期了。到了9月中旬的时候，先是计划安排9月17日的船，一开始订了1×40HQ，预计9月15日装柜。但是9月12日(周五)中午的时候我得知1×40HQ装不下预计要出的零件，必须还要追加1×20GP。因为当时是周五，舱位都很紧张，不知道能否订到。但是已经管不了那么多了，把意思传达给货代，让他们尽快去订舱，然后在下班前把预配传给工厂(订舱是通过我们指定的货代操作的，但是拖车是由工厂自己的货代在操作)。9月15日上午，两个集装箱都到了工厂等待装箱。一直到了晚上，工厂人员才开始装箱，说是还有零件没有到齐。装箱的时候，接到工厂的电话，说有一种零件(轮圈)不合格，不能出货。所以那个20GP没有办法装满。没有办法，只有推掉不走。

但是已经换单提箱了，至少要产生一个拖车费和换单的费用。之前一直都在跟这个工厂的相关人员确认数据和零件的进度，没有任何人提前反映过这些质量和交期问题，询问他们时都说没有问题，到最后要装柜的时候突然冒出，为时已晚，产生了不必要的费用。

而且后来听这个工厂的业务员说，他们的QC很早就发现了那部分有瑕疵的零件，并且做了记录。但就是没有人去理会这个问题，工作程序一点都不顺畅、合理。而且其他零件的交期有问题，也没有及时向我们反映。这些都说明这个工厂的管理不好、机制不严、漏洞百出。

到了最后一次出货(也就是第三次出货)之前，我们还是跟以前一样让工厂统计没有出完的零件资料给我们，以便我们这边安排订舱。他们告诉了我们大概的体积，一个HQ装不满，所以我们又安排另外一些厂家的零件送到他们那里去拼柜。一直都在跟工厂确认那些没有出完的零件是否有问题，得到的答案还是没有任何问题。同样是到了装柜的时候说，一种零件的颜色错了，不能出货，必须让上游厂家重新做，还有一种零件没有到工厂，也没有办法出货。

4. 原材料的前期处理

原材料到厂后，经过数量和质量的检查后就可入库，然后就可以开始进行生产准备。原材料在生产前都需要进行一些相关的处理和准备，然后才能进行大货的生产。比如说纺织行业，在织布前纱线都需要进行络筒（将容纱量小的管纱卷绕成密度适宜、成形良好和容纱量大得多的筒子纱）、整经（根据工艺设计要求，把一定数量的筒子纱，按规定的长度、排列顺序、幅宽等均匀平行地卷绕在经轴或织轴上，供浆纱或穿经工序使用）、浆纱（按照整幅织物所需的总经纱数，合并几个经轴上的经纱，在浆纱机上进行上浆，并把经过上浆的经纱卷绕成织轴，其目的是使纱线上的毛羽贴伏，提高纱线的强力和耐磨性）等过程；比如自行车车架是先做出毛坯件，很多车架的材料都是铁，容易生锈，在喷漆（烤漆）前是需要做一些磷化处理的，以除去铁锈，这样烤漆的效果才比较好。

无论是什么样的产品，无论用什么原料或零件，都有其固定的生产工艺。

注意事项

(1)处理工艺要正确。

每个产品都有其固有的特性，在生产的时候也有不同的要求。原材料的处理也一样，也有不同的处理方式，所以在生产的时候也要根据不同的要求选择正确的处理工艺。

(2)处理要及时。

原材料的处理一定要及时，首先是为了能够及时配合大货生产的进度，还有就是因为有些原材料有一定的保质期，如果存放时间过长就会变质。比如，像一些铁器会生锈，液体会挥发等，所以及时处理原材料是非常重要的。

(3)常见的工艺要注意保持和创新。

各个工厂在生产过程中要注意总结和学习，工艺处理方面也是一样的。好的东西要保持下去，同时也要学习新的知识，来提高产品质量或者生产效率。

(4)新的工艺一定要注意质量。

工厂在创新的同时也要注意质量，如果单独提高了生产效率而忽视了质量也是不可取的，尤其是新工艺应用的时候，要特别注意。

以相框为例，工厂一般的采购期是30天左右，当供应商将木料送到工厂后，他们会把所要的木料送到烘干房处理，并将木料的干湿度控制在14～16度，以防止日后产品出现发霉现象。木料准备好后，首先会断料，这是为了将木料中的大块结疤、虫蛀节去掉。然后再梳齿接木，这是一种新的技术，是为了充分地利用木料。当然，这种工艺只适用于涂装框，原木色的框不适合，因为后面会有指接的痕迹。当木料在前半部分车间已经准备充分后，就会进入下个车间。

● 二、生产计划的安排

1. 订单交期的审查

任何一个工厂的生产都需要有系统的、合理的安排，如果不做好事先的计划，就会变得非常混乱，生产毫无效率，而且质量也难以控制。在跟客户确认订单的时候，订单的交期也会确认的，业务部门要跟生产部门详细讨论目前的生产情况、近期的订单安排、正常操作的各个生产阶段的效率、合理预期的异常情况发生等因素，也要考虑到原材料的供应情况，总之就是要考虑到方方面面的影响因素，认真地核算出客户能够接受的交期。

如果客户对于我们初期核出的交期不满意，需要提前的话，我们首先可以考虑一下工厂其他的订单，因为有一些订单交期长一些，可以适当调整。这样的话，就可以把后面的、交期更加急的订单安排提前生产。如果工厂目前没有其他订单可以与之调整的话，就要对客户说明实际情况，不能跟客户说可以提前，到实际生产的时候又延期很长时间。

2. 生产的提前安排

上面也说过，任何一个工厂都需要提前安排生产，根据产品的性质和生产流程的不同，有的需要提前两周做生产计划，有的需要提前10天，有的需要提前一周安排。基本上没有工厂白天的任务生产完了，晚上计划安排第二天的生产。这样的话效率会非常低，而如果其临时安排的话，也不会考到很多其他相关的因素，因此很容易出问题。

生产部门每天都需要在生产线上巡视生产进度，要及时发现生产线上出现的设备问题和产品质量问题。然后要及时做好维修工作，尽量少地耽误生产。每天都要在晚上总结当天的生产情况，看看跟原来计划的同步性。如果是比计划有所提前问题还不大，但是如果比原来计划的进度慢很多的话，就要找出原因。是实际生产耽误的呢，还是原来的计划考虑因素不全、不合理呢？

实际的生产进度每天都会变化，所以后续的生产安排也要做好相应的调整，这样才能使整个生产过程顺利进行。比如我们斯里兰卡的工厂，每周都会根据采购部门反映的零件到货情况，做好后续两周的生产计划，但是有时候工厂 QC 检验后反映某个订单的某种零件有问题，需要让零件供应商重新做的话，就使得这个订单的零件不齐全了。因为重新准备替换零件需要时间，而且我们是从中国采购零件，这些替换的零件不论是通过快递还是空运，都需要好几天甚至更长时间。所以这个时候，斯里兰卡工厂的采购部门会跟零件供应商确认零件的交期，然后加上运输时间，预计一个大概的到货日，再重新安排该订单的生产计划。

实际的生产过程和生产计划的安排就像人和影子的关系一样，只要人（实际的生产）变动，影子（生产计划）也要做相应的变化。

第四章

生产过程的跟踪

shengchan guocheng de genzong

一、生产的安排

要安排生产，首先要了解安排生产的工作流程。跟单员手里要有工厂与客户签订的订单，以及工厂内部使用的生产单。

首先我们要学会看订单，如下所示：

五金工具有限公司

ZHEJIANG YONGKANG METAL TOOLS CO.,LTD.

YONGKANG CITY, ZHEJLANG PROV.,
CHINA
TEL: 0086-579-××××××××
FAX: 0086-579-××××××××
E-MAIL:

售货合同
Sales Confirmation

日期 Date: NOV.25.2005
编号 No.: P20051116

To Messrs WORLD CORP.
ADDRESS VERNON, CA 90058

装船日期
1.Date of shipment WITHIN ONE MONTH

包装
2.Packing EXPORT CARTON

付款方式: 开给我方100%保兑不可撤回即期付款及可转让可分割可转动可分批之信用证,并须注明可在上述装运日期后十五天内在中国议付有效。

3.Terms of Payment: ☒ By 100% Irrevocable, Transferable and Divisible Letter of Credit to be available by sight draft and to remain valid for negotiation in China until the 15th day after the aforesaid Time of Shipment and to allow transhipment and partial shipments.

☐ BY T/T

保 险 按中国保险条款，保一切险及战争险。
4.Insurance ☒ Covering all risks and war risk as per the China Insurance Clauses.

由客户自理。
☐ To be effected by the buyers.

项目 Item	品名及规格 Name of Commodity & Specification	数量 Quantity	单价 Unit Price	总值 Amount
				FOB NINGBO

拿到一个合同,我们首先要看交期。这个合同上的交期规定是一个月要装船,合同签订日期为 2005 年 11 月 25 日,所以订单的交期就是 2005 年 12 月 25 日。在装船前一般要拖柜,要预留几天,所以交期应该是 2005 年 12 月 20 日。但是工厂有时候会延期或者拖交期,所以交期应该订在 20 日之前,比如最终交期订为 2005 年 12 月 15 日,这样到时候就算出现一些意外,也还有几天的余地可以安排。当然有时候交期也要根据产品生产的实际情况来定。

如果付款方式是 L/C,交期是否准时就显得尤为重要了,因为如果做 L/C,一旦逾期,信用证就产生了不符点,客户就有理由拒付,所以对待信用证的交期要特别注意。下面我们来看一个信用证条款。

DC NO:	DC TAO722341
DATE OF ISSUE:	071220
APPLICABLE RULES:	UCP LATEST VERSION
EXPIRY DATE AND PLACE:	080116CHINA
APPLICANT:	INTERTREND LTD. C/O 7/FL., NO. 181, FU SHING N. RD., TAIPEI, TAIWAN
BENEFICIARY:	SHAOXING BEDFORD APPAREL CO.,LTD. HAITANG VILLAGE, MASHAN TOWN, SHAOXING CITY CHINA
DC AMT:	USD18460,43
PCT CR AMT TOLERANCE:	03/03
AVAILABLE WITH/BY:	ANY BANK IN CHINA BY NEGOTIATION
DRAFTS AT:	SIGHT FOR NET INVOICE VALUE
DRAWEE:	ISSUING BANK
PARTIAL SHIPMENTS:	NOT ALLOWED
TRANSHIPMENT:	ALLOWED
LOADING PORT/DEPART AIRPORT:	SHANGHAI SEAPORT/AIRPORT,CHINA
DISCHARGE PORT/DEST AIRPORT:	SEATTLE SEAPORT/AIRPORT
LATEST DATE OF SHIPMENT:	080109

以上是一个信用证的部分截图。信用证开证时间为 2007 年 12 月 20 日，不允许分批出货，装船期最晚为 2008 年 1 月 9 日。这个信用证从开证到交期前后只有 19 天，如果再去除几天运输的时间，基本上只有 2 个星期，而且不允许分批出货（PARTIAL SHIPMENTS 那里写着 NOT ALLOWED），所以交期方面不能有任何的拖延，逾期客户就可以拒付。

交期明确之后就按照订单填写生产单，具体生产单在第二章原材料采购那里有说明。生产单是业务部下给生产部的，是自己工厂内部流通的，但是对于很多部件或者原材料，工厂也是从外面采购的，因此生产部在拿到生产单之后让采购部制作相应的采购单并下订单给具体的供应商。

购 销 合 同

编　　号：INSOV200701-001B
签订时间：2008年02月22日
签订地点：济南
附　　件：

甲方：山东××经贸有限公司　　　　乙方：浙江××五金工具有限公司

双方根据中华人民共和国经济合同法，经甲乙双方充分协商，签订本合同，条款如下，以资共同遵守。

货号	产 品 名 称	规格	计量单位	数量	单价	金额	备注
3221C	S295手打气筒带塑料固定夹(打气筒要单独包装，塑料夹也是一套一单独包装)。	铁制的	个				
	扣商检费用(‰)：						
（大写）：							

1. 质量标准：符合出口商检标准，提供商检（品名是自行车零件，商品编码是8714.9900)换证凭条或凭单。若我司安排商检甲方从货款中扣除乙方商检费，甲方以样品质量为标准验货。请乙方一定以国外客户确认的质量为标准进行生产。
2. 交货地点：（2008年2月25日)上海×××××有限公司
   上海××路
3. 包装要求：标准出口包装敬请在外纸箱上粘上甲方的唛头货号（CODE No. 请看合同)
   请乙方回签合同后，立即报甲方件重尺。
4. 结算方式：凭商检换证凭单，增值税发票，正本合同付款。
5. 乙方责任：A.负责按时、按质、按里、按地交货。
   B.乙方对商品质量负全责，因商品自身质量问题产生的索赔(根据国外客户提出的索赔)及损失均由乙方承担。
6. 违约责任：合同的任何一方违反本合同条款造成的损失(包括国外客户的损失)，均应承担责任，合同的其他方有权拒收、拒付或提出索赔。
7. 不可抗力：本合同的任何一方由于不可抗力的原因不能履行时，应及时向对方通报不能履行和不能完全履行的理由，在取得有关主管机关证明后，依法允许延期、部分或不履行合同，并根据情况可部分或全部免予承担责任。

以上就是一个外贸公司下给工厂的购销合同。外贸公司要在确认订单之后再下购销合同给工厂进行生产。如果有一些特别需要注意的地方就要写在备注里面,比如付款方式是 L/C,交期务必准时等。在交货地点那里注明了交货日期,交货日期也按上面的方法类推,相应地提前几天以便留有余地。

生产一般是按照交期的远近以及付款方式来安排,一般做 L/C 的订单交期是一定不能拖延的,做 T/T 的可以适当拖延,但当然是在跟客户解释之后,客户同意的前提下。

在与客户确定订单的时候,交期也是根据工厂生产能力、现有订单的情况、近期准备安排生产订单的情况和产品生产的时间等情况综合核算后,再与客户签订交期。

● 二、生产过程的实时跟踪

1. 生产前的准备工作

首先需要拿到有关所有产品细节的资料。因为很多时候,客户在确定订单时其实还有很多细节资料没有确认给我们。这些细节资料包括在不影响价格的前提下,对产品某些部位的颜色暂时不确定,或者产品的具体包装及包装方式不确定。有些产品表面需要贴贴花,所以要找客户拿贴花的设计文档,还有说明书的设计,纸箱唛头的设计,等等。有些工厂,如果没有完全拿到客户所有的准备要求是不会安排生产的,即使安排了生产,如果以上某些资料欠缺也会影响订单的交期。

产品的包装有很多种,包括 OP 袋、PVC 袋、彩盒、白色盒,或者在盒子上面要贴贴纸或者是否需要内盒之类。每种包装都有价差,所以原则上应该是在订单确认之前就确认好。如果订单确认之后还没有拿到包装方面的确认信息,那就必须赶快与客户确认。

贴花。理论上的贴花应该是客户制作贴花文档,然后发给工厂做,再由工厂找相关的贴花厂生产。贴花格式必须是 AI 格式,这样贴花厂就可以直接制作贴花。AI 格式一般比较大,一般都有几百兆,很多情况下要刻成 CD 然后快递给工厂。所以跟单员需要找客户要这个 CD，之后自己留底，再寄给工厂。但是有时候客户那边会要求工厂自己做贴花稿件，然后再由他们确认。这个时候跟单员就必须与相关画图人员沟通，找画图人员设计贴花稿件，做好之后发给客户确认。

说明书跟贴花稿件一样，一般也是客户做好发给工厂。但是因为说明书里面有时候会出现一些产品的图片或者某些部件的图片，所以跟单员需要配合客户找工厂去要这些图片或者资料，然后发给客户。最终确认好的说明书稿件，跟单员再发给工厂，让工厂按要求生产。有一点值得注意的是，如果产品要做测试的话，说明书中需要有一些特别规定。比如出口到欧洲的自行车要做 EN71 测试，这项测试就要规定在说明书中以便提醒使用者注意锐利边缘引起的潜在危险，还有一些规定要注明提醒家长或照看者注意骑乘玩具自行车的潜在危险和预防措施。如果客户的说明书达不到标准时，就必须提醒客户去修改。

纸箱唛头。唛头通常是由一个简单的几何图形和一些字母、数字及简单的文字组成，其作用在于使货物在装卸、运输、保管过程中容易被有关人员识别，以防错发错运。其主要内容包括：收货人代号、发货人代号、目的港（地）名称、件数、批号。此外，有的运输标志还包括原产地、合同号、许可证号和体积与重量等内容。纸箱的唛头是必不可少的资料，一般分主唛和侧唛。有些客户要求只有主唛或者只有侧唛。所以唛头信息也要跟客户去确认清楚，然后再转给工厂，这样工厂才能去订纸箱。

等这些必备要素都确认好之后，就要跟踪这些原材料的交期了。要确保原材料尽快到位，这样才能进一步安排组装或者生产。如果由于工厂订单多，交期排不上，但是做的又是 L/C 的付款方式，这样有一些原材料可能就需要委托其他工厂来代工。这里就会涉及签订委外加工合同。

委外加工合同

________________有限公司（以下简称甲方）

________________（以下简称乙方）

第一条：乙方加工事项，以甲方所收到的《委外加工单》和《收料单》为结算的凭据。

第二条：乙方应按照甲方提供的产品技术要求和检验与试验标准，所列的各项技术规定，进行生产、检验和交付。

第三条：乙方应按照甲方提供的《委外加工单》的加工说明、数量、交货日期等确实履行，准时交货。

第四条：乙方所交的加工品应保证为合格品，并不得有短缺或不合规格及瑕疵等情况，且经甲方验收后，确认为合格。

第五条：材料由__________负责。

第六条：若材料由甲方负责供应时，废料率为__________。

第七条：对计数值的物料验收时的检验方法是采用 MIL-STD-105D，正常检验，二级检验水准，一次抽样计划，ALQ 为 1.0。

对计量值的物料验收时的检验方法是采用 MIL-STD-414D 正常检验，四级检验水准。一边规格界限，形式__________，ALQ 为__________。

第八条：乙方必应确实遵守外包加工单所规定的交货期，或甲方采购部电话或书面通知调整的交货期，若有延误的情况以及因规格不符合、质量不良，致验收不合格而遭退货时，乙方应依下列办法计算违约金付予甲方，但因天灾或人力不可抗拒的事故，经甲方认为属实者，则不在此限。

（一）过期 5 日内，每超 1 天，按未交部分总价处__________违约金。

（二）继续超期 5 天以上至 10 天以内者，每超 1 天按未交部分总价处__________违约金。

（三）继续超期 10 天以上至 20 天以内者，每超 1 天按未交部分总价处__________违约金。

（四）继续超期 20 天以上，依违约论，不论未交部分数量，违约金以价款的一倍计算。

第九条：通过验收的货品在甲方再加工时，若发现有不良品时（明显为甲方再加工后的磨损品除外），则甲方可向乙方要求赔偿或退回乙方重新加工。

第十条：乙方送交加工品，因不良导致甲方生产线停工，其工时损失要由乙方负责，如果甲方发生非常严重的不良后果，则甲方有权取消《委外加工单》。

第十一条：按期交足订货而合格率为 100%，给予总价__________奖励金。按期交足订货而合格率为 98%，给予总价__________奖励金。

第十二条：试用外协供方的试用期为 3 个月，每月接受甲方外包质量管理检查一次，试用期满，视其考核评分到达 70 分以上者，才能正式成为甲方的加工外协供方。

第十三条：乙方每月接受甲方外包产品质量管理检查一次，每月考核质量、交货期、价格这三项，每年总考核一次，划分等级。

第十四条：付款条件：乙方交来的货品经甲方验收合格后，甲方__________。

第十五条：乙方应找（乙方资本额 2 倍）实际资产连带保证乙方履行本约。

甲方：____________________（签章）

地址：____________________

电话：____________________

乙方：____________________（签章）

乙方连带保证人：____________________

如果是涉及委外加工某些原材料的话，跟单员也要跟那个工厂去联系，跟踪他们的生产进度，直至收到最后完全正确的产品。

2. 原材料检验

原材料检验分为两种：一种是供应商生产的原材料，另外一种是自己生产的原材料。工厂的机器设备，除了有一些是用来组装的，其他很多机器都是用来制作或者加工配件的。比如注塑机是用来制作塑料配件的，喷漆机器是用来生产喷漆部件的，还有一些机器是用来做表面处理的，等等。所以检验工作除了要跟那些供应商联系，还要看自己工厂的生产情况。如果是外购或者外面加工的原材料，一般就是收到这些配件的时候检验，看是否跟下单的要求一样或者看一下数量是否正确，一旦出现不符要马上处理。如果是自己厂里生产的产品就比较方便一点，可以随时视察原材料的生产情况，有问题可以马上让生产部处理和解决。

如果检验不仔细，等到生产的时候再发现问题的话，会对订单生产产生很大影响。举个例子，我以前服务的公司是生产打气筒的。打气筒需要用到铝管，采购为了降低成本找了一家价格更低的新的铝管厂。后来铝管运到了公司,结果在检验的时候采购员只看了一下外观、直径以及数量,这些没有问题之后就放到仓库里了,结果等到最后要组装打气筒的时候,发现这批铝管与打气筒底座不能够很好匹配,原因是新供应商的铝管厚度不够,所以在安装的时候发现了铝管跟模具有缝隙。这时再重新去采购铝管的话交期已经来不及了,因为做的是 L/C,是不能拖延的。后来没有办法就只能把模具改掉,让模具跟铝管能够匹配。但是后来模具修改的也不是很好,所以产生了很多次品。通过这个例子可以让我们知道没有及时检验的后果。

3. 试装

各部分的原材料都拿到了,这个时候我们要对某些可以组装的部分先进行试装,而不是等到所有的原材料都备齐之后直接上线组装产品。可想,那么多需要准备的原材料,不同的原材料来自不同的厂家,要把这么多不同厂家的东西组装在一起而且要保证组装的产品没有质量问题,如果只指望最后组装成品的时候一次通过,很多时候是不现实的,特别是一些新产品,更需要试装。当然各种产品的生产程序不同也会有一些差别。总之在正式大货生产前进行相关检查,确认上线生产没有大的问题。

还是以上一个生产打气筒的公司为例,首先打气筒不能有漏气的情况出现,这是最基本的,否则其无法工作。是否漏气基本上也是检验一把打气筒是否合格的重要标准。但是漏气现象对于打气筒来说又是非常普遍的,一旦某一个小的零件跟其他零件衔接上出了问题就有可能导致漏气。有一次有个客户下了一个新产品的订单,那个新产品我们只做过样品但是从来没有量产过。客户下单之后,我们就按照当时做样品的配置,下发采购单去配件厂订购相关的配件。因为有一些配件厂操作不正规或者会偷工减料,即使用相同的模具去生产配件,如果用料的含量或者成分有差别的话,也会造成生产出来的配件有一些细微的差别。比如用注塑机生产塑料配件,用新料与用回收料生产出来的配件的密度和品质都是不同的。用回收料制作的配件表面会比较粗糙,也比较脆,很容易损坏。如果用回收料去组装气筒,那些粗糙的表面就会造成衔接不严而导致漏气。结果导致原材料都已生产好运到工厂之后,组装的时候才发现有很多问题,有些是塑料件跟金属件不能完全匹配，有些是原材料质量达不到要求，有些是即使能勉强组装，但是组装的难度非常大。最后没办法就赶快重新采购了一些配件，但是还是报废掉了很多产品。因为很多需要用胶水的地方，一旦用胶水粘死如果出现漏气就只能报废。后来还因此延误了交期，给客户留下了不好的印象，而且成本方面也增加很多。

可见，试装在组装大货前是非常重要的。

4. 生产大货

万事俱备，只欠东风。之前的准备工作都做好了就可以开始生产大货了，这一环节主要体现在管理和安排上。生产大货的原则是在保证交期的情况下控制好产品质量以及尽可能地控制成本。

其实，从下生产单开始就意味着生产大货的开始。生产大货包括最初的原材料准备、产品试装、大货的组装、验货、返修（各个不同性质的产品生产的过程不尽相同，但是都可以分成几个连续的环节去控制和跟踪）。每个环节都很重要，我们要在控制交期的前提下尽可能地提高生产效率和控制生产成本的增加，这就需要我们做好生产管理工作。

要控制交期，首先必须安排好每一个环节需要的时间，比如交期是一个月的话，可能有 15 天的时间都要花在原材料的准备上。如果有些零件厂不能保证这个交期的话那就必须赶快换另外一个厂家。当这些原材料陆陆续续到厂时就可以分别进行一些试装，如果试装时间安排好的话，时间基本上是可以忽略不计的。试装如果没有问题那当然最好，一旦某些部件试装出现问题就要马上通知配件厂去更换或者采取其他补救措施。然后接下来就是安排产品的组装了。根据订单数量的多少和自己工厂的生产能力水平来分配每天的组装任务。比如按照订单有 10 万件工具要生产，工厂每天的生产能力是 2 万件，那至少就要留出 5 天的时间来组装大货。大货完成之后客户或者工厂一般都需要进行出厂的抽样调查，基本上也要花一天的时间，验货一旦出现不可接受的问题时就必须要进行返修返工。这样安排下来，一个月的交期我们是可以保证的。不过这个是理想状态，在实际操作中远没有这么简单。比如说工厂生产能力是固定的，如果同时有几个订单要做的话，某些订单就只能排队来做。这里也就涉及了生产效率的问题。

例如，A 订单交期比 B 订单的交期要早，但是有时候往往会出现 B 订单的配件都到了，或者到了大部分，但是 A 订单最关键的部件一直没有到从而无法组装的情况。在这种情况下，为了提高生产效率避免空档期，我们也应该先组装 B 订单的产品。另外在一些机器的使用上也应该遵循提高效率的原则。比如用模具和注塑机来生产配件，每更换一次模具都需要对模具进行调试，并且需要用一些料来调，所以我们有时候不可能只为了某一个订单的配件而单独生产，而是应该整合几个订单一起生产相关配件。比如 A、B、C 三个订单都需要某一个部分的配件，但是 B、C 订单的交期不是那么急，这个时候我们也应该将三个订单中的那部分配件一次性都打好，而不是只先管 A 订单的部件。如果分开进行生产的话，效率比较低，成本也相应提高很多。

另外，控制成本还表现在减少浪费上。比如一个工人 10 天的任务是 1 万件工具，那仓库方不应该是一次性就把 1 万或者 5000 件的配件都分配给工人去组装，而是应该按照每天的任务来分配给工人去组装。虽然最后任务都可以完成。但是分开分配会减少很多配件的遗失和浪费。因为配件一多，势必会让工人觉得无所谓，降低了保护自己配件的意识，这样很容易造成配件无谓的浪费。

5. 生产样品

很多时候，虽然客户已经把订单下给工厂，但是在大货生产前，客户也需要先让工厂做出很多样品（俗称“打样”），以确保大货没有任何问题。一旦发现问题，客户也可以要求工厂在大货生产的时候对大货进行相应的更改。往往在这个时候样品又是很麻烦的事情，因为虽然样品的数量很少，但是那些配件之类的其实也是跟大货一起生产的。工厂不可能专门提前生产那几个样品要的配件。有的是产前样，这就需要工厂提前设法弄到全部需要的零件来做样品给客户，有的样品比如船样是跟大货一起生产的，在出货前寄给客户确认。如果客户那边要的很急的话，跟单员就必须负责去跟客户解释和沟通。

另外，样品的留底工作也非常必要，客户一旦确认了工厂寄去的样品，大货完全按照样品来生产就可以了。另外样品最主要的作用是让客户确认产品(包括质量、款式、颜色等),但是运输途中难免会造成损坏,如果包装不当,客户在收到样品时发现样品有刮伤或破损,其可能就会认为产品本身质量也有问题或者至少让工厂再寄一次样品。所以我们应该规范寄样品流程,以下是某公司的寄样品流程,供大家参考:

(1)拿到样品单,包括要寄的型号和样品包含的配件等资料要求;

(2)记录样品费和运费,明确客户是否需要支付样品费、明确运费由谁承担;

(3)样品最晚寄出时间;

(4)是否需要样本目录等;

(5)注意要包含样品明细表,以示专业;

(6)包装样品的时候要注意的一些细节,样品要保护好,可以考虑采购一些气泡袋用来包装;

(7)针对 EMS 出现样品破损的情况,以后需要在包裹外箱上写上中英文的易碎品字样,最好跟快递公司的人再强调一下;

(8)每个业务员的样品要区分开;

(9)要注意跟踪样品,特别是短时间内寄出多份样品的情况;

(10)样品寄出之后注意将样品的特征和一些参数记下来,做好记录。时间允许的话,可以拍照,这样方便后续的订单确认和下单工作的开展。

6. 生产测试样

产品如果出口到欧盟,就需要有相关的认证,不然就无法出口。比如像自行车一般都要做 EN 测试才能出口到欧盟国家。由于 EN 测试的一些条款比较严格、专业,往往这个时候在准备样品时就不能按照一般的样品那样去对待。所以在下样品单的时候一定要特别强调原材料本身是通过 EN 测试的。做测试本身是需要时间的,不同的测试,实验机构花费的时间也不同。如果一旦出现测试不过的情况,那重测又需要时间。另外很多时候客户是在下了订单,生产大货的同时去做测试的,如果这个时候发现产品没有通过测试,需要更换一些部件进行重测,但所有原材料部件都已确认好了,特别是连大货都已经全部组装完成的话,是不可能让大货去更换某些部件的。也许最终测试样品通过了测试，但是大货可能还是按照最初没有通过样品的那些部件来做的，如果出现这种情况，那货物到客户那边之后，一旦被海关查验，就有被退回的风险，因此一定要避免这种情况的出现。

下面贴一个EN测试报告的截图来说明测试的严格性。

Subject：Test Results 测试结果

Item Name 样品名称　：Numberjacks Steerer Bike

Item/Ref. No. 样品型号：—

Our Job No. 报告号码　：SHJ0062061R1

Age Grading For Testing 测试年龄段：2～3

Results Summary 结果概要：

Standard 测试标准	Test Item 测试项目	Test Result 测试结果
EN71-1	Physical & Mechanical	FAIL ＊1-7
EN71-2	Flammability	PASS

Detail of Failure 不合格项目：

No. 序号	Condition 测试条件	Nature of Failure 不合格项类型	Location of Failure 不合格项位置/部件
＊1	After Torque & Tension Tests 扭力和拉力测试后	Small Parts 小物件	Detached foam from seat 座椅上掉下的海绵
＊2	As Received 接收状态	The space between the wheel and fork is between 5mm to 12mm. 前轮与前挡泥板以及后轮与车架之间的间隙在5mm到12mm之间。	The space between the wheel and fork 前轮与前挡泥板以及后轮与车架之间的间隙
＊3	As Received	No following warning was found："Warning! A protective helmet should be worn when cycling!" The test age group is 2 to 3 years but the age group on the instruction is 2 to 4 years which is not accordance with each other.	Instruction

*4	接收状态	说明书缺少以上警告语另外说明书上的年龄段与申请测试年龄段不符。	说明书
*5	As Received	Free-wheeling toy bicycle shall be equipped with two independent braking systems, one which operates on the front wheel and one which operates on the rear wheel. We only find one breaking system on the bicycle.	Breaking
	接收状态	自由轮童车应有两套独立的刹车系统，一个作用于前轮，另一个作用于后轮，而样品上只有一套刹车系统。	刹车
*6	After break performance for toy bicycles test	The break performance was not comply with the requirement of the standard with bicycle moving more than 5cm.	Breaking
	童车刹车装置测试后	童车移动超过 5cm 从而不符合标准上刹车装置的要求。	刹车
*7	As Received	The handbrake lever dimension "d" measured at the midpoint of the lever as showing in following picture exceed the limit 60mm.	Breaking
	接收状态	手刹拉杆中心到把手外缘距离超过 60mm。	刹车

以上是一个没有通过 EN71 测试的童车报告，我们来分析一下：第一，是因为坐垫里面有外露的海绵，由于是给儿童骑的，外露的海绵可能会进入儿童口腔造成危险，所以这点是一个不能通过的因素（具体请参照附图一、附图二）。

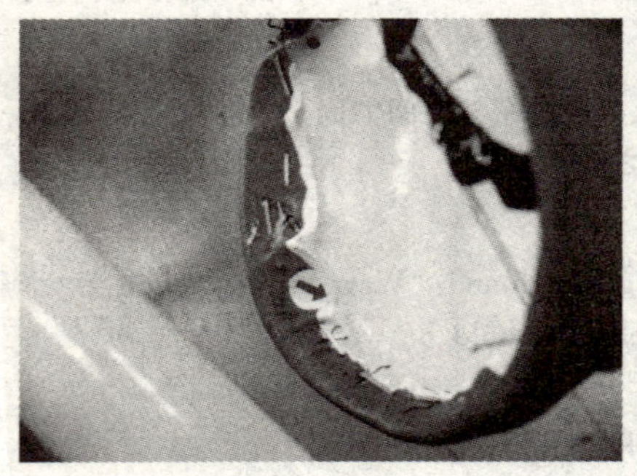

附图一

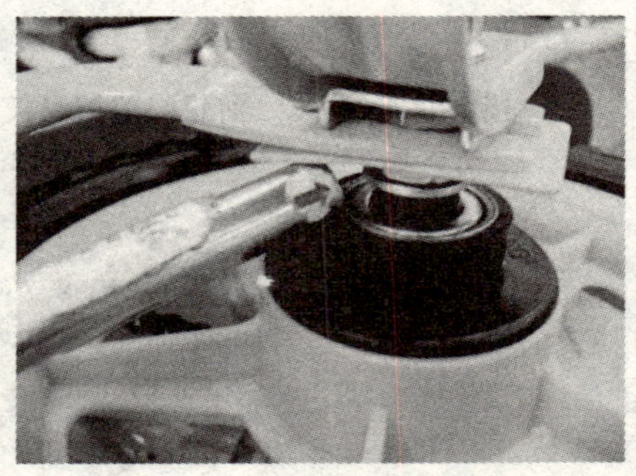

附图二

第二，前轮与挡泥板之间的距离处于危险范围从而不能被通过，因为5mm 到 12mm 这个范围被认为可能会夹住小孩子的手(附图三)。

第三，说明书缺少某些警示语从而不能被通过，这一点之前在说明书内容里专门讲到过。

第四，一个技术上的缺陷，本来需要装 2 个刹车系统，但是只装了一个，出现这个问题是比较严重的，因为大货已经都做出来了，不可能把每个童车再去另外加刹车。所以在生产之前一定要了解具体测试的标准。

第五，将童车放在一个 30 度的斜坡上，给童车施加 50 公斤的重量，对刹车系统施加 30 牛顿的力，要求童车的位移不能超过 5cm，这一点很难实现，可以说是测试本身太过苛刻，因为童车是给儿童骑的，儿童怎么可能有 50 公斤重呢，而且只是超过 5cm 而已，也不会造成太大的危险，但是测试条款就是这样规定的，如果不通过就必须去更换相应的刹车配件厂。

第六，刹车杆的中心点到握把的距离不能超过 60mm，测试结果显示 66.54mm，所以不合格(附图四)。

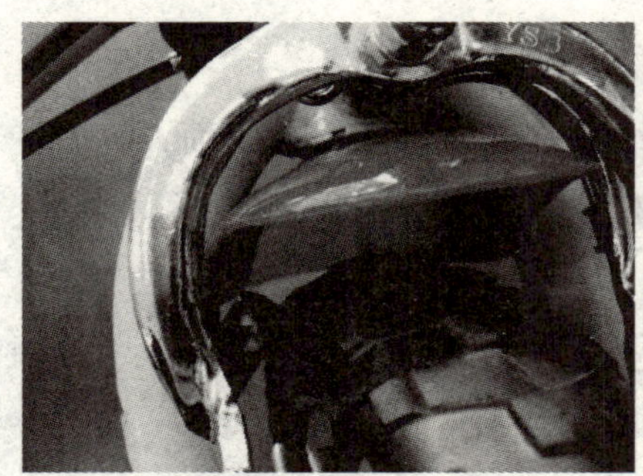

附图三

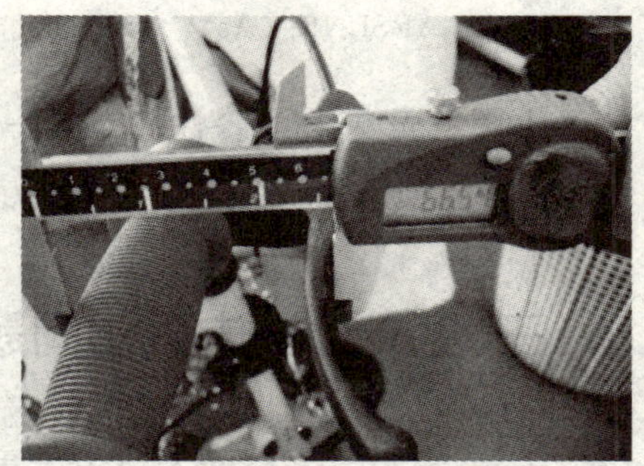

附图四

另外 EN 测试里面还有一些涉及化学材料的无毒测试。比如规定喷漆的部分和金属表面的八大可溶性测试。他们要求某些化学成分的含量要在什么标准之下。其实有时候我们接触那些超标的部件对人体也是没有直接影响的，但是如果是有标准的话就必须按照标准规定来执行，所以也要跟供应商特别强调选择相应的配套厂家去生产。

TESTS CONDUCTED

TOXIC ELEMENTS ANALYSIS

AS PER EUROPEAN STANDARD ON SAFETY OF TOYS EN71 PART 3 : 1994 AND AMENDMENT A1 : 2000 AND AC : 2002, ACID EXTRACTION METHOD WAS USED AND TOXIC ELEMENTS CONTENT WERE DETERMINED BY INDUCTIVELY COUPLED ARGON PLASMA SPECTROMETERY.

	RESULT IN mg/kg					LIMIT
	(1)	(2)	(3)	(4)	(5)	mq/kg
SOL. BARIUM (Ba)	24	8	7	695	442	1000
SOL. LEAD (Pb)	<5	<5	<5	23	<5	90
SOL. CADMIUM (Cd)	<5	<5	<5	<5	<5	75
SOL. ANTIMONY (Sb)	<5	<5	<5	<5	10	60
SOL. SELENIUM (Se)	<5	<5	<5	<5	<5	500
SOL. CHROMIUM (Cr)	<5	<5	<5	<5	<5	60
SOL. MERCURY (Hg)	<5	<5	<5	<5	<5	60
SOL. ARSENIC (As)	<2.5	<2.5	<2.5	<2.5	<2.5	25

上图就是八大可溶性测试的一些细节。他规定了样品里面：Ba、Pb、Cd、Sb、Se、Cr、Hg、As 的含量不能超过相关的规定。

● 三、生产过程中异常问题的处理

在生产过程中，问题会层出不穷，我们可以将这些异常问题大致归纳为：报错价格的问题、原材料问题、配件问题、交期延误问题、组装问题、机器问题、模具问题、产品与客户要求有差异的问题、测试没有通过的问题、船期延误的问题、订单出现零利润或者亏本的问题、不下翻单的问题。下面作具体分析：

1. 报错价格的问题

虽然报价不属于生产的范畴，但是报价经常在生产的过程中才被发现有一些问题。比如之前客户跟工厂谈好了某款产品的价格，然后确认了订单。但是在生产过程中，或者客户在收到工厂的大货样之后，客户提出了一些要改进的要求。比如客户觉得纸箱质量不好，要求用厚一点的纸箱，或者认为产品必须附上说明书，或者需要打上不同颜色的唛头，或者是产品本身某些部件的质量达不到他理想中的要求，需要工厂更换某些部件等情况。但是这时如果工厂都按照客户的要求来做，很有可能就没有利润了或者要亏损，如果出现这种情况怎么办？

这时我们应该回过头来看看当初与客户确定的订单。看订单是否规定了客户这些要变动的要求，如果订单里面没有反映，那工厂就占有主动权。工厂最初给客户的报价就是基于现在提供的样品以及相应的配置，如果要按照客户的改动，那就必须增加费用。当然客户这个时候肯定会不开心，所以工厂应该在一些大的改动中坚持原则，在一些小的问题上给客户好处。比如客户要求换部件，但是这个时候产品可能已经全部组装起来了，如果要换部件的话就必须重新采购部件，另外交期方面也要延误很多，被换下的部件也会变成库存，这样一来工厂就会有比较大的损失，所以工厂不能够在没有得到任何补偿的情况下同意客户这样的要求。另一方面，客户要求打上不同颜色的唛头（唛头一般只用黑色来打印）或者嫌纸箱不够厚，工厂可以在有利润空间的前提下，同意客户的这些要求。具体的处理方法，我通过下面的一封 E-mail 来说明。

Dear Carol,

Thanks for your info.

After checking, if you need us paint the chainwheel & handle bar, our cost is RMB 2.00(around $0.28/pc). In order to cooperate with your company for the first order, it is okay by free for this change.

In the other hand, the Feimin brand handle brake is OK for EN71 test, and our price is also based on the model, if you need change this to Asper brand, there will be USD 1.00 up-charge, and the delivery is also another problem, so we suggest to keep the same brake at this time.

Hope your earlier reply, thanks.

Best regards.

Edwin Ding

以上 E-mail 对客户提出来的一些要求，采取了部分同意部分拒绝的原则，理由充分又不得罪客户，大家可以借鉴。E-mail 里面说，客户如果想在 chainwheel 以及 handle bar 这两个部分上喷漆的话，会产生 2 元人民币的额外费用，但是为了很好地与你们配合第一个订单，我们决定为你们免费修改。另一方面，Feimin 这个牌子的刹器完全可以满足 EN71 测试的要求，而且我们当初谈的价格也是基于用这个牌子的刹器。另外如果现在要按照您说的改成 Asper 这个牌子的刹器的话，需要增加 1 美元的费用，交期也是一个问题。所以我们建议这次还是不要更改刹器。

2. 原材料问题

这里的原材料问题是指供应商提供的配件或者加工部件的原材料（如油漆等）及其他质量问题。

配件质量问题包括：质量明显达不到要求；质量达不到测试的标准；与实际需要的东西不符；不好安装的问题。

首先，配件质量明显达不到要求，也就是说质量根本就很差，通过肉眼或者一些粗略的测试就会发现质量有问题，这时要马上退货。如果是供应商偶尔出现一次这样的问题就应让其重新生产，否则就要将这家供应商列入黑名单，以后都不能用其配件。另一方面也要审视工厂的采购人员，为什么会让这种供应商给我们供货的。

其次，配件质量达不到测试标准的要求，有时候配件质量本身是没有问题的，但是由于有一些测试的出发点不是质量，比如出发点是保护儿童安全，这样一来就必须赶紧改善或者更换配件以达到通过测试的目的。一旦配件没有通过测试，我们就必须马上跟测试机构咨询，搞清楚具体是什么原因造成了测试没有通过。比如是前轮与前挡泥板以及后轮与车架之间的间隙在 5mm 到 12mm 之间，从而不符合测试的标准而导致没有通过测试。在弄清失败原因之后，应该马上与供应商协商处理。如果供应商那边可以解决导致失败原因的话就应该跟供应商签订一个保函之类的文件，避免因为再次测试失败而造成交期延误等损失。如果供应商在了解到失败原因后发现自己确实没有能力解决这个问题，那工厂这边就应该马上更换新的供应商。

再次，供应商提供的配件与实际需要的东西不符，出现这个问题非常普遍，虽然说供应商是拿着图纸或者配置单甚至是客户的原样放在他面前去给他生产。但是最终出来的东西就是跟原样有差异。原因是什么？一方面是国内很多工厂的设备做不出跟国外客户产品一样的效果，另一方面也是为了节约成本而选择了跟价格定位一致的配件，所以生产出来的产品没有原样或者要求的好。

既然是普遍现象，客户那边其实也基本默认了。当我们在碰到这个问题的时候，原则是质量要达到标准，要达到客户认可的质量，如果是要做测试的，那就必须能够通过测试的标准。至于跟原样有出入的一些地方，比如手感或者油漆等方面，可以不去追究。

最后，供应商提供的配件不好安装的问题，出现这个问题的实质是供应商提供的配件规格有问题。因为下单的时候具体的规格尺寸等细节资料肯定是都要确认好的，供应商拿着这些资料去生产的话，一般都不会出现配件不好安装的问题。唯一的解释就是他们用的料不好，比如用很多回料或者比较廉价的原料来做配件，这样一来配件会有很多毛疵之类的东西，毛疵让配件表面粗糙，所以产生了以上问题。出现这种问题就必须马上找供应商退货，如果交期实在来不及就只能先使用，但是必须要让供应商知道问题的严重性，或者罚款。

3. 交期延误问题

交期延误比较让人头疼，一方面是供应商交期太长，影响了自己工厂的生产进度；另一方面是自己的工厂太忙，订单无法排入生产计划。另外还有一些是产品本身难度太大，或者需要开模具等，加长了产品的生产周期。

如果是供应商交期太长，一方面就要看能不能找到其他供应商的产品取代这家供应商的配件；另一方面要跟供应商搞好关系，如果交期太长的时候，让他们帮我们插单，这样可以缩短交期，再或者加快工厂自己的组装进度等，如果这些措施都做了但是交期还是会延误的话就要马上跟客户反映这些情况，看是否能够推迟交期或者分批出货等。如果是自己工厂太忙，订单无法排上的话，那首先跟单员要清楚自己工厂的情况，在一开始跟客户谈订单的时候就应该把交期的时间放长一些。如果客户确实要求交期不能太长，而且付款方式谈的是L/C的话，那就必须要插单。这个时候就要跟老板去反映，然后让老板协调解决这些事。如果确实无法插单，就只能在其他工厂代工，然后到时候去加工厂验货。如果产品本身难度较大或者要开新的模具，那事先一定要跟客户确认这些信息，并相应地将交期定得长一些。

4. 组装问题

组装问题主要集中在部分配件配合的问题上。之前也有谈到，主要是因为某些供应商用了回料或者比较差的原料生产配件，导致毛疵的问题。不过有时候新产品组装也存在某些零件不易组装的问题。一旦出现这些问题，就要从原料找原因，或者修改模具。组装问题是由于某些工人技术不好的原因，造成了组装效率非常低或者报废率很大，这时要对工人进行相关的技术指导。

5. 模具问题

模具一般使用一段时间都需要维护或者修理，因为会存在损坏的问题。有时候模具修起来很浪费时间，所以对于有些经常使用的模具，需要多配备几副，这样即使有时候某个模具坏了也可以暂时用替代品，而且还需要对模具进行相关的保养从而延长模具的使用寿命。另外工厂要自备一些简易的修理模具的设备，这样如出现模具损坏自己工厂就可以修理，可以节约时间，不会耽误生产。

另外有时候做出来的产品会与客户的要求有差异。

遇到这个问题就必须立即找出差异点。很多时候我们与客户确认订单的时候只是拿着图片以及配置表，也就是通常客户在还没有看到实样的情况下就下订单给我们。有些地方是需要重新开模具的，在这种前提下，最后生产出来的产品可能会有跟客户要求不一致的地方出现。面对这种情况，就必须修改模具。如果修改模具也于事无补的话，那跟单员就必须对客户解释这个事情，尽量说服客户同意按照现在做出来的产品。另一方面，跟单员要随时与客户保持密切联系，确保自己能够很准确地明白客户的要求，然后再将客户的意思翻译给工厂去生产，尽量避免因为自己的能力所限或者失误，造成了误解客户意思的情形出现。遇到工厂已经按照客户先前的意思生产完产品，但客户又需要更改产品某部分的情况，要与客户说明情况，尽量说服其下次修改。如果是包装、唛头等部分跟客户要求有差异的话，那修改起来就相对简单。特别是唛头，比如纸箱上的唛头印错了，客户要求修改，我们就可以直接用牛皮纸将错误的唛头覆盖上，然后用水笔写上正确的唛头即可。

6. 测试没有通过的问题

我们还是以 EN 测试来举例。有时候工厂虽然是按照 EN 标准去生产的，但结果送去测试的样品被检测没有通过测试。没有通过的部分有些是更换其他配件就可以通过的，有些项目是本身技术的缺陷，也就是说，不管如何更换配件，结果都会是通不过。如果出现这种最坏的情况，就只能是把能够通过的项目都通过，那些技术上有缺陷导致通不过的地方跟客户去解释，共同来找解决问题的办法。

7. 船期延误问题

一般每个船期开之前要先装柜，比如“二截四开”，意思就是星期二是截关时间，我们要在截关时间之前让柜子进港。所以有时候工厂星期三才完成生产那也是赶不上这个船期了，只能改走下一个船期。有时候是货物已经进港并装到船上去了，但是由于台风或者其他恶劣的天气导致船在港口多停留了一周，这种情况造成的延误，一定要跟客户解释清楚，让他们知道不是我们的问题，而是不可抗因素。另外有时我们在规定时间进仓，但是碰到海关查验或者甩柜等因素造成船期的延误，那些也是我们无法控制的，碰到这种情况也需要跟客户解释清楚。

第五章

产品生产的后期跟踪

chanpin shengchan de houqi genzong

一、产品的后期处理

在产品生产即将接近尾声的时候，就要开始后期工作了，比如后期处理、准备包装资料等。

1. 后期处理

首先要清楚产品后期处理的详细过程和完成的地点，做到每个步骤都要在控制之中。有的步骤即使不在我们自己的工厂内完成，也需要了解协作工厂的安排情况，以便派相关人员过去检验和跟踪，发现问题可以及时解决。

等产品初步完成后就要开始安排后期处理，如果这个过程是在本工厂的其他部门完成的话，那就要做好生产部门与其他部门之间的衔接。比如，做服装，面料生产完之后，立马就要安排送到成品部门去，让他们开始裁剪、缝制。当然，在面料生产好之后，面料部门也要进行相应的检验，从一开始就要注意质量，把好内部关；成衣部门在收取面料的时候也要复检，检查一下面料部门送过来的半成品是否合格，看检验结果是否与面料部门一致。

在检验的时候，要把不合格的部分抽出，能立即修复的就要进行修复；不能修复的就要剔除。如果数量影响到订单数量的时候，就要注意让生产部门补做不足的数量，以便不影响订单的最后出货数量。

例如，我曾经碰到这样一种情况，有个服装订单，跟客户是做信用证的，上面规定的数量浮动幅度是＋/－3%，交期是7月14日。我们的供应商有自己的面料工厂，所以面料部分是由他们自己的工厂供应的。在7月3日，面料工厂生产好相关的面料，并送到成衣工厂结交。当时成衣工厂拿到货物交接单，也没有安排相关人员进行复检，默认为该批面料没有什么问题，所以就在交接单上签了字。7月4日，成衣部门安排裁床进行裁剪，当时就发现很多面料出现了很严重的色差和织造方面的质量问题，没有办法修复。最后剔除出不合格部分统计了一下，大概有12%的比例不合格。因为在上海到目的港的船期是每周五，也就是最晚的船期是周五7月11日，7月8日必须要安排送货到货代的仓库。所以时间很紧迫，根本没有时间再让面料部门补做。最后只能短交，没有达到信用证的要求。

虽然最后跟客户沟通的时候，客户接受了短交，接受了不符点。但是银行的不符点费用为90英镑。

如果这个后期处理的过程是在其他公司完成，就要跟踪外发的事情了。比如，一般的织造厂只进行织造过程的工作，一些像染色、后整理等过程都在其他染厂进行，这时跟单员就要注意，货是什么时候发到染厂去，到染厂的处理过程要多长时间，怎么安排，什么时候送回自己公司等，这些过程都需要去跟踪。如果没有及时按原计划完成，就要找到问题出在哪里。询问厂长或染厂跟单员，到底是什么原因导致这样的情况，寻找解决办法，使后续的生产进度能够跟上。

2. 异常情况处理

在产品的后期处理过程中，经常会出现各种异常情况，比如质量问题，在后期处理的过程中一旦发现有质量问题就要立即处理。第一不要影响整个生产过程，第二要保证不会影响到产品的数量，第三还要在正常完成订单数量的同时保证质量，也就是所谓的按时、按质、按量地确保订单顺利完成。如果不及时处理或者是处理不当，就会影响订单的完成时间或产品的质量。

后期处理也是产品生产过程中不可分割的一部分，虽然是排在最后，但很重要，同样有很多地方需要我们去跟踪和注意，这是一个订单的收尾工作，有画龙点睛的效果。但是在这个过程中，也往往有很多异常情况的发生，可以归纳为以下三个方面：

(1)时间方面的问题：很多时候后期处理的过程是要放在其他的公司去完成，在这种情况下那个工厂的生产安排是一个非常大的问题。一些在业内比较知名的公司，在每年旺季的时候总会出现业务十分繁忙，生产来不及安排的情况。而且有时候由于他们的管理不是十分完善，在业务繁忙的情况下，经常会忘记安排某些订单。如果我们没有人在现场跟踪他们的生产安排的话，等到最后我们发现的时候，时间就已经晚了，根本没有办法按预期的计划去进行，从而也就会影响到我们给客户的交期，而且也会给客户留下负面的印象，对公司的声誉有一定的影响。

例如，在纺织行业，面料的后期处理(如染色、定型等)一般都是在染厂内完成，而且绝大多数的面料织造工厂本身没有染厂，需要外发到其他染厂去处理。基本上每个纺织工厂都会安排一个跟单员常驻在染厂，全面跟踪他们自己订单的安排。否则在旺季的时候，没有人去跟踪的订单往往都得不到最及时的安排和处理，而且很多时候质量也无法保证。如果有跟单员驻厂跟单的话，就会知道自己的订单安排的具体时间，如果没有及时安排就可以跟催。

(2)质量方面的问题：跟单要时时掌控，面面俱到，只有这样我们才能了解生产中发生什么样的问题。任何一个生产设备或生产线都需要有人去操作，不同的只是人工投入的多少而已。无论是人在操作还是机器在完成，总会出现质量问题。这就需要跟单员能够及时发现问题，轻微的质量问题，我们可以修复，严重的质量问题，只能作废产品，重新生产。但是更关键的问题是要找出问题的所在，是偶然的，还是机器设备或原料等引起的共性的问题。只有找到原因，才能提出彻底解决的办法。

(3)由于质量问题而引起的数量上的问题：如果在后期没有跟踪到位，而使得在后期的检验时发现有很多不良情况的时候，就需要把不良品返回给上一个环节(上游部门或工厂)去返修，在这种情况下就需要花费一定的时间。有时候如果订单数量很大，而且返修需要耽误很长时间，为了不耽误整个订单的交期，业务员会决定短交这部分返修的数量，从而使整个订单的交期不至于被延期。这种情况往往需要提前跟客户协商,看看他们是愿意接受整个订单的交期延后,还是接受短交部分数量而整个订单的交期不用延误。

● 二、产品的出货前检验

在前面的章节中也提到过,外贸订单的检验一般包括:工厂内部检验、客户检验和客户委托第三方验货公司检验。有的业务很大的客户一般在国内设有办事处,有专门的 QC 组,他们负责对总公司的订单检验工作。有部分客户对质量要求比较严格,而自己在国内既没有分公司也没有代表处,并且路途遥远,没有办法每个订单都安排质检人员过来检验,这时他们往往委托声誉比较好的公正行(第三方验货机构)来检验订单的品质。根据不同产品的特性,一般都要有不同的检验标准、方法和程序。各个公司对自己的产品都会有一套相关的标准和检验项目,包括外在品质和内在品质。外在品质凭肉眼就可以判断,内在质量就需要一定的物理或化学方法才能鉴定。

1. 外在品质的检验

外在品质的检验一般包括颜色、尺寸、手感等项目的检验,同时也包括产品包装的检验。比如外贸产品对颜色的要求会非常高,在订单确认之前,颜色确认也是一个重要的环节。在颜色确认过程中会经常用到色卡,一般在服装行业用得比较多的是 PT 色卡(潘通色卡),在自行车行业用得比较多的是 YS 色卡(永翔色卡)。色号固定后一般都会打样,以确保大货颜色的准确。然而在实际生产过程中,仍然会出现色差的情况,所以检验过程中就需要我们认真观察。

包装方面的检验也是一个重要环节,包括包装材料的检验、箱唛(主唛和侧唛)的检验、包装方法和装箱方式的检验,等等。比如用纸箱包装的产品,纸箱的牢固程度是一个必要检验的项目,如果纸箱太差,那么抗压能力就差,货物出口运输和客户进口等过程很容易造成纸箱的破损,从而达不到保护产品的目的。从工厂出货到最终到买家往往要经过很多环节(如下图所示)。

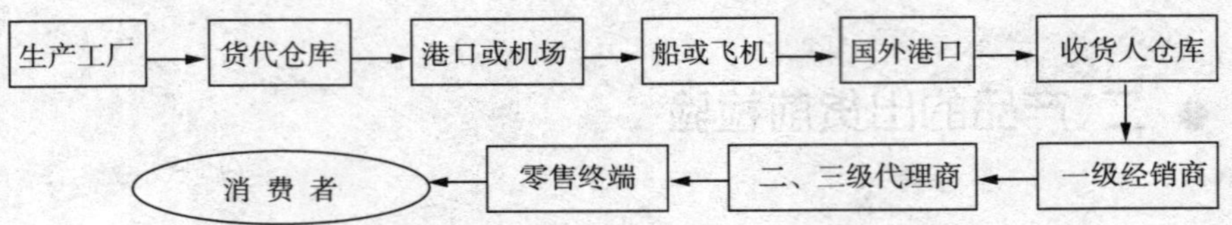

从上面的图示可以看出,总货物从一个国家生产,出口到另外一个国家,到最终消费者手中,中间会经过很多的运输环节,可见包装的重要性。包装材料的准确选择和使用会影响到最终的产品的出售。

另外,包装方法也很重要,一般比如衣服,都有固定的包装方法,衣服怎么叠、在纸箱内怎么摆放,以及是否需要衣架、各种尺寸的装箱配比等,都应该在出货前跟客户确认清楚。还有就是纸箱的尺寸,这个也需要跟客户确认清楚。纸箱太大或太小都会影响货物在中间环节的运输和最后在仓库的陈列,一般都要求在工厂订购纸箱的时候就要确认这个问题,然后最后检验的时候复检,看看规格是否符合客户的要求。

2. 内在品质的检验

在产品检验过程中,我们不能只看外表,内在的品质也在我们的检验范围之内。这就需要凭借一定的方法来鉴定。如果在下订单时就确认过品质要求,在出货前尾查的时候,这方面出差错的比例就会减小。因为在实际验货过程中没有太多的时间和条件来逐项检查。一般在根据生产前确认的品质样来安排生产,如果出了问题,再和品质样对比,看看是否与确认样有区别。

(1)工厂内部检验:这个检验过程是必须的,无论客户有没有安排人过来检验,工厂的内部检验都是一个必须要做的过程。要本着对客户负责和对自己公司负责的态度,认真对待这个检验过程,把不良品第一个排除在外,从而树立公司产品的质量形象,为维护公司产品的声誉而努力。很多公司通常带着无所谓的态度,客户不来检验,他们自己也不安排厂检,或者是即使有厂检也是敷衍了事，做个形式工作。最终导致产品很多部分质量不过关，客户收到货之后往往会提出索赔。很多国内民营企业刚刚走上外贸的路，质量意识还很淡薄，没有树立正确的质量观和诚信观。对于客户提出的索赔也不积极处理，甚至拒绝索赔。最后往往导致客户做完这个订单就不会再下单给这个工厂。

如果这样的工厂很多的话，也会使国外的客户对中国生产产品的质量产生错误的认识，对中国企业的诚信度也会带有偏见。这样的民营企业对我们国家的外贸事业不但没有作出贡献，反而起了副作用。导致很多客户一提到中国的产品就想到廉价、质量不好，一提到中国的企业就想到不诚信、不遵守规则等。

(2)客户自己过来检验：前面提到过，如果客户有自己的办公室在国内的话，他们会有自己公司的 QC 过来检验。这时比较重要的问题就是与客户国内办公室的人员预约验货时间和其他相关事宜。

①预约时间：大货生产好之后，在经过自己工厂内的厂检后，将大货按客户的要求进行包装，并入库。然后让仓库人员或单证人员统计出详细的数据，做出商业发票和装箱单，并发给客户，并把船期安排告诉客户，让他们根据船期来安排验货。

这个预约至少要提前一周进行，因为很多公司下一周的安排计划要提前安排，一般在周五或周末告知 QC 部门，每个人就会知道自己下周的工作如何安排。工厂在预约时要把装箱单或其他固定格式的资料发给客户，以便他们确定安排多少人、花多长时间来处理这个工作。

②人员接待：在确认好验货时间之后，就要安排接待。如果要检验的货特别多的话，一般需要几天才能完成，这个时候验货人员就需要住宿。所以，要提前安排好客户的住宿问题。

接待的另外一个方面就是交通，跟客户确定好详细安排之后，就要考虑到交通的问题。一般工厂都会安排司机接送客户到机场或者火车站。如果是老客户还好，大家都很熟悉，只需要确认准确的时间和地点即可；如果是第一次过来验货的话，毕竟都还不认识，所以第一次接待需特别注意。比如，接机的时候，可以在出口处举一块牌子，写上客户的名字，“WELCOME KENDY”等字样，有时候还要写上自己的公司名称等，在客户下飞机出来的时候，就会看到迎接他的人。

饭桌上的礼仪也要特别重视，要注意多交流沟通，避免出现无话可说的尴尬局面，或者是你在那里滔滔不绝，客户很不感兴趣，等等。

注意事项

如果客户是国内的外贸公司或者客户是国外的，安排过来验货的人员是他们在国内的办事机构的中方人员，接待等方面还比较容易交流和沟通。但是如果过来验货的是外方人员的话，还有许多问题需要注意，比如宗教信仰不同和各国的风俗习惯不同，有很多利益禁忌，下面一些利益禁忌也是来自网友的总结，供大家参考，适当了解对以后在国际交往中，熟悉和了解交往对象的习俗礼仪是非常有必要的，而且能让你在交往中得心应手。我们主要介绍一下东方国家和西方国家以及非洲的主要习俗礼仪。

◎东方国家的习俗礼仪

①日本。

日本几乎全是大和民族。居民主要信奉神道教和佛教，少数信奉基督教和天主教。日本至今还保留着浓厚的我国唐代的礼仪和风俗。

日本是一个注重礼仪的国家。在日常生活中，都互致问候，脱帽鞠躬，表示诚恳、可亲。初次见面，向对方鞠躬 90 度，而不一定握手。如果是老朋友或比较熟悉的人就主动握手，甚至拥抱。遇到女宾，女方主动伸手才可以握手。如果需要谈话，应到休息室或房间交谈。日本人一般不用香烟待客，如果客户要吸烟，需先征得主人的同意。

日本人很注意穿着打扮，平时穿着大方整洁。在正式场合一般穿礼服，男子大多穿成套的深色西服，女子穿和服。在天气炎热的时候，不随便脱衣服，如果需要脱衣服，要先征得主人的同意。在一般场合，只穿背心或赤脚被认为是失礼的行为。

在日本，“先生”的称呼只用来称呼教师、医生、年长者、上级或有特殊贡献的人，如果对一般人称“先生”，会让他们感到难堪。

和日本人谈论茶道是非常受欢迎的。茶道是日本人用来修身养性、进行交际而特有的沏茶、品茗的高尚技艺，是一种讲究礼仪、陶冶情操的民间习俗。

他们喝茶不直接把茶叶放进茶杯，而是放到小巧玲珑的茶壶里。倒的时候，用一个小过滤网防止茶叶进入杯里。而且总以半杯为敬，一般不再续茶。这常使喝惯大杯茶的中国人感觉难以解渴。

不管是在家里还是在餐馆里，座位都有等级，一般听从主人的安排就可以。日本商人比较重视建立长期的合作伙伴关系。他们在商务谈判中十分注意维护对方的面子，同时希望对方也这样做。

赠送礼品时，日本人非常注重阶层或等级，因此不要给他们赠送太昂贵的礼品，以免他们因此而误认为你的身份比他们高。

日本不太流行付小费，如果拿不准，就不给。如需付小费要把钱放在信封里或用纸巾包裹着，日本人认为收现钞是一件很难堪的事。

日本人不喜欢紫色，认为这是悲伤的色调，最忌绿色，认为绿是有不祥之兆的颜色；忌荷花图案，认为是妖花；忌“9”、“4”等数字。赠送礼品的时候，不要赠数字为“9”的礼物，因为日语里“9”的读音和“苦”一样。“4”的发音和“死”相同，所以在安排食宿时，要避开4层楼、4号房间、4号餐桌等。日本商人还忌讳“2月”、“8月”，因为这是营业淡季。另外，讨厌金银眼的猫，认为看到这种猫的人要倒霉。

日本人对中国的绍兴酒、茅台酒非常感兴趣。他们不吃松花蛋。用筷子很讲究，筷子都放在筷托上。还有“忌八筷”的习俗，就是不能舔筷、迷筷、移筷、扭筷、剔筷、插筷、跨筷、掏筷。同时，还忌用同一双筷子让大家依次夹取食物，也不能把筷子垂直插在米饭里。

把书法作品或是精美的印章送给日本人，是受欢迎的。我们中国人喜欢把印章的边缘特意刻成破碎型，以示古老苍劲。如果这样送给日本朋友，对方就会不高兴了，因为他们认为这种不完整是不吉利的。

②韩国。

韩国是单一的朝鲜族，佛教徒占全国人口的1/3。

韩国人讲究礼貌，待客热情。见面时，一般用咖啡、不含酒精的饮料或大麦茶招待客户，有时候还加上适量的糖和淡奶，这些茶点客户必须接受。

韩国人初次见面时，经常交换名片。很多韩国人养成了通报姓氏习惯,并和"先生"等敬称联用。韩国一半以上居民姓金、李、朴。韩国人洽谈业务往往在旅馆的咖啡室或附近类似的地方举行。大多数办公室都有一套会客用的舒适的家具,在建立密切的工作关系之前,举止合乎礼仪是至关重要的。韩国人注重服饰,男子穿西服、系领带。

如果被邀请去韩国人家里做客,按习惯要带一束鲜花或一份小礼物,用双手奉上,不要当着赠送者的面把礼物打开。如果进到室内,要把鞋子脱掉留在门口。

韩国的农历节日和我国差不多,也有春节、清明节、端午节、中秋节。

韩国人以米饭为主食,早餐也习惯吃米饭,不喝粥。还喜欢吃辣椒、泡菜,吃烧烤的时候要加辣椒、胡椒、大蒜等辛辣的调味品。汤是每餐必不可少的,有时候汤里放猪肉、牛肉、狗肉、鸡肉烧煮,有时候也简单地倒些酱油、加点豆芽。韩国人还对边吃饭边谈话非常反感。

韩国人不轻易流露自己的感情,公共场所不大声说笑。特别是女性在笑的时候还要用手帕捂着嘴,防止出声失礼。在韩国,妇女十分尊重男子,双方见面的时候,女性总会先向男性行鞠躬礼、致意问候。男女同座的时候,往往也是男性在上座,女性在下座。

韩国人对"4"非常反感。许多楼房的编号严忌出现"4"字;医院、军队绝不用"4"字编号。韩国人在喝茶或喝酒的时候,主人总是以1、3、5、7的数字单位来敬酒、敬茶、布菜,并忌讳用双数停杯罢盏。

③新加坡。

华人占新加坡总人口的76.9%。华裔多信奉佛教,马来语为国语,英语、华语为官方语言。

新加坡人十分讲究礼貌礼节,服务质量很高。新加坡华裔在礼仪方面和我国相似,而且还保留了中国古代传统的一些礼仪,比如两人见面时,相互作揖。通常的见面礼节是鞠躬、握手。印度血统人仍保持着印度的礼节和习俗,妇女额头上点着檀香红点,男人扎白色腰带,见面时合十致意。马来血统、巴基斯坦血统的人按伊斯兰教的礼节行事。

华裔新加坡人信奉佛教,而且很虔诚。他们喜欢在室内诵经,诵经的时候不可以被打扰。

在新加坡随地吐痰、扔弃物都要受到法律制裁。

④泰国。

在泰国、华裔泰人有 300 多万，佛教为国教。

泰国人待人接物有许多约定俗成的规矩。朋友相见，双手合十、互致问候。晚辈向长辈行礼时，双手合十举过前额，长辈也要合十回礼。年纪大或地位高的人还礼时，双手不必高过前胸。行合十礼时，双手举得越高，表示尊重程度越高。泰国人也行跪拜礼，但要在特定场合，平民、贵官在拜见国王和国王近亲的时候要行跪拜礼。国王拜见高僧的时候要下跪。儿子出家为僧，父母也要跪拜在地。把东西扔给别人是不礼貌的行为。从坐着的人面前走过时，要略微躬身，以表示礼貌。

泰国人非常重视头部，认为头颅是神圣不可侵犯的。如果用手触摸泰国人的头部，被认为是极大的侮辱。如果用手打小孩的头，认为小孩一定会生病；睡觉忌讳头朝西，因为日落西方象征死亡。忌讳用红笔签名，因为人死后是用红笔把姓氏写在棺材上的。脚被认为是低下的，忌把脚伸到别人跟前，也不能把东西踢给别人，不然都是失礼。忌讳用脚踢门，否则会受到人们指责。就座时，最忌讳跷腿。把鞋底对着别人，被认为是把别人踩在脚底下，是一种侮辱性的举止；妇女就座时，双腿要靠拢，否则会被认为没有教养。当着泰国人的面，不要踩门槛，他们认为门槛下住着神灵。在泰国，男女仍然遵守授受不亲的戒律，所以男女不能过于亲近。他们喜欢红色、黄色，忌讳褐色。习惯用颜色表示星期，如红色是星期日，紫红色为星期六，淡蓝色为星期五，橙色是星期四，绿色为星期三，粉红色是星期二，黄色是星期一。

⑤印度尼西亚。

印度尼西亚素称“千岛之国”，89％的居民信奉伊斯兰教，其余信奉基督教、天主教、印度教、佛教等。

印尼人初次见面都要交换名片。由于多数信奉伊斯兰教，他们在拿东西给别人或者向别人拿东西的时候，都要用右手而不用左手，也不用双手，因为左手是用来拿“不干净”的东西的。

印尼人喜欢客户到他们的家中做客访问，而且在一天中任何一个时间去拜访他们都是受欢迎的。在印尼人家里，当你看到长相可爱的小孩时，切忌摸小孩的头，如果你抚摸他的头，对方一定反脸相向。

在印尼，进行裸体太阳浴是非法的，和他们交谈应避开政治、宗教等话题。

在与印尼人谈话或进印尼人家里时都要摘下太阳镜。拜访印尼商人时要带上礼物，收下礼物即意味着承担了某种责任。如果你去的印尼人家里铺着地毯，那你在进屋前要把鞋脱掉。进入圣地特别是进入清真寺时，一定要脱鞋。

参观庙宇或清真寺，不能穿短裤、无袖服、背心或裸露的衣服。进入任何神圣的地方，一定要脱鞋。在巴厘，进入寺庙必须在腰间束腰带。

印尼人爱吃大米饭和中国菜，早餐一般吃西餐，喜爱喝红茶、葡萄酒、香槟酒、汽水等。副食爱吃牛、羊、鱼、鸡之类的肉和内脏。忌讳吃猪肉食品，忌饮烈性酒，不爱吃海参，也不吃带骨带汁的菜和鱼肚等。

印尼人忌讳夜间吹口哨，认为它会招来游荡的幽灵和挨打。

⑥印度。

印度居民大多信奉印度教，其次为伊斯兰教、基督教、锡克教。在印度，月亮是一切美好事物的象征。

印度人见面时应递英文名片，英语是印度的商业语言。主客见面时，都要用双手合十在胸前致意。口中念着："纳玛斯堆"（梵文："向您点头"，现在表示问好或祝福）。晚辈在行礼的时候要弯腰摸长者的脚，以表示对长辈的尊敬。男子不能和妇女握手，许多家庭妇女忌讳见陌生男子，不轻易和外人接触。但如果邀请男人参加社交活动时应请他们偕夫人同来。一般关系的男女不能单独谈话。

印度人用摇头表示赞同，用点头表示不同意。他们用手抓耳朵表示自责；召唤某人的动作是将手掌向下摆手指，但不能只用一个指头；指人时也要用整个手掌，不能用一两个指头。

到印度庙宇或家庭做客，进门必须脱鞋。迎接贵客时，主人常献上花环，套在客人的颈上。花环的大小、长度视客人的身份而定。献给贵宾的花环既粗又长，超过膝盖，给一般客人的花环则仅到胸前。妻子送丈夫出远门，最高礼节是摸脚跟和吻脚。到印度家庭做客时，可以带水果和糖果作为礼物，或给主人的孩子们送点礼品。

印度人用右手拿食物、礼品和敬茶，不用左手，也不用双手。就餐的时候，印度教徒最忌讳在同一个容器里取用食物。也不吃别人接触过的食物，甚至别人清洗过的茶杯，也要自己再洗涤一遍后才使用。

印度人喜欢分餐进食，注重菜品酥烂，口味不喜欢太咸，偏爱辣味。主食以米饭为主，对面食中的饼类也感兴趣，不吃菇类、笋类、木耳。信奉印度教和锡克教的人，忌讳吃猪肉、牛肉。他们一般不喝酒，因为喝酒是违反宗教习惯的。但有喝茶的习惯，方式是“舔饮”，也就是把奶茶盛在盘子中，用舌头舔着喝。印度人最不喜欢吃大荤，吃素食的人较多，等级越高，吃荤越少，他们喜欢中国的粤菜、苏菜。

忌讳白色，习惯用百合花作悼念品。他们忌讳弯月图案，视1、3、7为不吉祥数字，和印度人交谈，要回避有关宗教矛盾、和巴基斯坦的关系、工资以及两性关系的话题。

印度奉牛为神圣，忌讳吃牛肉，忌讳用牛皮制品。他们崇拜蛇，视杀蛇为触犯神灵。忌讳用澡盆给孩子洗澡，认为是“死水”，是不人道的行为。

○西方国家的习俗礼仪

①美国。

美国80%以上是欧洲移民的后裔，华裔约100万。50%的居民信奉基督教和天主教，其他人信仰犹太教和东正教。

美国人一般性情开朗、乐于交际、不拘礼节。第一次见面不一定行握手礼，有时只是笑一笑，说一声“Hi”或“Hello”就算有礼了。美国人握手的时候习惯握得紧，眼要正视对方，微弓身，认为这样才算是礼貌的举止，一般同女人握手都很斯文。在告别的时候，也只是向大家挥挥手或者说声“再见”、“明天见”。但如果别人向他们致礼，他们也会用相应的礼节，比如握手、点头、拥抱、行注目礼等。在美国如果有客人夜间来访，主人穿着睡衣接待客人被认为是不礼貌的行为；当被邀请去老朋友家做客时，应该预备小礼物；在朋友家做客时，打长途电话要经过主人同意，离开的时候，要留下电话费。

在美国，如果要登门拜访，必须先打电话约好；名片一般不送给别人，只是在双方想保持联系时才赠送；当着美国人的面想吸烟，必须问对方是否介意，不能随心所欲。

美国人一般乐于在自己家里宴请客人，而不习惯在餐馆请客。不喜欢清蒸和红烩菜肴，不喜欢过烫过热的菜肴；喜欢少盐味，味道忌咸，稍以偏甜为好；喜欢喝可口可乐、啤酒、冰水、矿泉水、威士忌、白兰地等；不喜欢在自己的餐碟里剩食物，认为这是不礼貌的；喜爱中国的苏菜、川菜、粤菜。

美国人溺爱白色，认为白色是纯洁的象征；偏爱黄色，认为是和谐的象征；喜欢蓝色和红色，认为是吉祥如意的象征。他们喜欢白猫，认为白猫可以给人带来好运气。

美国人对握手时目视其他地方很反感，认为这是傲慢和不礼貌的表现。忌讳向妇女赠送香水、衣物和化妆用品。美国妇女因有化妆的习惯，所以他们不欢迎服务人员送香巾擦脸。

在美国千万不要把黑人称作“Negro”，最好用“Black”一词，黑人对这个称呼会坦然接受。因为“Negro”主要是指从非洲贩卖到美国为奴的黑人。跟白人交谈如此，跟黑人交谈更要如此。否则黑人会感到你对他们表示蔑视。

美国人忌讳别人冲他们伸舌头，认为这种举止是污辱人的动作。他们讨厌蝙蝠，认为它是吸血鬼和凶神的象征。忌讳数字“13”、“星期五”等。忌讳问个人收入和财产情况，忌讳问妇女婚否、年龄以及服饰价格等私事。忌讳黑色，认为黑色是肃穆的象征，是丧葬用的色彩。特别忌讳赠送带有公司标志的便宜礼物，因为这有义务做广告的嫌疑。

②加拿大。

加拿大人大部分是英法等国家移民的后裔。土著人占5%、华裔占1.2%，大部分信奉天主教和基督教。

加拿大人因受欧洲移民的影响，他们的礼节和英法两国相似。在日常生活中，加拿大人着装以欧式为主。上班的时间，他们一般要穿西服、套裙。参加社交活动时往往要穿礼服或时装。在休闲场合则讲究自由穿着，只要自我感觉良好即可。握手被认为是一种友好的表示，一般在见面和临别时握一下即可，不必反复握手。公务时间，加拿大人很注意个人仪表和卫生。所以，他们希望客人也能这样。

他们有邀请亲朋好友到自己家中共进晚餐的习惯，受到这种邀请应当理解为是主人主动显示友好之意。如果被邀请到别人家做客，明智的选择是给主人送鲜花，不要送白色的百合花，因为它们是与葬礼联系在一起的。加拿大人以自己的国家为自豪，反对和美国作言过其实的比较。谈到肯定成绩的事例并对加拿大人民及其国家给予好评是最受欢迎的。

加拿大人对法式菜肴比较偏爱，并以面包、牛肉、鸡肉、土豆、西红柿等物为日常之食。从总体上讲他们以肉食为主，特别爱吃奶酪和黄油。加拿大人重视晚餐，饮食上讲究菜肴的营养和质量，注重菜肴的鲜和嫩，一般不喜欢太咸口味的食品，偏爱甜味，一般以米饭为主食，对煎、烤、炸等烹调方法制作的菜肴偏爱。他们喜爱中国的苏菜、沪菜、鲁菜，忌讳吃各种动物内脏，不喜爱吃肥肉，习惯饭后喝咖啡和吃水果。

忌讳“13”、“星期五”，认为“13”是厄运的数字，“星期五”是灾难的象征。

③澳大利亚。

澳大利亚95%的居民是英国和其他欧洲国家移民的后裔，华裔和华侨约20万，98%的居民信奉基督教，其余信奉犹太教、佛教和伊斯兰教。

澳大利亚人办事认真爽快，喜欢直截了当，待人诚恳、热情，见面时喜欢热烈握手，称呼名字。乐于结交朋友，即使是陌生人，也一见如故。他们崇尚友善，并谦逊礼让，重视公共道德，组织纪律性强，时间观念强，赴约准时并珍惜时间。女性比较保守，接触时要谨慎。去澳大利亚人家里做客可以赠送葡萄酒和鲜花。

澳大利亚人的饮食习惯、口味和英国人差不多，菜清淡、不吃辣。家常菜有煎蛋、炒蛋、火腿、脆皮鸡、油爆虾、糖醋鱼、熏鱼、牛肉等。当地的名菜是野牛排。澳大利亚人食量比较大，啤酒是最受欢迎的饮料，其中达尔文城的居民以喝啤酒闻名。

他们喜欢邀请友人一同外出游玩，认为这是密切双方关系的捷径之一。所以如果拒绝的话，会被他们理解成不给面子。

澳大利亚的基督教徒有“周日做礼拜”的习惯。他们的这种做法“雷打不动”，所以要避免在这天和他们邀约。

在澳大利亚人眼里，兔子是一种不吉利的动物。他们认为，碰到了兔子可能是厄运降临的预兆。

澳大利亚人喜欢体育活动，游泳和日光浴是人们的癖好，如果有谁不会游泳，还会成为众人嘲讽的对象。

和澳大利亚人谈论跑马是非常受欢迎的话题。

④英国。

英国英格兰人占80%以上，其余是苏格兰人、威尔士人和爱尔兰人等。居民绝大部分信奉基督教，只有少部分人信奉天主教。

英国是绅士之国，讲究文明礼貌，注重修养，同时也要求别人对自己有礼貌。注意衣着打扮，什么场合穿什么服饰都有一定惯例。见面时对尊长、上级和不熟悉的人用尊称，并在对方姓名前面加上职称、衔称或先生、女士、夫人、小姐等称呼。亲友和熟人之间常用昵称。初次相识的人相互握手，微笑并说："您好！"在大庭广众之下，人们一般不行拥抱礼，男女之间除热恋情侣外一般不手拉手走路。

英国人不轻易动感情或表态，他们认为夸夸其谈是缺乏教养的，认为自吹自擂是低级趣味的。人们交往时常用"请"、"对不起"、"谢谢"等礼貌用语，即使家庭成员间也一样。

英国的"烤牛肉加约克郡布丁"被称为是国菜。这是用牛腰部位的肉，再把鸡蛋加牛奶和面，与牛肉、土豆一起在烤箱中烤制的菜肴。上桌时，还要另配些单煮的青菜，即为"烤牛肉加约克郡布丁"。普通家庭一日三餐（即早餐、午餐、晚餐），他们以午餐为正餐，阔绰人家则一日四餐（即早餐、午餐、茶点和晚餐）。

他们一般不愿意吃带黏汁的菜肴，忌用味精调味，也不吃狗肉。口味不喜欢太咸，爱甜、酸、微辣味，对烧、煮、蒸、烙、焗和烘烤等烹调方法制作的菜肴比较偏爱。喜欢中国的京菜、川菜、粤菜。

他们普遍喜爱喝茶，妇女尤其嗜茶成癖。"下午茶"几乎成为英国人的一种必不可少的生活习惯，即使遇上开会，有的也要暂时休会而饮"下午茶"。不喝清茶，要在杯里倒上冷牛奶或鲜柠檬，加点糖、再倒茶制成奶茶或柠檬茶，如果先倒茶后倒牛奶会被认为缺乏教养。他们还喜欢喝威士忌、苏打水、喝葡萄酒和香槟酒，有时还喝啤酒和烈性酒，彼此间不劝酒。

对英国人称呼"英国人"是不愿意接受的。因为"英国人"原意是"英格兰人"，而你接待的宾客，可能是英格兰人、威尔士人或北爱尔兰人，而"不列颠"这个称呼则能让所有的英国人都感到满意。

英国人忌讳用人像、大象、孔雀作服饰图案和商品装潢。他们认为大象是愚笨的，孔雀是淫鸟、祸鸟，连孔雀开屏也被认为是自我吹嘘和炫耀。忌讳"13"这个数字，还忌讳"3"这个数字，忌讳用同一根火柴给第 3 个人点烟。与英国人坐着谈话时忌讳两腿张得过宽，更不能跷起二郎腿。如果站着谈话不能把手插入衣袋。忌讳当着他们的面耳语和拍打肩背，忌讳有人用手捂着嘴看着他们笑，认为这是嘲笑人的举止。忌讳送人百合花，他们认为百合花意味着死亡。

⑤法国。

法国法兰西人约占 94%，绝大多数居民信奉天主教。

法国人热情开朗，初次见面就能亲热交谈，而且滔滔不绝。法国人讲究服饰美，特别是中年女性穿得非常时尚，特别喜欢使用化妆品，仅口红就有早、中、晚之分，法国女性是世界上最爱打扮的。

法国是世界上最早公开行亲吻礼的国家，也是使用亲吻礼频率最高的国家。和法国人约会必须事先约定时间，准时赴约是有礼貌的表示，但不要提前。送鲜花给法国人也是很好的礼品。法国人在公共场所不能有懒散动作，不能大声喧哗。

法国的烹调世界闻名，用料讲究，花色品种繁多，口味特点香浓味原、鲜嫩味美，注重色、形和营养。法国人烹调时用酒比较重，肉类菜烧得不太熟，如水鸭三四分熟就行。有的肉最多七八分熟，一般都喜欢生吃牡蛎。配料喜欢用蒜、丁香、香草、洋葱、芹菜、胡萝卜等。他们不吃辣味的食品。

法国人忌讳黄色的花，认为是不忠诚的表现。忌讳黑桃图案，认为不吉祥；忌讳墨绿色，因第二次世界大战期间德国纳粹军服是墨绿色；忌讳仙鹤图案，认为是蠢汉和淫妇的象征。不送香水或化妆品给恋人、亲属之外的女人，因为他们认为这些象征着过分亲热或是图谋不轨。

⑥德国。

德国绝大多数都是德意志人，居民中信奉基督教的约占一半，另外有 46%的人信奉天主教。

德国人纪律严明、讲究信誉、极度自尊、待人热情、十分注重感情。

重视称呼是德国人在人际交往中的一个鲜明特点。与德国人称呼不当通常会令对方大为不快。

一般情况下，切勿直呼德国人的名字。称其全称，或仅称其姓，都可以。与德国人交谈时，切勿疏忽对“您”与“你”这两种人称代词的使用。对于熟人、朋友、同龄者，方可以“你”相称。在德国，称“您”表示尊重，称“你”则表示地位平等、关系密切。

德国人对发型较为重视。男士不宜剃光头，以免被人当做“新纳粹”分子。德国少女的发式多为短发或披肩发，烫发的女性大半都是已婚者。

德国人注意衣着打扮，外出时必须穿戴整齐、清洁；见面打招呼必须称头衔，不直呼名字；约会准时，时间观念强；待人热情、好客、态度诚实可靠；宴席上，男子坐在妇女和地位高的人的左侧，女士离开和返回饭桌时，男子要站起来以示礼貌；请德国人进餐，事先必须安排好。和他们交谈最好谈论原野风光，个人的业余爱好多谈论体育活动方面的。接电话时要首先告诉对方自己的姓名。

绝大多数的德国人最爱吃猪肉，其次才是牛肉。以猪肉制成的各种香肠令德国人百吃不厌，忌讳吃核桃。

如果同时喝啤酒和葡萄酒，要先喝啤酒，然后再喝葡萄酒，否则会被视为有损健康。

在公共场合窃窃私语，被认为是十分无礼的。

在德国，蔷薇专用于悼亡，不可以随便送人，忌讳茶色、红色、深蓝色。

服饰和其他商品包装上忌用纳粹标志。

⑦意大利。

意大利主要是意大利人，90％以上居民信奉天主教。

如果有人打喷嚏，旁边的人马上会说：“萨尔维！（祝你健康）”。另外，当着别人打喷嚏或咳嗽被认为是不礼貌和讨嫌的事，所以本人要马上对旁边的人表示“对不起”。

女士受到尊重，特别是在各种社交场合，女士处处优先。

意大利人热情好客，待人接物彬彬有礼。在正式场合，穿着十分讲究。见面礼是握手或招手示意；对长者、有地位和不太熟悉的人，要称呼他们的姓，加上“先生”、“太太”、“小姐”和荣誉职称；与意大利人谈话要注意分寸，一般谈论工作、新闻、足球；不要谈论政治和美国橄榄球。

意大利人有早晨喝咖啡、吃烩水果、喝酸牛奶的习惯。酒特别是葡萄酒是意大利人离不开的饮料，不论男女几乎每餐都要喝酒，甚至在喝咖啡时也要掺上一些酒。

意大利人忌讳菊花。

⑧俄罗斯。

俄罗斯主要是俄罗斯人，主要宗教是东正教。

俄罗斯人性格开朗、豪放、集体观念强。他们和人见面，大都行握手礼，拥抱礼也是他们常施的一种礼节。他们还有施吻礼的习惯，但对不同人员，在不同场合，所施的吻礼也有一定的区别：一般在朋友之间，或长辈对晚辈之间，以吻面颊者为多，不过长辈对晚辈以吻额为更亲切和慈爱的表示；男子对特别尊敬的已婚女子，一般多行吻手礼，以示谦恭和崇敬，吻唇礼一般只是在夫妇或情侣间流行。

主人给客人吃面包和盐是最殷勤的表示。一般对晚餐要求较简单，对早、午餐较重视，用餐时间都习惯拖得很长。他们乐于品尝不同风味的菜肴，喜欢熟透和酥烂的菜肴。他们非常喜欢吃中餐。

在待客中，常以“您”表示尊敬和客气；而对亲友往往则用“你”相称，认为这样显得随便，同时还可以表示出对亲友的亲热和友好。外出时，十分注重仪容仪表，衣扣要扣得完整，总习惯衣冠楚楚。男子外出活动时，一定要把胡子刮干净；赴约要准时；在社交场合，处处表现出尊重女性。

和俄罗斯人说话，要坦诚相见，不能在背后议论其他人，更不能说他们小气；对妇女要十分尊重，忌讳问年龄和服饰价格等。

俄罗斯人不吃海参、海蜇、墨鱼、木耳。偏爱“7”，认为“7”预兆办事会成功，“7”还可以给人们带来美满和幸福。他们普遍忠爱红色。人们把红色视为美丽和吉祥的象征。应邀去俄罗斯人家里做客时可带上鲜花或烈性酒，送艺术品或图书作礼品是受欢迎的。女主人对来访客人带给她的单数鲜花是很欢迎的；男主人则喜欢高茎、艳丽的大花。

决不能在街上丢弃任何东西，连一张过期的电影票也不可以，这种行为有损俄罗斯的整洁，而且是违规的。

俄罗斯人对盐十分崇拜，并视盐为珍宝和祭祀用的供品。认为盐具有驱邪除灾的力量。如果有人不慎打翻了盐罐，或是将盐撒在地上，便认为是家庭不和的预兆。为了摆脱凶兆，他们总习惯将打翻在地的盐拾起来撒在自己的头上。

俄罗斯人认为兔子是一种怯懦的动物，如果兔子从自己眼前跑过，那便是一种不祥的兆头。他们忌讳黑色，认为黑色是丧葬的代表色。因此，对黑猫更为厌恶，并视黑猫从自己面前跑过是不幸的象征。

他们重视文化教育，喜欢艺术品和艺术欣赏。所以，和他们谈论艺术是个很受欢迎的话题。

○非洲国家的习俗礼仪

①埃及。

埃及地跨非、亚两洲。伊斯兰教是埃及的国教。

埃及人正直、爽朗、宽容、好客。他们往往以幽默的心情来应付严酷的现实生活。

晚餐在日落以后和家人一起共享，所以在这段时间内，有约会是失礼的。埃及的伊斯兰教徒有个绝不可少的习惯：一天之内祈祷数次。

埃及人通常以"耶素"(就是不发酵的平圆形埃及面包)为主食，进餐时与"富尔"(煮豆)、"克布奈"(白乳酪)、"摩酪赫亚"(汤类)一并食用。他们喜食羊肉、鸡、鸭、鸡蛋以及豌豆、洋葱、南瓜、茄子、胡萝卜、土豆等。在口味上，一般要求清淡、甜、香、不油腻。串烤全羊、烤全羊是他们的佳肴。

他们习惯用自制的甜点招待客人，客人如果谢绝，一点也不吃，会让主人失望同时也失敬于人。

埃及人在正式用餐时忌讳交谈，否则会被认为是对神的亵渎。埃及人一般都遵守伊斯兰教教规，忌讳喝酒，喜欢喝红茶。他们有饭后洗手，饮茶聊天的习惯。忌吃猪肉、狗肉，也忌谈猪、狗。不吃虾、蟹等海味、动物内脏(除肝外)、鳝鱼、甲鱼等怪状的鱼。

男士不主动和妇女攀谈；不夸人身材苗条；不谈论埃及人家里的东西，否则会认为你在向他索要；不要和埃及人谈论宗教纠纷、中东政局及男女关系。

在埃及，一到了下午 3 至 5 点，人们大都忌讳针。商人决不卖针，人们也不买针，即使有人愿出很高的价钱买针，店主也会婉言谢绝，绝不出售。

在埃及，进入伊斯兰教清真寺时，务必脱鞋。埃及人喜爱绿色、红色、橙色，忌蓝色和黄色，认为蓝色是恶魔，黄色是不幸的象征，遇丧事都穿黄衣服。喜欢金字塔形莲花图案。忌穿有星星图案的衣服，除了衣服，有星星图案的包装纸也不受欢迎，忌猪、狗、猫、熊。3、5、7、9 是人们喜爱的数字，忌讳 13，认为它是消极的。吃饭时要用右手抓食，不能用左手。不论送给别人礼物，还是接受别人礼物时，要用双手或者右手，千万不要用左手。

②南非。

南非位于非洲大陆的最南端。英语和南非荷兰语同为官方语言。

南非社交礼仪可以概括为“黑白分明”、“英式为主”。也就是受到种族、宗教、习俗的制约，南非的黑人和白人所遵从的社交礼仪不同；白人的社交礼仪特别是英国式社交礼仪广泛地流行于南非社会。

以目前而论，在社交场合，南非人所采用的普遍见面礼节是握手礼，他们对交往对象的称呼则主要是“先生”、“小姐”或“夫人”。在黑人部族中，尤其是农村，南非黑人往往会表现出和社会主流不同的风格。比如，他们习惯把鸵鸟毛或孔雀毛赠给贵宾，客人得体的做法就是把这些珍贵的羽毛插在自己的帽子或头发上。

在城市里，南非人的穿着打扮基本西化了。大凡正式场合，他们都讲究着装端庄、严谨。南非黑人通常还有穿着本民族服装的习惯。不同部族的黑人在着装上往往会有自己不同的特色。

南非当地白人以吃西餐为主，经常吃牛肉、鸡肉、鸡蛋和面包，爱喝咖啡和红茶。而黑人喜欢吃牛肉、羊肉，主食是玉米、薯类、豆类，喜欢吃熟食。南非著名的饮料是如宝茶。在南非黑人家做客，主人一般会送上刚挤出的牛奶或羊奶，有时是自制的啤酒。客人一定要多喝，最好一饮而尽。

信仰基督教的南非人忌讳数字 13 和星期五；南非黑人非常敬仰自己的祖先，他们特别忌讳外人对自己的祖先言行失敬。跟南非人交谈，有四个忌讳的话题：

一是不要为白人评功摆好。

二是不要非议黑人的古老习惯。

三是不要为对方生了男孩表示祝贺。

四是不要评论不同黑人部族或派别之间的关系及矛盾。

③尼日利亚。

尼日利亚位于西非东南部，是西非的“天府之国”。居民中穆斯林占47%，基督教徒占34%。尼日利亚是全世界人口最多的黑人国家。

尼日利亚有许多部族，其习俗与文化传统有很大差别，所以他们的生活方式也截然不同。施礼前，总习惯先用大拇指轻轻地弹一下对方的手掌再行握手礼。

谈话中应回避的一个话题是宗教。他们不愿谈论政治，特别是有关非洲的政治问题。要避免谈及有关南非的事情，另外，所携带的印刷品不要有涉及南非活动的画面。恰当的话题是有关尼日利亚的工业成就和发展前景。

尼日利亚人和人交谈的时候，从不盯视对方，也忌讳对方盯视自己，因为这是不尊重人的举止。他们忌讳左手传递东西或食物，忌讳“13”。已婚妇女最忌讳吃鸡蛋，她们认为妇女吃了鸡蛋就不会生育。

尼日利亚伊萨人认为食指是不详之物，无论谁用右手的食指指向自己都是一种挑衅的举动；如果有人伸出手并张开五指对向自己，更是粗暴地侮辱人的手势，相当于辱骂祖宗，这些都是令人不能容忍的。

他们用餐习惯一般为以手抓饭，但社交场合也使用刀叉。

(3)引导验货：如果前两个方面都已经确认好，核心的问题就是验货了。一般都是带客户去生产线(中查)或者是仓库(尾查)，验货一般不同于实验室的检测，内在质量一般只有借助于一定检测设备、通过一定的方法才能检测出来，而验货偏向于外观质量的检查，主要的项目就是外在的一些属性，肉眼就可以辨别，用简单的方法就可以检查，简单的分析就可以得出结果的验货过程。当然这个过程会有很多的数据需要测量，很多的产品需要临时修改，跟单员必须时时配合验货人员，适当地帮助他们记录数据，协助他们工作。

订单数量小的话，一般是全检，如果订单数量很大的话，很多时候都是抽样检查，比如1～1000箱产品，随机选出某些箱号，当然被选出的数量要占大货总数量一定的百分比。被选出的这些箱号的产品,跟单员要立即吩咐相关人员搬运到检验现场。当某些产品有小瑕疵的时候,可以让跟单员安排工人进行现场修理。如果返修后没有问题的话,就可以通过;如果返修后还是存在质量问题的话,则必须剔除。

在纺织品检验方面,包括内在品质和外在品质。内在品质一般需要相关的检测机构才能检测。内在质量包括干燥质量、强力、缩水率和染色牢度等指标。内在质量的指标应符合国家、行业相关标准的要求。比如有的客户要求通过 ITS 测试,并要求出具 ITS 的检测报告。

内在质量按批次评等级,具体指标如表 1:

表 1 内在质量考核标准

编号	考核项目		计量单位	合格品	备注
1	填充物质量偏差率		%	−7.0	
2	压缩回弹性能≥	压缩率	%	30	150g/㎡及以下不考核
		回复率		60	
3	纤维含量偏差	面料	%	按 FZ/T01053 执行	
		填充物		±10.0	
4	面料断裂强力≥		N	250	考核经纬向
5	水洗尺寸变化率		%	+2.0～−4.0	考核经纬向
6	耐光	变色	级	3	
	耐洗	变色		3	
		沾色		3	
	耐汗渍	变色		3	
		沾色		3	
	耐摩擦	干磨		3	
		湿磨		2～3	

外在的品质一般可以通过现有的验货人员就可以判定。例如,绗缝织品外观质量要求见表 2,绗缝是指用针线固定面料和底布以及所絮填料的制作。

表 2 绗缝织品外在质量要求

考核项目	合格品
纬斜、花斜(%)	≤4.0
色花、色差(%)	≥4～5 级
填充物要求	厚薄均匀而且充实，特别是棉与棉的接头要均匀，黑棉及脏棉不得上架绗缝。
面料要求	无破损、针眼、烫黄、玷污渍；轻微的线状疵点和条状疵点允许一处；色花、色差不低于 4 级；轻微色纱、污脏不超过 0.5BM 的允许 1～2 处(2 处不在同一位置)，不明显色纱不超过 2BM 允许有一处。(疵点程度见附表 1)
辅料要求	不允许有污脏、针眼及织疵；各种缝线的性能、质地要与面料相适应。

附表 1 外观疵点及程度说明

	定义	程度说明	
线状疵点	沿径向或纬向延伸的，宽度不超过 0.2BM 的所有疵点。	轻微	粗纱不大于纱支 3 倍的粗经，线状错经，稀 1～2 根纱的筘路，粗纱不大于纱支 3 倍的粗纬、双纬、线状百脚、竹节纱等。
		明显	粗纱不大于纱支 3 倍的粗经，锯齿状错经，断经，跳纱，稀 2 根纱以上的筘路，粗度大于纱支 3 倍的粗纬，竹节纱，脱纬，锯齿状百脚，一梭 3 根的多纱，色、油、污纱等。
条块状疵点	沿径向或纬向延伸的，宽度超过 0.2BM 的所有疵点，不包括色、污渍。	轻微	杂物织入，条干不匀，经缩波纹，叠起来看不易发现的稀密路、折痕不起毛。
		明显	并列跳纱，明显影响外观的杂物织入，条干不匀，经缩波纹，叠起来看不易发现的稀密路、折痕不起毛，经缩浪纹，宽 0.2BM 以上的筘路、针路等。
破损	相邻的纱、线断 2 根及以上的破洞、破边，0.3cm 及以上的跳花。		

绗缝织品工艺质量要求见表 3

表 3　绗缝织品工艺质量要求

项目		合格品
填充物要求		厚薄均匀充实
图案质量		图案整体位偏,大件不超过 3cm,小件不超过 2cm(最大尺寸长方向或宽方向大于 100cm 为大件,小于或等于 100cm 为小件)。
缝针要求	缝纫针	无跳针、浮针、漏针、脱线、偏针不超过 0.5cm/20cm。
	绗缝针	无浮针、漏针、脱线、偏针。
绗缝质量		轨迹流畅、平服,无折皱夹布;绗缝起止处必须打回针,接针套正,无线头;针迹整齐均匀。
缝纫质量		轨迹匀直、牢固,卷边拼缝平服齐直,宽狭一致,不露毛,面/里料缝制错位小于 1cm;接针套正,边口处必须打回针。 针迹密度:平缝≥10 针/3cm;包缝≥9 针/3cm。
注 1:最大尺寸(长方向或宽方向)>100cm 为大件,≤100cm 为小件。 注 2:绗缝针迹密度不考核。		

(4)验货报告:验货人员在检验完之后会出具一份检验报告,并由检验人员和工厂的相关负责人签字。检验人员要写上所检验产品的质量情况,并写上相关的处理建议以及最后意见,是否可以出货。如果是小的问题,个别产品的问题,可以安排工人现场返修一下。如果是共性的问题,所有产品都存在的问题,必须全部返修,这样的话,一般都需要一定的时间,这次肯定不能出货,赶不上原定的船期就要延期。等全部返修完成后,通常还需要重点检验一下修改的部分。

下面列出几份空白的验货报告格式和有相关人员签字的出货报告,供大家参考:

①香港商雅晟实业有限公司进料检验报表(表 4)

②香港商雅晟实业有限公司说明书、条形码、第五代、彩卡检验标准(表 5)

③香港商雅晟实业有限公司洗水唛标检验标准(表 6)

④香港商雅晟实业有限公司服装检验报告(表 7)

⑤Intertrend Shanghai 港口机械设备零件检验报告(表 8)

表 4　香港商雅晟实业有限公司

进料检验报表

编号：

<table>
<tr><td>供应商</td><td>合同号</td><td>品名</td><td>规格</td><td>交货数量</td><td>交货日期</td></tr>
<tr><td></td><td></td><td></td><td></td><td></td><td></td></tr>
<tr><td rowspan="2">检验方式</td><td>全验</td><td colspan="4" rowspan="3">留样处</td></tr>
<tr><td>抽验</td></tr>
<tr><td>最后判定</td><td>□ 允收
□ 拒收
□ 特采</td></tr>
</table>

验收记录：

<table>
<tr><td rowspan="2">项次</td><td rowspan="2">标注数量</td><td rowspan="2">实测数量</td><td rowspan="2">公差</td><td colspan="5">检验结果</td><td rowspan="2">备　注</td></tr>
<tr><td>接头</td><td>污脏</td><td>织疵</td><td>擦伤</td><td>其他</td></tr>
<tr><td>1</td><td></td><td></td><td></td><td></td><td></td><td></td><td></td><td></td><td></td></tr>
<tr><td>2</td><td></td><td></td><td></td><td></td><td></td><td></td><td></td><td></td><td></td></tr>
<tr><td>3</td><td></td><td></td><td></td><td></td><td></td><td></td><td></td><td></td><td></td></tr>
<tr><td>4</td><td></td><td></td><td></td><td></td><td></td><td></td><td></td><td></td><td></td></tr>
<tr><td>5</td><td></td><td></td><td></td><td></td><td></td><td></td><td></td><td></td><td></td></tr>
<tr><td>6</td><td></td><td></td><td></td><td></td><td></td><td></td><td></td><td></td><td></td></tr>
<tr><td>7</td><td></td><td></td><td></td><td></td><td></td><td></td><td></td><td></td><td></td></tr>
<tr><td>8</td><td></td><td></td><td></td><td></td><td></td><td></td><td></td><td></td><td></td></tr>
<tr><td>9</td><td></td><td></td><td></td><td></td><td></td><td></td><td></td><td></td><td></td></tr>
<tr><td>10</td><td></td><td></td><td></td><td></td><td></td><td></td><td></td><td></td><td></td></tr>
<tr><td colspan="10">附记：</td></tr>
</table>

检验人：

检验日期：

表5 香港商雅晟实业有限公司

说明书、条形码、第五代、彩卡检验标准

<table>
<tr><td colspan="2">考核项目</td><td>一等品</td></tr>
<tr><td colspan="2">规格尺寸偏差</td><td>不允许有偏差</td></tr>
<tr><td rowspan="4">技术要求</td><td>说明书
技术要求</td><td>157G 铜 4C+4C,切成品对折
层次清楚、图案清晰、干净、光洁度好</td></tr>
<tr><td>条形码技术要求</td><td>特光 A 黄底不干胶 1C+0 单黑
粘贴牢固、无脱落或边角部分脱落现象</td></tr>
<tr><td>第五代
技术要求</td><td>4C+0 单光
不允许有气泡、脏点和划痕现象</td></tr>
<tr><td>彩卡技术要求</td><td>210G 进口铜、4C+0 切成品
图案无油污、死折、残页、图案无颠倒歪斜现象</td></tr>
<tr><td rowspan="2">外观质量要求</td><td>印刷要求</td><td>印刷清晰、不允许有任何错别字、图位错误现象、严格按我公司封样。
墨层厚度薄、着色不足、光泽程度低、墨杠、滋墨、重墨现象</td></tr>
<tr><td>颜色要求</td><td>颜色鲜亮、严格按我公司封样
拼图、图位尺寸、植字位置不允许有误差</td></tr>
<tr><td rowspan="2">包装要求</td><td>袋内包装要求</td><td>整齐叠放、分类装箱</td></tr>
<tr><td>外观包装要求</td><td>包装箱内用塑料袋密封、包装箱打带捆扎结实</td></tr>
</table>

所有说明书、条形码、第五代、彩卡规格附表

单位:mm

说明书	规格	条形码	规格	第五代	规格	彩卡	规格

表 6 香港商雅晟实业有限公司

洗水唛标检验标准

考核项目		一等品
规格尺寸偏差		不允许有偏差
工艺要求	洗标	2C＋0 尼龙料
	小主标	织边丝带超切、对折、单色、涂层均匀
	提示标	1C＋0 丝带折耳
外观质量要求	外观要求	以封样规定颜色为准，无杂色、无杂点、无油污、无污脏、边缘无拉毛现象、无抽纱、边不可弯曲
	印刷要求	印刷油墨要均匀，印刷材料、内容、规格、颜色、套位严格按照我公司封样
织字要求	字体要求	标志印刷在正面、印字清晰、字体正确、不允许有任何错别字现象、严格按照我公司封样
	整体要求	方角整齐，不允许有任何划伤、皱折现象
包装要求	内包装要求	内用塑料袋密封、保证货物清洁
	外观包装要求	包装箱内用塑料袋密封、外用纸箱包装

表 7 香港商雅晟实业有限公司 服装检验报告

INTERTREND LTD.

INSPECTION CERTIFICATE

针织 knit ___ 梭织 woven ✓

检 验 报 告

工厂 factory: G007　单号 p.o: CB205　款式 descripton: Tank　颜色 color: Blue. White Birch. Castlerock　数量 quantity: 3018.

抽检箱号 carton no: 78×50×21　重量 weight: 8.6 kg　体积 bulk: Rock 35, white 83, Blue 69, Birch 17

付料：Accessories	Y	N	Defects：品质瑕疵	严重 major	轻微 minor
1.主唛：main label	✓		1.面料：fabric flaw		2pcs
2.尺码/洗水/成分/产地 RN#唛：size/care/~~lable~~country	✓		2.裁片色差：shaded panels/within same panel		2pcs
3.贴纸：stickers	✓		3.污渍：stains	/	
挂牌：hangtage			4.针洞：manufacturing holes/needles cuts	/	
1.否认声明：dislaimers	✓		5.面料破洞：fabric holes	/	
2.颜色代号：nrf codes（color）	✓		6.跳/破/漏针：skip/broken/run off stitches	/	
3.建议零售价：suggested $	✓		7.不平歪曲/针不均匀 uneven/distorted/stitches	/	
4.组别名称：group name	✓		8.褶/皱：pleated/packered	/	
5.电码资料日期：upc date sheet dated	✓		9.错位/扭曲：misaligned/twisted parts	/	
6.款号：style number	✓		10.钮扣漏/松脱：button missing/loose	/	
辅料：Trim			11.钮洞未开错位 buttonhole uncut /poor coverage	/	
1.缝线：thread	✓		12.钮位不对：buttons mis aligned	/	
2.拉链：zipper	✓		13.整烫起亮光/褶痕：pressing shine/creases	/	
3.钮扣/备用扣：button/extra button attach	/		14.整烫不良：poor pressing	/	
4.勾/眼：hook/eye	/		15.色牢度/脱色：crocking/bleeding	/	
5.腰带装运（有/没有）：belts ship with/without	/		16.里布脱落：fusing delamination	/	
里布：lining			17.死痕：deda creases	/	
1.衬布：interlinıng	✓		18.贴纸的胶水/痕迹：soabar ticket on face/gum residue	/	
2.袋布：pocketing	/		19.对条/对格：mis match of pattern/stripes plaid	/	
3.肩棉：shoulder pad	/		20.规格超出范围：beyond specified tolerance	/	
洗水/漂染/后处理：aftertreatment			21.爆口：open seams	/	
1.颜色标准：color match to standard	✓		22.线毛不干净：thread not trimmed	/	
2.手感标准：hand match to standard	✓		23.下摆里布外露：linings showing out at hem	/	
3.磨擦标准：abrasion match to standard	/		24.浮线：loose threads on garments	/	
包装：packing			25.毛边/爆口：raw/frayed/ ededs	/	
1.挂牌位置：hangtag placement	✓		26.针引致抽丝：needle laddering	~~/~~	1pc
2.尺码圈/识别：size ring/identification	/		27.针洞痕/针路：needle streaks	/	
3.胶带/胶纸：poly bag sealed/600.tape	✓		28.拉线：pulls	/	
4.折叠：folding	✓		总结意见：		
5.包装方法：store ready packadge/triquad	✓		comments：箱唛重新贴好方可出货.		
6.挂装/衣架平装/纸箱平装：gohh/gohf/ffp/mtf	✓				
7.箱唛：carton marked propeprly	✓	✓			

已检查的成衣数量 number of garments inspected: 144

瑕疵百分率 percentage defective: ______

工厂负责人 factory representative: 沈忠根

检验员 inspection representative: Kitty

SHIPMENT RESULT/结论		
PASS	FAIL	HOLD
✓		

AQL 2.5			
LOT	SAMPLE	ACCEPT	REJECT
01-280	32	2	3
281-500	50	3	4
501-1.200	80	5	6
1.201-3.200	125	7	8
3.201-10.000	200	10	11
10.001-35.000	315	14	15

审核（reviewed by）：______　日期（date）：Jan / 30 / 2008

表 8 Intertrend Shanghai

港口机械设备零件检验报告

Intertrend Shanghai		检查报告 Inspection Report			产品名称 Product Name		900t 架桥机	
					工程编号 Project No		07－1658	
图号 Drawing NO.	R0307	零部件名称 Component Name	后支腿	编号 No.		数量 Quantity	5/台	

示意图：sketch：

序号 No.	检验项目(mm) Checked Item	公差(mm) Tolerance	实测(mm) Checked Results	序号 No.	检验项目(mm) Checked Item	公差(mm) Tolerance	实测(mm) Checked Results
1	15940						
2	10968						
3	12172						
4	3300						
5	4265						
6	3686						
7	9100						
8	6500						
9	5000						
10	8628						

检验员()/Inspector： 日期/date： 印章()/Cachet：

3. 第三方验货

前面提到过,部分客户指定第三方验货机构来对产品进行检验。实行第三方验货制度的国家往往随着其国内政策的变化而有所变化。目前世界上实行第三方验货业务的国家共有 40 个左右,而具体第三方验货业务的执行一般都是由少数几个跨国公证行垄断。这些跨国公证行主要有 ITS、BV、SGS、COTECNA 和 OMIC 等。迄今为止,与这些跨国公证行签订第三方验货业务合约的国家主要有:黎巴嫩、秘鲁、厄瓜多尔、哥伦比亚、多哥、尼日尔、安哥拉、阿根廷、玻利维亚、布基那法索、布隆迪、柬埔寨、喀麦隆、中非、刚果共和国、象牙海岸、几内亚、肯尼亚、马拉维、马里、毛里塔尼亚、巴拉圭、菲律宾、卢旺达、塞内加尔、坦桑尼亚、乌干达、刚果民主共和国、赞比亚、加纳、利比里亚、孟加拉国、白俄罗斯、贝宁、马达加斯加、墨西哥、巴基斯坦、塞拉里昂、尼日利亚、沙特阿拉伯、莫桑比克等国家。综上所述,这些实行第三方验货的国家主要是分布在亚非拉的一些发展中国家。实行第三方验货制度的国家具体规定由哪个国际公证机构检验,因情况时有变化,如需要了解时可与商检公司联系。

当客户是指定第三方机构过来验货时,有很多问题需要注意,毕竟他们是专业的验货机构,业务上更加繁忙,也就更加需要提前进行工作安排。而他们跟工厂没有直接的业务关系,是受外方委托而对某些订单进行检验的,所以在某种程度上他们更不容易沟通。在工厂的实际业务中,有很多工厂与验货机构之间配合不好的例子。下面是几个来自福步网友的帖子,供大家参考:

有投诉过验货公司的吗?

我们的客户每次都请一家第三方验货公司来验货,遇到好些的验货员还好,吃顿饭,看下货,一般我们质量是不错的,这样就通过了。如遇到一些难伺候的验货员,明和你说多少钱,如果没有好处是绝对通过不了的。

前段时间有个验货员,态度非常不好,最后验货报告写得很慢,还威胁我们说问题很严重,正好那天老板不在,也没给他好处,所以验货报告的结论就可想而知了。客户第二天质问我为什么没通过,因为这票货翻了几次单了，我们的质量一次比一次好，客户还是很满意的，所以他们很奇怪为什么我们没有通过验货，我当时就一点不客气地将这个验货员的验货情况和客户说了，客户后来应该是和验货公司交涉了，因为我接到了验货公司品质保证部门的电话。

说实在的，作为工厂，其实是很可怜的，一方面价格被客户压得很死，另一方面还要看这些验货人员的脸色。我们很需要验货报告，因为这样才有理由和客户要钱，但这些验货员实在是太过分了，不能让他们一味地嚣张下去。

大家一般是怎么处理这种情况的呢？

无耻的×××验货员(为了避嫌，在此把验货公司的名字隐去)

今天真真实实地感受到了什么叫腐败的×××人！

第一次做的一个新客户的小单子，1000 件单夹克，就是因为没给红包，结果就因为几个小问题被“枪毙”了。

现列举他索要红包的丑恶嘴脸镜头：

镜头一：刚到工厂，一坐，便把中华烟掏出来放在最显眼的地方，暗示：我只抽这个烟，给我买；

镜头二：无缘无故提出去两次超市，暗示：替我付钱！

镜头三：听说工厂不送他，马上翻脸，我自己打车走！

实在忍无可忍，现在查货行业居然有这样的败类！

同行们，你们也遭遇过这种事情吧？太恶劣了！

我另外一个意大利的客户，都是客户自己来查货，他们素质就好很多，从来不要钱也不要东西。

同事们都觉得送钱是见怪不怪的事情，太多了。

但是又改变不了，下面还有一个 4000 多件的单子要他们查，肯定要出钱了！

现在的查货行业怎么这样乌烟瘴气！

需要说明的是，我列举的这些事件只是部分验货员的不规范的行为，并不代表整个行业的情况。重要的一点就是要跟他们沟通好。同时，尽量说服客户不用第三方验货机构，或者推荐他们用知名度很高的验货公司来验货。

下面介绍几个常见的机构：

(1)ITS简介：作为Intertek Testing Services的一个部门，ETL SEMKO提供全面的产品安全，电磁兼容性和性能的测试与认证，帮助世界各地的制造商进入目标市场，抓住商机获得最大的利润。ETL SEMKO的服务范围覆盖暖通空调、家用电器、照明产品、电动工具、零部件、视听产品、信息技术产品、工业机械和建筑产品等。

ETL SEMKO于1999年年底正式登陆中国，目前已在上海、广州、深圳、杭州、厦门、温州、余姚、大连、青岛设立了实验室和分公司，为广大中国制造商提供及时、便捷的本地化服务。我们对产品、标准、市场和法规体系的熟悉和经验将帮助我们的合作伙伴——制造商们大大缩短产品的上市时间，并有效降低成本。

联系方式：http://www.china.intertek-etlsemko.com

(2)SGS简介：作为世界上最大的第三方检验公司的成员，通标标准技术服务有限公司信奉和客户建立像长城一样牢固的伙伴关系，把为客户服务永远排在第一位。

我们在全中国的33个分支机构和30个实验室组成的业务网及4500多名员工，使我们能提供全面的检验、鉴定、测试和认证服务。如质量体系和环保体系认证：SO 9000、ISO 14000、QS 9000、VDA、HACCP、OHSAS18000以及CE标志。

消费品(电子电气产品、纺织品、玩具/轻工产品、食品等)的检验和实验为矿产界、石油界和农业界服务，工业检验包括从设计阶段到供货商的资格和建造中的质量控制。贸易保障服务部提供的有效、便利和成型的服务，协调了商业利益和行政组织利益的冲突。SGSonSITE在互联网为买卖双方的网上交易建立互信。

这些服务都有两个重要的共同特征：帮助客户减少风险，进行独立的评估和检验及给予实事求是的建议。

联系方式：http://www.cn.sgs.com/

第六章

出货的全程跟踪

chuhuo de quancheng genzong

一、产品的包装和出货数据的整理

1. 产品的包装

为方便货物的运输和保管，以及保证货物的完整，必须给货物加以一定的包装。包装的用途是：

首先，防止货物的内部或外部遭受水湿、污染、变质、破损等；

其次，避免由于货物本身性质所引起的危险；

再次，防止货物泄漏、脱落、偷盗，以求数量完整；

最后，保证货物装卸、搬运操作便利，便于运输，便于堆垛，便于计数。

其实关于产品的包装也是订单生产一个非常重要的过程，按实际顺序应该放在第五章讲，正常情况下出货前的检验一般都是在产品包装完毕、成品入库之后才开始检验的。但是，由于在出货之前也需要统计数据，也是在包装之后才统计，包括包装件数、毛重和体积之类的数据，所以把包装这个部分安排到这一章。

商品只有经过适当的包装之后才能便于运输、装卸、搬运、保管、成列和携带，而且不易丢失和被盗等，为各个环节都提供了相应的便利。在出货前、产品后期处理时，就要开始准备包装的材料。根据产品特性和客户要求不同，包装材料也会不同，常用的一些包装有纸箱、编织袋、牛皮纸、柳条箱、实木箱、塑料袋等。不同的角度有不同的包装分类，当然也有运输包装和销售包装等类别，我们现在主要讲的是运输包装的情况。

(1)材料的选择。

一般产品的包装材料都是客户根据产品的特性来确定的，在确认订单的时候，也会确认这些信息。也有的客户是在订单生产过程中再确认具体的包装规格。比如水泥等怕潮湿的产品就要选择防潮的包装材料；一些易碎的产品在选取材料时就要考虑底部防震的效果。国际贸易中，使用比较普遍的就是纸箱包装。但是也有很多不用纸箱的情况，比如自行车的车架、前叉等，如果是散件出货的话，由于它不是很规则的产品，用纸箱包装的话，会浪费很多的空间，从而增加运费成本，一般是选用牛皮纸部分包装；另外，比如重量和体积稍微大一点的机器设备，由于比较重，一般都选用实木箱或柳条箱包装，因为纸箱不能承受那么大的重量。当然在选择包装材料的时候，也要考虑到进口国的要求。一般未经处理的实木制包装箱或货物托盘很难出口到其他国家，容易带进天牛(即甲虫)而危害进口国家的森林资源。所以一旦用到实木包装就要将包装材料进行熏蒸处理。

总之，最主要的部分就是要在确认订单时跟客户确认清楚各种包装材料、材料规格、装箱方式等信息。一般根据以下几个方面来决定：

①产品的特性：首先包装要根据商品的特性来决定。

②运输方式：运输方式对产品包装的影响很大。空运和海运对产品的包装要求不尽相同，空运相对来讲要求多于海运。

③便于操作：从出口商工厂到国外最终消费者手中，要经过相当多的运输环节，所以包装好有利于操作。

④节约包装成本：一般要在保证牢固度的基础上适当控制成本。

(2)包装唛头。

一般在确认订单时，为了货物能安全迅速、准确无误地运交收货人，客户会要求他们的供应商在产品外包装(运输包装)上手写、印刷等各种有关的标志，也就是我们常说的唛头，以便后期各种交接工作的顺利进行。就纸箱包装而言，一般有主唛和侧唛。根据产品和客户要求不用，有的唛头可以用 A4 纸打印出来之后贴到纸箱上去，有的要用专门的不干胶打印，还有一些客户也会要求所有的信息要在制作纸箱的时候就要印刷上去。各种方式不同，成本也不一样，一般业务员也会在报价的时候考虑到包装的成本。

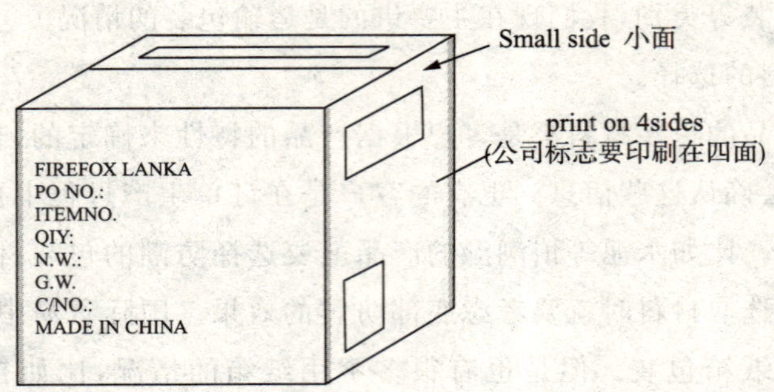

包装唛头根据其用途一般可以分为运输标志、指示性标志和警告性标志。

①运输标志。

这种标志一般由几何图形和一些数字、字母及简单的文字组成，包括收货人公司名称、订单号码、目的港等信息，具体可以跟买方确认。可以在制作纸箱的时候就印刷上去，也可以用 A4 纸打印出来贴上去，但是印刷的成本要高一些，一般都根据客户的要求来安排。

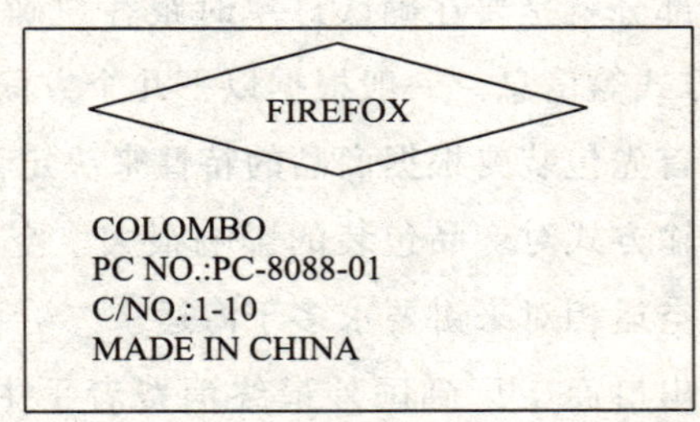

②指示性标志。

这种实用、简单、醒目的图形和文字粘贴或印刷在包装上，提醒人们在运输过程中注意一定的事项。比如有的产品要防潮，有的要避光等，一般根据产品的特性来决定。

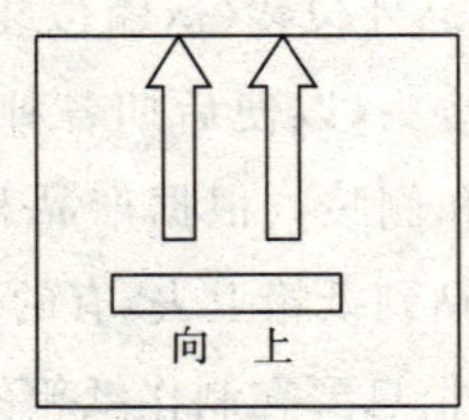

③警告性标志。

一般爆炸品、有毒物品、腐蚀物品等危险品货物都要用到这种标志，以警告在装卸、运输等过程中根据货物特性采取相应的防护措施，以保护人身和物资的安全。例如，根据欧盟化学品立法规定，化学品的包装标志上必须要标示出对人类最重要的危险性符号(Dangerous Symbols)，这些危险性符号应以黑色字体印刷在橙色背景上，如下图：

危险符号	解释	图案
E	爆炸性物品	
O	氧化性物品	

(3)包装的分类。

运输包装的材料各种各样，从不同角度可以分成不同的种类：

①按包装材料可以分为纸制包装、木制包装、塑料包装、金属包装等。

包装材料的选择是根据产品特性和客户的要求来决定的，如果是比较重的设备，一般选择木箱来包装。

②按包装外形可分箱、袋、包、桶、捆等。有的产品不是很规则，则按捆来包装，参考照片如下：

③按包装质地分为软性包装、半硬性包装和硬性包装。

有一些产品，比如纺织面料，很多都是用塑料袋包装的，在外面套上编织袋，这就算是一种软性包装。

④按包装程度分为全部包装和局部包装。

从上面的两张图片可以看出，它们都属于局部包装，有一部分是裸露的，没有全部包装起来。

(4)包装的标准。

我国商品包装的技术标准，目前一般分为三级：国家标准、部标准、企业标准。

国家标准：是指全国范围内统一遵守的标准，国家标准编号GB(国标)。

部标准：是指带有全国性的专业范围内统一遵守的标准。

企业标准：是指在尚未规定国家标准和部标准的情况下，在一个地区、一个企业内统一的标准原则上，下级标准必须服从上级标准。

各级标准实行分级管理。标准的制定要逐级报请主管部门批准后才能生效。国家标准一般由国家计量局批准颁发，特别重大的国家标准还要报请国务院审批。部标准由各有关部批准颁发。企业标准由地方有关主管部门或企业审批。

包装技术标准可按商品类别分类：如纺织品包装标准；果菜类商品包装标准。也可按标准内容分类：如包装材料的技术标准、包装容器造型结构的技术标准、封装标准方法、包装检验要求的技术标准、印刷标志的标准等。

下面对条形码进行简单介绍：

条形码是由一组按一定规则排列的条、空符号组成的编码符号，用以表示一定的字符、数字及符号信息；这种编码可以供机器识读。条形码技术与其他输入技术（如键盘输入、OCR输入、磁卡输入、射频输入）相比，具有识别速度快、误码率低、设备便宜、应用成本低廉和技术成熟等优点，目前已被广泛应用于商业、工业、图书、医疗等领域。

条形码的制作一般采用印刷和打印，打印条形码可采用专用条形码打印机或普通的激光打印机。识读条形码的设备有手持型、卡槽型、平台型、固定型等多种，一般采用激光或CCD方式。条形码识读设备一般都内置了解码程序，输出的是条形码所表示的信息。条形码识读设备与计算机的接口一般有采用键盘接口和RS232两种，其他的还有TTL接口和WAND仿真接口、USB接口等。

二维条形码是近几年发展起来的一种新型条形码。一维条形码由于信息含量有限，限制了其应用范围，而二维条形码除了具有一维条形码的优点外，同时还有信息量大、可靠性高，保密、防伪性强等优点。目前最常用的二维条形码为PDF417条形码。

条形码技术作为物流跟踪过程中的一项关键技术，正在被越来越多的人所了解与重视。条形码技术是一种成本最低的自动识别技术，应用领域极为广泛。条形码扫描器与扩音器、方向盘、交通指挥灯、鼠标/图形界面等一起被专家评为20世纪最伟大的10种人机界面装置。

条形码的识别原理：

①条形码概述。

条形码是由美国的N. T. Woodland在1949年首先提出的。近年来，随着计算机应用的不断普及，条形码的应用得到了很大的发展，条形码可以标出商品的生产国、制造厂家、商品名称、生产日期、图书分类号、邮件起止地点、类别、日期等信息，因而在商品流通、图书管理、邮电管理、银行系统等许多领域都得到了广泛的应用。

条形码是由宽度不同、反射率不同的条和空，按照一定的编码规则（码制）编制成的，用以表达一组数字或字母符号信息的图形标识符，即条形码是一组粗细不同，按照一定的规则安排间距的平行线条图形。常见的条形码是由反射率相差很大的黑条（简称条）和白条（简称空）组成的。

②条形码识别系统的组成。

为了阅读出条形码所代表的信息，需要一套条形码识别系统，它由条形码扫描器、放大整形电路、译码接口电路和计算机系统等部分组成。

③条形码的识别原理。

由于不同颜色的物体，其反射的可见光的波长不同，白色物体能反射各种波长的可见光，黑色物体则吸收各种波长的可见光，所以当条形码扫描器光源发出的光经光阑及凸透镜 1 后，照射到黑白相间的条形码上时，反射光经凸透镜 2 聚焦后，照射到光电转换器上，于是光电转换器接收到与白条和黑条相应的强弱不同的反射光信号，并转换成相应的电信号输出到放大整形电路。白条、黑条的宽度不同，相应的电信号持续时间长短也不同。但是，由光电转换器输出的与条形码的条和空相应的电信号一般仅 10mV 左右，不能直接使用，因而要先将光电转换器输出的电信号送放大器放大，放大后的电信号仍然是一个模拟电信号，为了避免由条形码中的疵点和污点导致错误信号，在放大电路后需加一整形电路，把模拟信号转换成数字电信号，以便计算机系统能准确判读。

整形电路的脉冲数字信号经译码器译成数字、字符信息。它通过识别起始、终止字符来判别出条形码符号的码制及扫描方向；通过测量脉冲数字电信号 0、1 的数目来判别出条和空的数目；通过测量 0、1 信号持续的时间来判别条和空的宽度。这样便得到了被辨读的条形码符号的条和空的数目及相应的宽度和所用码制，根据码制所对应的编码规则，便可将条形符号换成相应的数字、字符信息，通过接口电路送给计算机系统进行数据处理与管理，这样便完成了条形码辨读的全过程。

为什么要使用条形码?

条形码的应用有如下优越性：

第一,可靠准确。有资料显示键盘输入平均每 300 个字符产生一个错误,而条形码输入平均每 15000 个字符产生一个错误。如果加上校验码出错率是千万分之一。

第二,数据输入速度快。键盘输入,一个每分钟打 90 个字的打字员 1.6 秒可输入 12 个字符或字符串,而使用条形码,做同样的工作只需 0.3 秒,速度提高了 5 倍。

第三,经济便宜。与其他自动化识别技术相比较,推广应用条形码技术,所需费用较低。

第四,灵活、实用。条形码符号作为一种识别手段可以单独使用,也可以和有关设备组成识别系统实现自动化识别,还可和其他控制设备联系起来实现整个系统的自动化管理。同时,在没有自动识别设备时,也可实现手工键盘输入。

第五,自由度大。识别装置与条形码标签相对位置的自由度要比 OCR 大得多。条形码通常只在一维方向上表达信息,而同一条形码上所表示的信息完全相同并且连续,这样即使是标签有部分缺欠,仍可以从正常部分输入正确的信息。

第六,设备简单。条形码符号识别设备的结构简单,操作容易,无须专门训练。

第七,易于制作。条形码可印刷,称作"可印刷的计算机语言"。条形码标签易于制作,对印刷技术设备和材料无特殊要求。

2. 出货数据的整理

在验货完毕之后,就要开始统计出货的数据了。正常情况下,在验货之后这些数据都要统计出来,做好商业发票和装箱单,验货的时候对着装箱单抽查或全检。一般如果数量很少的话,都是进行全检;如果数量多的话,首先是抽检,但是当抽检发现质量问题很多的时候,很多客户都会进行全检,以保证发货质量。

在统计数据方面,有的公司有自己的 ERP 等软件,在系统里输入相关数据就可以打印出各种模式的单据，比如出口报关的装箱单、商业发票等。如果公司没有这些统计软件，就需要人工制作各种单据，使用最多的就是用 Excel 做单据。如果想要提高工作效率，就要学会非常熟练地使用 Excel 表格，会利用相关的简单的函数和计算公式，这样处理起表格来会事半功倍。当产品的数量比较多的时候，就一定要找到计算方法的规律，因为不可能用计算器一件一件去加，一是这样工作量会很大很烦琐，二是很容易出错，三是工作效率很低。利用 Excel 做资料的时候需注意以下几个问题：

(1)版面整理：版面要整洁、清晰，字体的类型、大小要合适，美观，不要太花哨。

很多人做的单据，数据是正确的，这只是满足了最基础的要求，还要注意版面。无论是用做报关的资料还是给客户的资料，字体和版面都要做得很完美，给客户的感觉也会非常好，他们会认为我们做事非常仔细和认真。如果一份单据出现了几种字体，几种颜色，且字号也大小不一，给客户的感觉就是这个人很不专业。

(2)格式统一：要学会做一个自己公司固定的格式，不要每次都做成不同的格式。

如果公司有 ERP 或其他的外贸软件，一般都可以从系统里直接导出固定格式的单据。如果没有这些软件的话，即使是用 Excel 或 Word 做的话，最好也要在一开始就结合自己公司产品的特点和客户常规的要求，做出固定格式的单据。以后每做单据的时候就不需要再设计格式了，只需要把客户需要的信息填写进去就可以了。这样不但提高了工作效率而且也规范了工作习惯。

(3)固定模板：与第二点所说的内容相同，尽可能地根据自己公司产品的情况设计成实际可行的模板，没有必要每次的单据都从头开始，因为很多信息是相同的，只需要修改数据等相关信息即可。

(4)设定公式：在做装箱单和商业发票等资料的时候，有很多数据处理，常用的加减乘除公式要会使用。这些常用软件对非计算机专业的人来说，很多都只能进行常规的运用和操作，太复杂的公式和函数很少有人能够熟练使用，但是一些常规的知识和技巧要掌握，否则在数据运算大的情况下很难以最快的速度做出资料。

(5)反复检查:做单证的工作必须要非常认真,因为极小的错误也可能会引起非常大的损失。比如做信用证交单的情况,只要有不符点,就会产生不符点费用,而且也有客户拒付的风险。做单证要养成良好的工作习惯。第一遍做完之后,至少要检查两遍。单据检查的时候,按照"从上到下,从左到右"的顺序,依次检查每一个项目,而且在检查的时候要抛开第一次做资料的思维。如果不跳出来的话,检查的时候思维还是跟第一次一样,就很难检查出错误。

也许有很多人认为只要在第一次做资料的时候认真一点,就没有必要"浪费时间"去检查。其实不然,当人在做简单工作的时候更容易犯错误。

经验分享

我们公司的服装订单的单据基本上都是我这里准备的,刚开始接触的时候学得很认真,基本上每个细节都非常小心,在 Excel 上算好之后,还经常用计算器再算一次,看看有没有错误。因为我们的总公司在台北,而且总公司有个同事跟我一起负责服装订单的单据,每次做好之后都要发给我同事 Helen 确认一下,如果没有问题的话,再发给客户。如果有错误,她会提醒我,修改过来之后再发给客户。

后来熟悉了整个单据的操作之后,我做好单据发给 Helen 的时候还是经常出现很多小的错误。这个时候每当有一个错误时就狠狠地打自己一个耳光,因为这是自己不认真造成的,而且自己也没有仔细检查。后来每次做好单据,我都要非常详细地检查两遍,然后再发给 Helen 检查,慢慢地自己"挨打"的次数也就越来越少了。

COMMERCIAL INVOICE

Exporter INTERTREND LTD.	Invoice No. & Date ITL/-0040-01 G JUL.20,2007 Buyer's Order No. & Date CB 106: Dated May 23, 2007	Manufacturer: MID: Add: HAITANG VILLANE, MASHAN TOWN,SHOXING CITY CHINA.
	Other Reference(s)	
Consignee M/S. Catalyst Bleu Inc. 252W 38th Street, Suite 504 NY10018, USA	Buyer (if other than consignee) SAME AS CONSIGNEE	
	Country of Origin of Goods China	Country of Final Destination USA
	Terms of Delivery & Payment FOB BY SEA	

Pre-Carriage by By Road	Place of Receipt by Pre-Carrier Shanghai
Vessel/Flight No. NYK GALAXY V.09E28	Port of Loading Shanghai
Port of Discharge New York	Final Destination USA

Marks & Nos./No. & Kind of Pkgs	Description of Goods	Quantity	Rate	Amount
Carton No 1-35, 1-31, 1-72, 1-38 Total 176 Ctns PO # 316941 -DO- PO # 316940 -DO- PO # 316939	100% CTN L/SLV BTN FRONT SHIRT W/PRINCESS SEAMS Net Net Weight of Garment: 292 grams CATEGORY: 341 CARGO UNDER THIS INVOICE IS COVERED BY THE CONSIGNEE'S INSURANCE POLICY NUMBER CAR0100117	PCS 7032	PER PC USD	FOB USD

Amount Chargeable in words   US DOLLARS...   ONLY.

PLS ARRANGE TT PAYMENT TO BELOW ACCOUNT. THANKS!
A/C NAME:
USSA/C NO.:
USSA/C NO.:
BANK:
SWIFT CODE:

Signatue & Date
for

Authorised Signatory

PACKING LIST

Exporters INTERTREND LTD.	Invoice No. ITL/1-0040-01 Dated: 7/20/2007 Shipping Marks PO # 316941 -DO- PO # 316940 -DO- PO # 316939
Consignee	Terms of Delivery & Payment FOB BY SEA
Mode of Carrier By Sea	
From SHANGHAI	To New York

Carton Nos.	PO Reference	Style Ref	Colour	S	M	L	XL	No of Ctns	Pcs/ ctn	Total pcs
1 - 35	CB-106(316941)	7S76	SETTER ORANGE	5	10	15	10	35	40	1400
1 - 30	CB-106(316939)	7S76	SETTER ORANGE	5	10	15	10	30	40	1200
31 - 31	CB-106(316939)	7S76	SETTER ORANGE	4	8	12	8	1	32	32
1 - 72	CB-106(316940)	7S76	CREEK	5	10	15	10	72	40	2880
1 - 38	CB-106(316939)	7S76	CREEK	8	12	12	8	38	40	1520
								176		7032

PACKING SUMMARY:

Order No	Style Ref	Colour	S	M	L	XL	Cartons	Total
CB-106(316941)	7S76	SETTER ORANGE	175	350	525	350	35	1400
CB-106(316939)	7S76	SETTER ORANGE	150	300	450	300	30	1200
CB-106(316939)	7S76	SETTER ORANGE	4	8	12	8	1	32
CB-106(316940)	7S76	CREEK	360	720	1080	720	72	2880
CB-106(316939)	7S76	CREEK	304	456	456	304	38	1520
			993	1834	2523	1682	176	7032

Pieces : Seven Thousand And Thirty Two only.
Cartons : One Hundred And Seventy Six Only.
Descnotion : 100% CTN L/SLV BTN FRONT SHIRT W/PRINCESS SEAMS

Style Ref : 7S76

Total Gross Wt : 2330.24 kgs Gross Wt: 13.27 kgs per Ctn × 176 Cartons
Total Net Wt : 2148.96 kgs Net Wt: 12.21 kgs per Ctn × 176 Cartons
Ttl Net Net Wt : 2053.34 kgs Net Net Wt: 0.292 per Gmt
Carton Dimn : 59.50 × 43.00 × 38.50 cm(176 Ctns)

The goods mentioned here are of Chinese Origin.

for Interend Ltd.

Authorised Signatory.

Remarks：下面这两份单据都隐去了部分数据和公司信息，请参考格式：

NINGBO ****************************** CO., LTD.

INVOICE

Exporter:
NINGBO CO.,LTD.

NINGBO,ZHEJIANG,CHINA
TEL:0574-
FAX:0574-

To: INTERTREND LTD

TEL:
FAX:

Page: 1 /1
Date: JUL.21,2008
Invoice Number:

Marks	Descriptions of Goods	Quantities	Unit Price	Amount
AS PER CARTON			FOB NINGBO	
	BICYCLES AND SPARE PARTS			
	BIKE 16"SW SWEETIE	65SETS	USD /SET	USD7200.05
	BIKE 14"Y FLAME 90	84SETS	USD2 /SET	USD8448.00
	BIKE 16"BMSP ALFA RED/BLACK	31SETS	USD3 9/SET	USD4963.59
	BIKE 16"BMSP ALFA YELLOW/BLACK	34SETS	USD3 .9/SET	USD5077.26
	BIKE 20"N-B COMBAT RED/WHITE	20SETS	USD3 .7/SET	USD3956.40
	BIKE 20"N-B COMBAT ORANGE/WHITE	33SETS	USD3 .7/SET	USD4385.01
	BIKE 16"LX DEMON	10SETS	USD2 0/SET	USD2640.00
	BIKE 20"LX DEMON	39SETS	USD2 7/SET	USD3804.43
	SPARE PARTS FOR BICYCLES:			
	PEDAL FOR 14"Y FLAME 90	PRS	USD PR	USD3.00
	PEDAL FOR 16"SW SWEETIE	PRS	USD /PR	USD4.10
	SADDLE FOR 16"SW SWEETIE	PCS	USD /PC	USD4.30
	BRAKE LEVER FOR 16"SW SWEETIE	PRS	USD /PR	USD5.10
	CRANK SET FOR 16"BMSP ALFA	SETS	USD SET	USD29.00
	PEDAL FOR 16"BMSP ALFA	SETS	USD /SET	USD9.75
	SADDLE FOR 16"BMSP ALFA	SETS	USD /SET	USD22.80
	BRAKE LEVER FOR 16"BMSP ALFA	PRS	USD /PR	USD18.00
	PEDAL FOR 20"N-B COMBAT	5PRS	USD /PR	USD9.75
	PEDAL FOR 16"LX DEMON	5PRS	USD /PR	USD9.00
	CRANK SET FOR 20"LX DEMON	SETS	USD /SET	USD12.25
	PEDAL FOR 20"LX DEMON	5PRS	USD /PR	USD11.25
	CRANK SET FOR 14"Y FLAME 90(B.B PARTS INCLUDED)	SETS	USD1 /SET	USD9.85
	CRANK SET FOR 16"SW SWEETIE(B.B PARTS INCLUDED)	SETS	USD2 /SET	USD10.70
	CRANK SET FOR 20"N-B COMBAT(B.BPARTS INCLUDED)	SETS	USD2 /SET	USD11.80
	FORK FOR 16"BMSP ALFA	PCS	USD5.8/PC	USD23.20
	SUSPENSION FOR 16"BMSP ALFA	PCS	USD1.2/PC	USD2.40
	STEM FOR 16"BMSP ALFA	PCS	USD0.65/PC	USD3.25
	SPOKES FOR 16"BMSP ALFA	G	USD2.71/G	USD5.42
	CHAIN FOR 16"BMSP ALFA	0SETS	USD0.42/SET	USD8.40
	CHAIN FOR 20"LX DEMON	0SETS	USD0.48/SET	USD4.80
	CHAIN FOR 20"N-B COMBAT	0SETS	USD0.51/SET	USD5.10
	TOTAL:			USD40697.96

SAY TOTAL US DOLLARS FORTY THOUSAND SIX HUNDRED AND NINETY SEVEN AND CENTS NINETY SIX ONLY.

REMARKS:
CONTAINER NO.:FSCU
CONTAINER NO.:TCNU

NINGBO ************************* CO., LTD.

PACKING LIST

FROM:
NINGBO CO.,LTD.

NINGBO,ZHEJIANG,CHINA
TEL:0574-
FAX:0574-

TO: INTERTREND LTD

TEL:
FAX:

Invoice Number: 81502
Page: 1 / 1
Date: JUL. 21, 2008

Marks	Descriptions	Quantities		G.Weight	N.Weight	Measurements
AS PER CARTON						
	BICYCLES AND SPARE PARTS					
	BIKE 16"SW SWEETIE	65P'KGS	65SETS	3047.50KGS	2782.50KGS	22.05CBM
	BIKE 14"Y FLAME 90	84P'KGS	84SETS	4032.00KGS	3648.00KGS	25.638CBM
	BIKE 16"BMSP ALFA RED/BLACK	31P'KGS	31SETS	1834.00KGS	1703.00KGS	12.83CBM
	BIKE 16"BMSP ALFA YELLOW/BLACK	34P'KGS	34SETS	1876.00KGS	1742.00KGS	13.13CBM
	BIKE 20"N-B COMBAT RED/WHITE	20P'KGS	20SETS	1740.00KGS	1620.00KGS	14.877CBM
	BIKE 20"N-B COMBAT ORANGE/WHITE	3P'KGS	33SETS	1928.50KGS	1795.50KGS	17.298CBM
	BIKE 16"LX DEMON	10P'KGS	10SETS	982.76KGS	872.76KGS	8.29CBM
	BIKE 20"LX DEMON	39P'KGS	39SETS	1890.40KGS	1681.90KGS	13.447CBM
	SPARE PARTS FOR BICYCLES:					
	PEDAL FOR 14"Y FLAME 90	P'KGS	PRS	1.97KGS	0.97KGS	0.01CBM
	PEDAL FOR 16"SW SWEETIE	P'KGS	PRS	2.08KGS	1.08KGS	0.01CBM
	SADDLE FOR 16"SW SWEETIE	P'KGS	PCS	2.54KGS	1.54KGS	0.021CBM
	BRAKE LEVER FOR 16"SW SWEETIE	P'KGS	PRS	1.60KGS	0.60KGS	0.01CBM
	CRANK SET FOR 16"BMSP ALFA	P'KGS	SETS	9.52KGS	8.52KGS	0.03CBM
	PEDAL FOR 16"BMSP ALFA	P'KGS	SETS	5.08KGS	4.08KGS	0.01CBM
	SADDLE FOR 16"BMSP ALFA	P'KGS	SETS	9.10KGS	8.10KGS	0.05CBM
	BRAKE LEVER FOR 16"BMSP ALFA	P'KGS	PRS	8.06KGS	7.06KGS	0.03CBM
	PEDAL FOR 20"N-B COMBAT	P'KGS	5PRS	6.37KGS	5.37KGS	0.02CBM
	PEDAL FOR 16"LX DEMON	P'KGS	5PRS	5.24KGS	4.24KGS	0.02CBM
	CRANK SET FOR 20"LX DEMON	P'KGS	SETS	5.14KGS	5.14KGS	0.01CBM
	PEDAL FOR 20"LX DEMON	P'KGS	5PRS	6.52KGS	6.52KGS	0.02CBM
	CRANK SET	P'KGS		20.50KGS	19.50KGS	0.021CBM
	CRANK SET FOR 14"Y FLAME 90 (B.B PARTS INCLUDED)		5SETS			
	CRANK SET FOR 16"SW SWEETIE (B.B PARTS INCLUDED)		5SETS			
	CRANK SET FOR 20"N-B COMBAT (B.B PARTS INCLUDED)		5SETS			
	PARTS FOR 16"BMSP ALFA	1P'KGS		14.77KGS	13.77KGS	0.056CBM
	FORK FOR 16"BMSP ALFA		4PCS			
	SUSPENSION FOR 16"BMSP ALFA		2PCS			
	STEM FOR 16"BMSP ALFA		5PCS			
	SPOKES FOR 16"BMSP ALFA		2G			
	CHAIN	1P'KGS		10.65KGS	9.65KGS	0.0[illegible]CBM
	CHAIN FOR 16"BMSP ALFA		20SETS			
	CHAIN FOR 20"LX DEMON		10SETS			
	CHAIN FOR 20"N-B COMBAT		10SETS			
TOTAL:		1431P'KGS		17440.30KGS	15941.80KGS	127.888CBM
REMARKS:			1531SETS; 155PRS; 16PCS; 2G			

CONTAINER NO.: FSCU
CONTAINER NO.:TCNU

● 二、安排订舱出货

在统计出出货数据之后就可以着手准备订舱了，在订舱之前有几个步骤需要执行：

1. 确认船期安排和询价

不管是运费到付（比如在FOB情况下，一般是客户指定的货代），还是运费预付（比如在CIF和CNF情况下，一般都是发货人自己找货代），我们都需要事先确认好相关信息，比如具体的船期，什么时候结关，船公司是谁，到目的港要多长时间，中转还是直达，在哪里中转等。

(1)指定货代：这种情况下，运费是到付的，但是国内人民币费用（文件费、装箱费等）还是由出口商承担。通常指定货代比正常预付货的收费要高，而且也有很多指定货代的收费高得很离谱，所以出货之后要先确认他们的收费情况。很多人都是先订舱，安排出货，到最后确认费用时，比预想的要高很多，然后跟货代争执这个问题，不想确认这个费用，这样货代也不会把提单寄给货主。如果是近洋航线，经常会出现货已经到目的港，货主还没有把正本提单拿到手，最后耽误客户清关、提货的情况。

正常情况下，指定货代是受目的港代理的指示来安排出货的，所以他们跟发货人之间只是临时的工作配合，经常有货主与指定货代之间的纠纷。当然不能说所有的指定货代都乱收费、服务不好，所以事先的沟通就显得很重要。

(2)自己的货代：如果是CIF&CNF的情况，运费一般都是货主预付的，货代一般也都是货主自己找。这种情况货主一般都是选择与自己配合比较好的货代，要考虑到海运费和其他费用，还有价格，而且也要综合比较其他方面的问题。

全国各个港口的操作模式和收费习惯都有所不同，而且整箱和拼箱的收费方式也不同。如果在这方面做久了，一些行价都应该清楚，货代收费合不合理一看就知道。如果存在不合理的地方，在询价的时候就要确认清楚。如果订舱之前没有确认好的话，后续会产生很多相关问题。

我本人的货代观:I NEED THE DETAILS。

做这行也有好几个年头,接触的货代也很多。不管是预付货代还是指定货代,形形色色的货代都碰到过。合作过的就很多,询过价格的就更多了。经常从询价的时候就可以判断一个货代销售的经验、态度和理念。

关于询价:通常向货代询价的时候,很多人只告诉我价格,但仅有此信息基本上是没有用的。然后我会问他们其他的信息,比如船公司、船期、航程时间是多少,中转还是直达,如果是中转的话在哪里中转等,因为不同的船不只是价格相差很多,服务也是相差很多的。有的时候,客户的货要求很急,快船和慢船会相差很长时间。当我问他们的时候,很多人的回答都是"我去看看";"我去查一下";"等等,我去问一下"之类的。我知道很多时候去查一下好像是一个更负责的操作方法,想告诉客户更准确的消息。但是很多人好像只是中间的一个传话筒,客户问什么,他就去问经理同样的问题,经理告诉他的,他又去传达给客户,他们自己没有一种比较清晰的概念,不知道需要客户提供什么信息,不知道要告诉客户什么信息。

很多时候我告诉他们我要的不仅仅是一个价格,还有很多其他方面的信息,这样我才能比较,然后做出决定怎么安排。有的时候为了比较价格,我们会多选择几个货代进行询价。而且我询价的时候基本上都会指定一些常用的船公司,收集了货代的报价之后,有时候会发现同样的船价格相差很大,我们应该承认货代的价格是有差别的。但是如果你准备放弃他们去其他家的时候,他又过来跟你谈价格,像买菜一样,你不买他就降低一点。也有很多相对比较认真负责的货代,他们的报价往往都只含正常利润,很多熟练的客户一看就知道。而有的人就不一样,如果你是第一次向他们询价,或者当他发现你是一个新手的时候,他们往往加了很多利润,好像"宰"一次是一次。抱着这样的心态,新客户无法培养,老客户也很难维持。

关于服务:价格和服务好像是两个永恒的主题,选择好的价格同时也需要好的服务,这样配合起来才更加顺畅、默契。从订舱到装船中间经历了好多环节,也就涉及诸多方面的问题,办事效率是一个很重要的方面。很多货代办事效率特别低,什么事都做得特别慢,需要你在后面一直催着,他们才肯去做。提单确认、费用确认、签发提单等也特别慢。另外一个方面，很多操作的工作方法很简单，缺乏系统性。

对于很多拼箱的货，很多货代也是拼到专门做拼箱的同行那里去。这个时候他们是一个中间人，我们需要什么，他们就去问什么、做什么，然后再来告诉我们。他们很少有意识地主动去了解一些相关的信息。比如我在订舱前后都要查询船的动态，大概什么时候靠船、什么时候离港等，有的货代反而什么都不知道。比如，很多时候我在网上查到这条船延期了，问他们，他们也不清楚，当我不断地让他们去确认的时候，他们才知道去跟他们的上家去确认，最后得到的还是跟我一样的信息。

8 月中旬，我们有个设备要从深圳港口出货，货在 8 月 13 日就准备好了。当时就联系一个深圳的货代，让他们报价。因为平时跟这个货代接触过很多次，但是没有配合过。他们一开始报的价格很高，然后我就告诉他我们能拿到和能接受的价格，让他们去找船，他说基本上都是五截二开的船。价格确定好之后立刻让他们订舱，我们要配 8 月 19 日的船。然后拿到进仓通知书就发给工厂，让工厂在 8 月 15 日把货送到仓库。那天上午我就开始问货代船名航次等信息，这些信息基本上在订舱的时候都会有。他们一直说没有，只有等到装完船才知道。如果没有计划的话，怎么知道订哪个船公司？怎么知道订哪条船？8 月 18 日是周一，一上班就问他们这些信息，最后告诉了我们船名航次等信息。我到网上查，这条船是 MARSK 的船，他们是从 MOL 订舱，MOL 和 MARSK 是共舱的。我在 MARSK 和其他深圳港口网站上都查到这条船是要到 8 月 26 日才开，这样的话，会比原计划晚一周。我跟货代说了很多次，他们也去查了一直都告诉我没有这个消息。我找到深圳 MOL 的电话，打电话过去问，也说这条船要晚开。后来把电话给货代，让他们去确认。

两天之后，8 月 20 日他们才告诉我船晚开了，还发了一个 DELAY NOTICE，这些东西对我们没有什么用。其实我早就知道了，只是让他们确认一下。如果在开船前就知道的话，肯定不会配这条船。因为货还是很急的。但是他们一直都说要不到，毕竟深圳那边出货很少，配合过的货代也很少，对那边的具体操作流程也不是很清楚，没有太多的时间提前计划这件事。后来，8 月 26 日船总算离港了。

2. 制作订舱委托书

按照自己固定的格式制作订舱委托书(简称"托书",BOOKING ORDER),上面写明一些必要的信息,比如收货人、发货人、通知人、港口、运输方式、船公司、船期、货物品名描述、货物的件数、毛重、体积、付款方式(FREIGHT PREPAID OR FREIGHT COLLECT)等,写明外贸公司或工厂的联系方式和其他注意事项等。

BOOKING ORDER

Forwarder/货代		Tel/电话		
Attn/联系人		Fax/传真		
Add/地址				
Shipper				
Consignee	FIREFOX LANKA PVT LTD.(BOL REGISTERED COMPANY) 147/1,PITIPANA ROAD,WELIKETIYA PAMUNUGAMA, SRI LANKA			
Notify Party	SAME AS CONSIGNEE			
Port of loading	SHANGHAI, CHINA	Ex-mill date		
Port of discharge	COLOMBO, SRI LANKA	ETD	2008-5-28	
Port of delivery	COLOMBO, SRI LANKA			
Shipping Marks	Description of goods	QTY	G.W.	Measurement
		PKGS	KGS	CBM
AS PER CARTON	SEMI FINISHED BICYCLE PARTS BOL CARGO	5.00	6.00	1.00
Freight terms	Freight Prepaid	Shipping company		MH(BY AIR)
Specal demands	以上数据仅为订舱用，实际以报关资料为准。			

Remarks	1.费用跟我确认，开票资料跟我确认。 2.报关等所有资料由工厂提供。 3.工厂联系人，梅小姐(0571-×××××××)。
Company: Inertrend Ltd. Shanghai office 公司: 香港商雅晟实业有限公司上海代表处 Add: Room 1015A, No.999 Wangqiao Road, Pudong New Area, Shanghai, China 地址: 上海市浦东新区王桥路999号1015A ATTN: Kendy wang Tel: 0086-21-××××× Fax: 0086-21-××××× 电话: 0086-21-××××× 传真: 0086-21-×××××	

经验分享

为了能够及时订到舱位，一般情况下我们都需要提前一周甚至更长的时间来订舱。因为我们的订单的交期都很急，所以每次订舱前当我向货代询价的时候就会让他们告诉我船名、航次等信息。然后我会到那个船公司的官方网站上去查询，从起运港到目的港的 Schedule，看看与货代给我的信息是否一致。而且还有很多船公司的网站非常人性化，可以查询某条船的实时动态，这样我不仅可以知道这条船会不会准时靠港，而且出货后可以实时跟踪这条船的动态，看看是否跟计划同步。

☆ 船公司网站：http://gbc.jctrans.com/cqcx_more.shtml

这个网站里收集了大部分船公司的官方网站，可以帮助我们选择需要查询的船公司，然后进行船期查询和货物跟踪。比如下图显示的这条船的动态，我们可以每天查询他们的更新动态，看看他们是否会按时操作。

港口	抵达当地日期/时间	抵达船舶的航线名	抵达船舶的航次	离开当地日期/时间	离开船舶的航线名
Xingang	11 Aug 2008, 15:00 Mon (estimated)	CIX	011 E	12 Aug 2008, 05:00 Tue (estimated)	CIX
Dalian	12 Aug 2008, 12:00 Tue (estimated)	CIX	012 W	13 Aug 2008, 03:00 Wed (estimated)	CIX
Pusan	14 Aug 2008, 19:00 Thu (estimated)	CIX	012 W	15 Aug 2008, 17:00 Fri (estimated)	CIX
Qingdao	omitted	CIX	012 W	omitted	CIX
Shekou	omitted	CIX	012 W	omitted	CIX
Hong Kong	18 Aug 2008, 08:00 Mon (estimated)	CIX	012 W	19 Aug 2008, 03:00 Tue (estimated)	CIX
Singapore	22 Aug 2008, 14:00 Fri (estimated)	CIX	012 W	23 Aug 2008, 19:00 Sat (estimated)	CIX
Colombo	27 Aug 2008, 12:00 Wed (estimated)	CIX	012 W	28 Aug 2008, 01:00 Thu (estimated)	CIX
Nhava Sheva	30 Aug 2008, 02:00 Sat (estimated)	CIX	012 W	31 Aug 2008, 12:00 Sun (estimated)	CIX

3. 安排送货或装箱

(1)拼箱(LCL):一般情况下,拼箱的货都是安排送货到货代指定的仓库去拼装,订舱以后货代会传一份进仓通知书(Delivery Instruction)给我们。上面清楚地规定了送货仓库的地址、联系方式、作业时间、最晚到货时间和单据的寄送地址、联系方式、最晚到单时间等信息。我们按照上面的要求送货和寄送报关单据即可。

在送货的时候把进仓单复印一份交给司机,到仓库时按进仓编号进仓。仓库会复测货物的件数、毛重和体积,比较订舱的数据,如果数据有增加的话,他们会发一个涨码通知给货主。如果相差不大,一般都视为正常范围。如果相差太大,比如工厂测量的数据是 6CBM,但是仓库测量出来是 9CBM,这样的话,货主有权要求仓库重新测量。因为体积变大了,运费(CIF 或 CNF)或/和国内费用都会大大增加。

在单据方面,也要把全套的单据寄给货代,由货代转交报关行去报关。一般情况下报关所需要的资料如下(各个港口要求都不尽相同):

1)正本商业发票:2 份;

2)正本装箱单:2 份;

3)外销合同:1 份,很多港口要求提供外销合同;

4)核销单:1 份,要求盖好骑缝章;

5)报关单:1~2 份,一般是先用复印件填好必要的数据,正本由报关行代为填写;

6)报关委托书:1 份,一般货主都不用填写,盖好章即可,由报关行代为填写;

7)商检单据:如果该商品是法定商检的话,本地出货,一般要做通关单,外地出货要做换证凭条,如果不需要商检就不用提供;

8)其他单据:以上都是常规商品的情况下要求的单据。商品性质不一样的话,监管条件也不相同,比如有的需要出口许可证、纺织品临时出口许可证、濒危物种允许出口证明书等。

货物进仓通知书

致:香港商雅晟实业有限公司上海代表处/

贵公司委托我司出运到 COLOMBO 贵司编号为______的 3 件货物,我司已将其配载于 2008.05.18 开船,船名为______的船上,我司 H.B/L 号为 TSCLB08500616 ,请以 MS.DKB 8053530 作为进仓编号,于 2008 年 5 月 15 日 15 时 00 分之前将报关单证送至我公司,同时请于 2008 年 5 月 15 日 15 时 00 分之前将货物进到下列仓库:

美设仓库(1) 地址:上海浦东新区行南路 871 号(西) 联系人:×× 电话:021-51876100 传真:021-50413032

如有任何疑问,请与我司操作员彭小蓉联系,方法如下:

上海双宝物流有限公司 地址:上海市长阳路 235 号 1806 室 电话:021-51274111 转 816 分机 传真:021-51274222/333

备注:①所有货物及有关报关单证需准时送到我司,如因货物或单证晚到所产生的一切责任和费用均由贵司负责。

②如货物临时退关或不能按时送达,请于船开前三天通知我司,否则由此产生的一切费用均由贵司负责。

③报关单证必须齐全、正确和实际数据相符,若出现空白,即默认为我司填写,由此产生的一切责任均由贵司负责。

(2)整箱(FCL):整箱情况下,常规产品一般都是要求货代安排车队到工厂进行装箱。首先要跟货代确认拖车等费用,正常情况下,各个工厂的出货港口基本上都会固定。偶尔也会有在其他港口出货的情况。工厂相关船务人员对拖车等费用应该很熟悉。比如，在上海港口出货的工厂，对于从他们工厂到上海港的拖车费用都会很清楚。如果是通过他们一直配合的货代，基本上不需要每次都确认，按正常程序操作即可；如果是第一次配合的货代，尤其当某个订单是客户指定的货代时，工厂首先应该确认指定货代的拖车费用是否比以前出货的费用高，如果高出很多且无法还价的话，就通过自己之前配合的货代来做报关和拖车等服务，指定货代仅仅需要安排订舱和后续提单确认等工作即可。

当然也有的产品对装载的要求很高，在出货工厂很难完成，必须用普通的货车拉到货代仓库进行装柜。比如一些比较大的机械设备，在装箱的时候需要固定，防止在集装箱内晃动，一般像仓库这样专业装箱的地方才会有这样的固定设施。还有比如卷钢等产品，在装箱时也需要固定，像这样固定的设备在一般的工厂都是没有的。所以这个时候虽然是整箱，也可能是在货代仓库或堆场装箱。

4. 提单确认和签发

(1)报关跟踪。

在送货后或拖车装箱后，就需要跟踪报关事宜。全国各个港口的作业流程也许不大相同，单就上海来说也有不同。如果所定船舶是停靠外高桥港口的话，一般是集装箱先进港，等有了进港信息之后才能报关。但是洋山深水港操作是相反的，一定要先报关，等港口系统里有了海关报关信息之后，集装箱才能进港。这个时候经常会出现一个问题：产品的包装规格种类很多，在装箱没有办法详细核算和安排某个柜子装多少货的情况下，只有等到装完柜子才有数据，但是洋山港又是先报关，所以很多工厂都需要“落箱”——先装好柜子，然后拿数据去报关，等报完关后柜子才进港。中间耽误车队的用车时间，一般都是需要收取“落箱费”的。但是也有的工厂安排在早上非常早的时候装柜，这样上午装完箱立马就有了数据去报关，因为车队从工厂到港里也需要一段时间，等报完关之后车队立刻进港，不耽误时间，这样会避免落箱费的产生。

优秀的跟单员应该养成良好的习惯，更多地主动去跟踪各个流程，对于货物的顺利发运很有帮助。不管这个流程是不是由你去操作，但是你花点时间跟踪一下会更好。如果中间有问题，你及时提醒相关的人员去处理，一般就不会耽误货物的出口。

例如，我们公司每周都有货物从天津港出口，每次的货物交期都非常急。如果由于哪个环节没有跟踪好，导致这批货没有顺利上船而要延期一个航次的话，损失的是我们公司。哪怕由于其他人的原因，很多时候我们也不能要求索赔。比如，因为过车队没有按时拖车集港而导致没有上船的话，我们最多也只能批评他们一下，让他们下次注意。还有，如果由于报关行没有及时报关而导致货物没有上船的话，我们同样也只能批评他们。像这样的一些因素引起的延期，损失最大的还是我们自己。所以为了确保货物顺利出口，我们要跟踪各个环节，及时发现异常情况。

我的跟踪流程：我们公司的出口航线属于印巴线，在天津港这条航线的货物出口需要车队在工厂装完柜之后把集装箱装到一个海关指定的堆场。然后由堆场发“运抵报告”给海关，海关接收到这个信息之后才能接受报关。堆场在这条船的集港时间范围内集中把所有的集装箱运到港里。报关行报关后把“下货纸”交到港里。只有在两个条件都满足的情况下，港里才会安排柜子上船，缺一不可。我们的船期是每周日的开船日（当然也有船脱班延期的情况），我的工作流程大致如下：

①我们一般提前一周订舱，前一周的周四、周五订这个周日的船。周一的时候我会找货代要 S/O(shipping order，在天津叫做“提箱单”或“调箱单”，也有其他的称呼)，然后传给我们工厂，让他们适时地给车队去换单，提箱到工厂去装。下图是一个 CSAV 的调箱单，他们称之为 BOOKING CONFIRMATION，车队拿这个去换单提箱就可以了。

②安排工厂装箱和确定装箱时间，因为我们的订单一直都在持续，每次都是好几个订单同时出货。怎样安排装柜顺序，先装什么订单后装什么订单，如果空间不够，先甩哪一部分都要告诉工厂，然后跟他们确认一个具体的装箱时间，同时工厂也会通知我们的 QC 验货和监装，我们一般是安排周四晚上装柜。

BOOKING CONFIRMATION

Booking No.: NCLLNHT0061955

Reference: N27G1150
Sender: Edith Liu
Date: 2008-06-27 1:47 pm

Client Name: CHINA CONTAINER LINE LIMITED	
Contact Name: ZHANG JIE	**Tel:**
Fax:	**PP Paid at:** Tianjin {Tientsin}, China
Email: jiezhang.tsn@ccl-group.com.cn	**B/L issued at:** Tianjin {Tientsin}, China

Export Vessel: EYF-CSAV LONQUIMAY/00824/S	
Place of Receipt: Xingang, China	**Load Port:** Xingang, China
Discharge Port: Colombo, Sri Lanka	
Place of Delivery: Colombo, Sri Lanka	

CY Open Date:	**Customs Cut Off:**
CY Close Time:	**S/I Cuf Off:**

Equipment -

Quantity/Type/Size/Terms	**Volume / Weight / Commodity**
1*HC40 21900.000 KGS SEMI FINISHED BICYCLE PARTS (Confirmed on Jun 27 2008 1:47PM)	

Remarks: N27G1150

Supplementary:
- Please check the content of this Booking Confirmation upon receipt. You are asked to inform us immediately if amendment is needed, otherwise, all content of the Booking Confirmation are considered being accepted by customer.
- The Booking Confirmation is given subject to customer furnishing shipment details (cargo description, weight, etc.) in accordance with Rules and Regulations of carrier, international organization and local authorities in origin and destinations.
- Booking Confirmation is booking acknowledgement and subject to space and equipment availability.
- The carrier reserves the right to substitute the named and/or performing vessel with another vessel or vessels at any time.

Local Operation Instruction:
* 请于规定集港时间之内，将重柜交到指定码头，具体集港时间以邮件形式通知为准。
* 请于集港规定时间之内将海关放行的下货纸交至码头
* 请按要求的时限提交提单样本(S/I)，除以下特殊规定外，提单样单提交截至时间为开船后第四日

③查询运抵信息：周四晚上装完箱之后，车队会把集装箱拖到堆场。周五上午让堆场发运抵报告，然后安排工厂立刻统计数据给报关行去申报(我们出货的数据一般只有在装箱之后才能统计出来)。所以周五上午大概十点多，我要在网站上查询是否有运抵报告。如果没有，就要通知工厂，让他们联系车队和堆场，催促他们尽快发运抵报告以便我们报关。

查询网站是：天津物流信息网 http://www.tjportnet.com/index.jsp

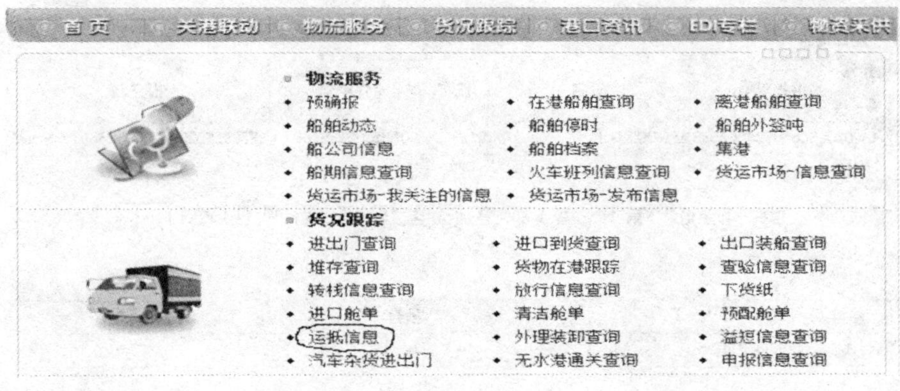

可以点击运抵信息那一栏，输入箱号即可查询。

运抵信息

运抵(装箱单)查询

海关船舶代码 ____ 船名 ____ 航次 ____

提单号 ____ 箱号 OOLU8681124

装箱单报文名 ____ 报文创建时间 自 ____ 至 ____

查询

海关船名代码	船名	航次	提单号	箱号	发送方	装箱单报文名
080222	APLSHARJAH	012	OOLU2008385460	OOLU8681124	联盟国际	cctact090600000002.txt
080222	APLSHARJAH	012	OOLU2008385460	OOLU8681124	博达	cocustboda9413305001.tx
080222	APLSHARJAH	012	OOLU2008385460	OOLU8681124	博达	cocustboda9413291701.tx

上面就是箱号为 OOLU8681124 的运抵信息，有两个发送方“博达”和“联盟国际”。在货物送到堆场“博达”后，他们会发送运抵报告给海关。海关网站接收到之后，报关行即可报关。然后在集装箱进港“联盟国际”，港口也会发个运抵信息。

④跟踪报关和放行：因为天津海关有个新规定，下午接单截止到三点，三点之后就不接单。所以我们的申报要尽量赶在上午或最迟不超过下午三点。海关当天没有审核完的单据，周六会继续审单，但是海关不接受新的报关。所以周五中午或下午刚刚上班的时候，我要查询一下我们的报关单据是否已递进海关。点击“申报信息查询”，输入提单号即可。比如我们刚刚提到的箱号 OOLU8681124 所对应的提单号是 OOLU2008385460(从上面的运抵信息图也能看出)。

申报信息

查询

船舶信息

序号	报关单号	船名	航次	提单号	报文名
1	020220080528862535	APLSHARJAH	012	OOLU2008385460	INFONET020220080528862535.xml

总共: 1 条记录 第 1页 /共 1 页 首 页 上一页 下一页 尾 页 转到

序号	箱号
1	OOLU8681124

从上图可以看出有了报关单号和报文名，说明我们的单据已经递进海关了。现在就等海关审核和放行了。很多时候，如果我们的单据递进去比较晚的话，周五下午肯定审核不完，只能周六继续审核。所以一般周六上午的第一件事就是查询是否有放行信息，点击“放行信息查询”，输入提单号即可。如果有信息的话就表示放行，没有信息的话就是还没有放行。如果到了快要结关的时候还没有放行信息的话，就要反馈给货代，让货代去询问报关行，了解一下详细情况。

放行信息核销

查询

序号	船名	航次	提单号	报关单号	信息生成时间	箱信息
1	APLSHARJAH	012	00LU2008385460	020220080528862535	20080905 105504	箱信息

总共: 1 条记录 第 1页 /共 1 页 首 页 上一页 下一页 尾 页 转到

从上图可以看出，这票货已经放行。

⑤跟踪“下货纸”：关于“下货纸”，各个地方都有不同的含义。有的地方把“订舱委托书”称为“下货纸”；有的地方把“装货单”（船公司或代理签发给货物托运人的一种通知船方装货的凭证）称为“下货纸”。“下货纸”是场站收据副本的一种俗称，也有的地方叫关单。大概格式和内容类似于提单，报关放行后海关会盖上放行章，然后由报关行把这个“下货纸”交给港口码货，为箱子配载上船做准备。

场站收据（DockRecipt，D/R）：是由发货人或其代理人编制，是承运人签发的，证明船公司已从发货人处接收了货物，并证明当时的货物状态，船公司对货物开始负有责任的凭证，托运人据此向承运人或其代理人换取待装提单或装船提单。它相当于传统的托运单、装货单、收货单等一整套单据，共有十联。场站副本收据是第五联，又叫装货单。去船公司订舱的时候用的是十联单，一般都是只有七联的，前三联是给船公司的，订好舱，船公司就拿走了。后三联就是五、六、七联，是报关用的。第五联在报关完成后，海关会在上面盖放行章，作为放行之用。第六联交给港口外轮理货。第七联是场站收据联，就是证明船公司收到了上船的箱子，盖上场站收据章后，拿回来给操作员，作为签发提单之用。

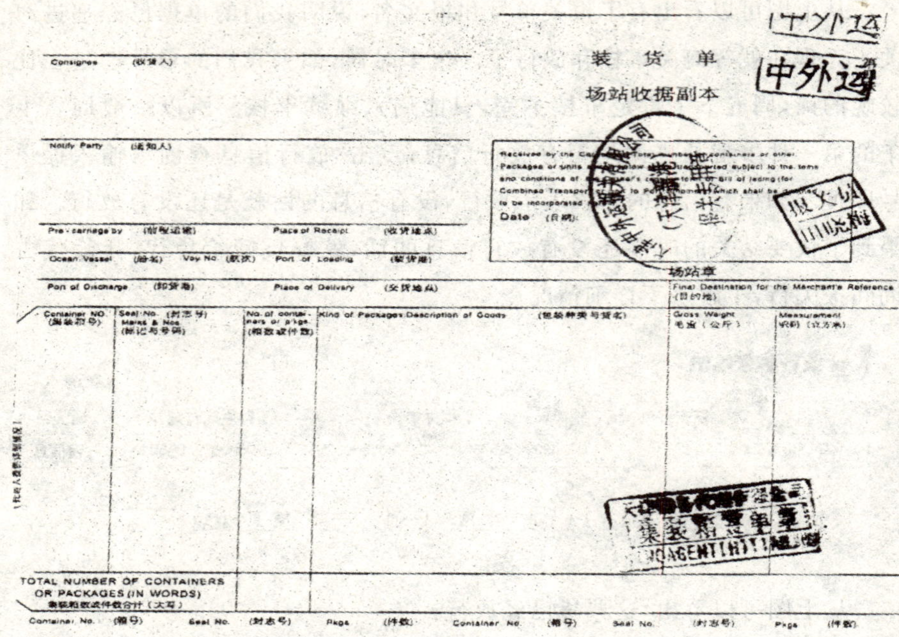

装 货 单

场站收据副本

Consignee (收货人)

Notify Party (通知人)

Received by the Carrier the Total number of containers or other Packages or units ... subject to the terms and conditions of the Carrier's ... of Bill of lading (for Combined Transport ... which shall be deemed to be incorporated ...

Date (日期):

场站章

Pre-carriage by (前程运输) | Place of Receipt (收货地点)

Ocean Vessel (船名) | Voy No. (航次) | Port of Loading (装货港)

Port of Discharge (卸货港) | Place of Delivery (交货地点) | Final Destination for the Merchant's Reference (目的地)

Container NO. (集装箱号)	Seal No. (封志号) Marks & Nos. (标记与号码)	No. of containers or p'kgs. (箱数或件数)	Kind of Packages; Description of Goods (包装种类与货名)	Gross Weight 毛重（公斤）	Measurement 尺码（立方米）

TOTAL NUMBER OF CONTAINERS OR PACKAGES (IN WORDS) 集装箱数或件数合计（大写）

Container No. (箱号) | Seal No. (封志号) | Pkgs (件数) | Container No. (箱号) | Seal No. (封志号) | Pkgs (件数)

Received (实收) | By Terminal clerk (场站员签字)

FREIGHT & CHARGES	Prepaid at (预付地点)	Payable at (到付地点)	Place of Issue (签发地点)
	Total Prepaid (预付总额)	No. of Original B(s)/L (正本提单份数)	BOOKING (订舱确认) APPROVED BY

Service Type on Receiving: □-CY, □-CFS, □-DOOR | Service Type on Delivery: □-CY, □-CFS, □-DOOR | Reefer Temperature Required (冷藏温度) °F °C

TYPE OF: □Ordinary, (普通) □Reefer, (冷藏) □Dangerous, (危险品) □Auto. (裸装车辆) □Live Animal, □Bulk □

危险品: Class: Property: IMDG Code Page: UN NO.

场站收据的作用如下：

○船公司或船代确认订舱，并在场站收据上加盖有报关资格的单证章后，将场站收据交给托运人或其代理人，意味着运输合同开始执行。

○是出口货物报关的凭证之一。

○是承运人已收到托运货物并开始对其负责的证明。

○是换取海运提单或联运提单的凭证。

○是船公司、港口组织装卸、理货和配载的凭证。

○是运费结算的依据。

○如信用证中有规定，可作为向银行结汇的单证。

场站收据是集装箱运输专用的出口单证，不同的港口、货运站使用的也不一样。其联数有十联、十二联、七联不等。这里以十联格式为例，说明场站收据的组成情况。

第一联，货方留底；

第二联，集装箱货物托运单(船代留底)；

第三、四联，运费通知单(1)(2)；

第五联，装货单场站收据副本(关单、“下货纸”)；

第六联，场站收据副本——大副联；

第七联，场站收据(正本)；

第八联，货代留底；

第九、十联，配舱回单(1)(2)。

⑥集装箱进出门查询：虽然现在的操作是车队负责把集装箱送到堆场，然后由堆场负责集中集港。但是这个过程我一般也是要跟踪的。比如我们每周日的船，正常结关时间是周六晚上八点。一般我在周六中午就要查询我们的集装箱是否已经集港。进入网站的货物跟踪栏目，点击“进出门查询”，输入箱号即可查询。以上面提单的集装箱为例，查询的结果如下：

进出门查询

进出门查询

船名代码： 船名： 航次：

提单号： 箱号：OOLU8681124 箱经营人代码：

箱经营人： 进/出：-请选择- 进/出地点：---请选择---

进/出时间：自 至

查询 导出到Excel 导出报文

船名代码	船名	航次	提单号	箱号	集装箱尺寸类型	箱状态	箱经营人
889032	OOCLOSAKA	833E	OOLU60006006	OOLU8681124	45G1	E	OOC
080222	APLSHARJAH	012	OOLU2008385460	OOLU8681124	45G0	F	OC

共2条 共1页 当前第1页 首页|前页|后页|尾页 转到 页 GO

从上图可以看出，用同一个箱号查出来两条记录，分别是不同的提单号和船名航次。其实其中有一条信息是以前的用箱记录。前面也介绍过，我们这个航次此箱号对应的提单号是OOLU2008385460，而且从下面的一幅图中也可以看出来只有“进门”记录才表示集港信息。我们可以核对船名、航次、提单号和时间等是否与我们订舱的信息一致。

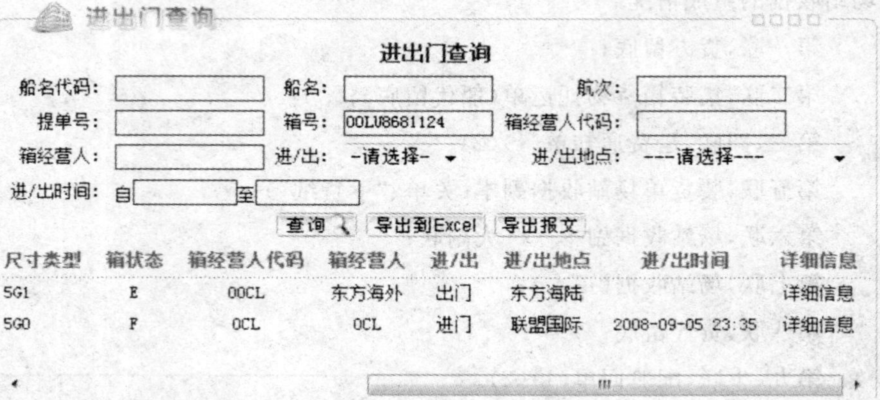

进出门查询

进出门查询

船名代码： 船名： 航次：

提单号： 箱号：OOLU8681124 箱经营人代码：

箱经营人： 进/出：-请选择- 进/出地点：---请选择---

进/出时间：自 至

查询 导出到Excel 导出报文

尺寸类型	箱状态	箱经营人代码	箱经营人	进/出	进/出地点	进/出时间	详细信息
5G1	E	OOCL	东方海外	出门	东方海陆		详细信息
5G0	F	OCL	OCL	进门	联盟国际	2008-09-05 23:35	详细信息

这两幅图是一个查询结果，只是有滚动条，只能分开用两幅图来说明这个问题。

⑦如果“下货纸”已交且集装箱也按时集港，后面就等船舶靠港装船了。当然如果前面的步骤没有按时完成，或者预期不能按时完成的话，我会及时打电话给我们的货代，让货代及时找到相关环节的人去处理这件事，否则会耽误我们的出货。

最后一个环节就是查询是否上船，如上所述，我们的船期是周日，一般船会在周六晚上靠港，凌晨开始作业。所以一般周日我们都能查到什么时候上船。当然如果船期脱班的情况就另当别论，晚一些再去查询。

进入网站的货物跟踪栏目，点击“出口装船查询”，输入箱号能尽快查出相关信息。如果没能上船的话，就查不出信息。

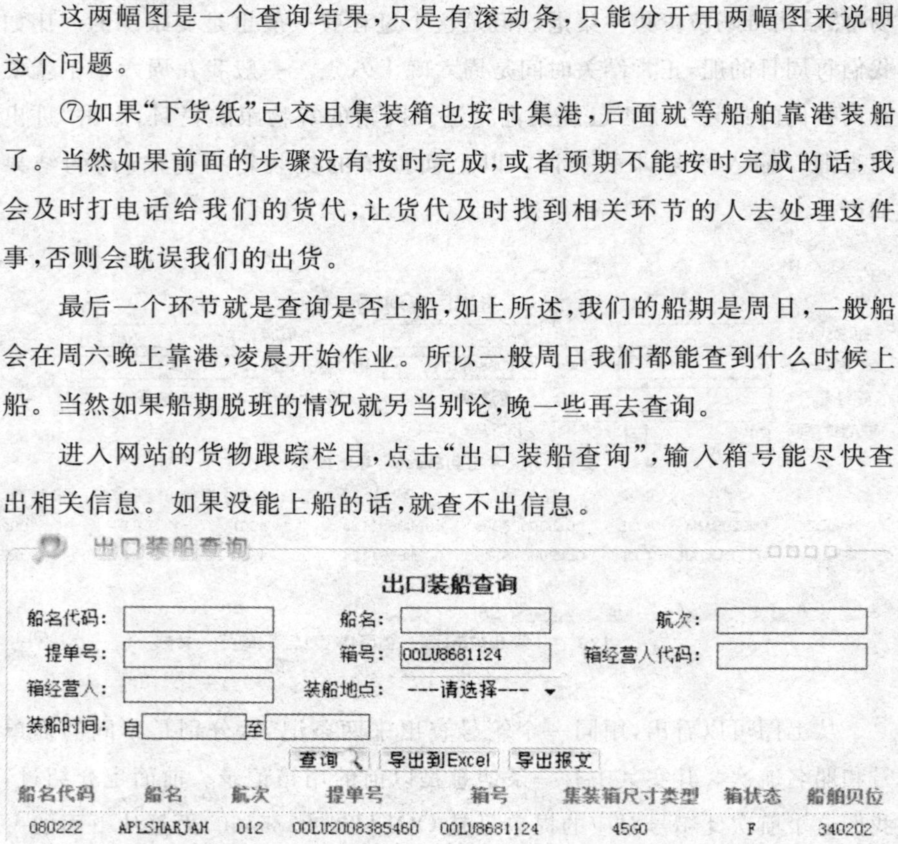

出口装船查询

出口装船查询

船名代码： 船名： 航次：

提单号： 箱号：OOLU8681124 箱经营人代码：

箱经营人： 装船地点：---请选择---

装船时间：自 至

查询 导出到Excel 导出报文

船名代码	船名	航次	提单号	箱号	集装箱尺寸类型	箱状态	船舶贝位
080222	APLSHARJAH	012	OOLU2008385460	OOLU8681124	45G0	F	340202

虽然我在工作期间，也出现过由于各种原因引起的集装箱没能上船的事故，但是我都是事先就知道，并通知了我们的货代，且共同做了300％的努力。因为这些事都发生在周末，很多人都不上班，所以在找人方面要比正常上班麻烦很多。比如像海关方面，有时候运抵数据发错了，然后更改的话，无论报关堆场发多少遍，海关的系统就是查询不到信息，而且周末海关的值班人员很难解决这样的问题。

(2)确认提单：一般在船开前就需要同货代确认提单信息。货代会传真或扫描提单样本给我们，上面的信息都是按照委托书上来做的。我们要根据各个客户的要求和其他的一些信息来详细核对提单。把错误的地方标示出来，并在旁边写上正确的信息。一般提单需要确认的地方是：SHIPPER 发货人/CONSIGNEE 收货人/NOTIFY PARTY 通知人/VESSEL VOYAGE 船名航次/SHIPPING MARKS 唛头/DESCRIPTION OF GOODS 货物品名描述/QUANTITY 件数/GROSS WEIGHT 毛重/MEASUREMENTS 体积/CONTAINER NUMBER & SEAL NUMBER 箱封号/FREIGHT TERMS 运费条款/OTHERS 其他信息。

备注：①如果是经常配合的货代并且是同样的客户，一般每次提单要求都相同，只是数据不同(当然不排除每次都不一样的情况)。这个时候可以让货代在系统里保留固定格式，每次确认提单的时候只需核对数据即可。当然为了保险起见，其他的地方也还是需要过目一下。

②如果提单上修改的地方很多的话，最好在修改处标明需要等，然后在提单修改件下面加上一句话，如“请修改以上3处”。这样的话对双方都比较清晰，不容易再次犯错，缩短确认时间。

③最后确认没有问题的话，一般都要在提单件上写明“确认、OK”等字样，表示提单确认结束。

(3)提单签发：如果提单确认完成后，一般船公司在船开后2～4个工作日都会签出正本提单，当然也有个别船公司的签单速度非常慢。如果是近洋航线的话，船到目的港的航程时间就很短，如果提单签发还要耽误很长时间的话，会影响后面的提单流转，所以需要经常催货代去签发提单，相比等货代来通知我们效果要好。

如果是货代提单的话，一般货代的签单速度比船公司快很多，只要船开，基本上都能签发出来。

近洋航线的航程时间一般都比较短，很多客户要求做“电放”，目的港客户就可以凭提单传真件提货，省去了寄送正本提单的时间和快递费。关于电放的程序和对发货人的风险，我在前面的章节有过介绍，这里就不再重复。所以发货人一般不要轻易“电放”，除非已经收到货款或者是配合非常之久且能够信任的老客户。

在要求“电放”的时候，发货人需要提供一份“电放”保函给船公司（或他们的代理），然后才会给我们“电放”。

Telex Release L/I

TO：CSAV GROUP AGENCIES（HONG KONG）LIMITED

TIANJIN REPRESENTATIVE OFFICE

Dear Sirs or Madam，

Date：

Vessel/Voyage：LOA 821W

Bill Number：N24G611

Place of port of lading：XINGANG

Place of Final Delivery：COLOMBO，SRI LANKA

Shipper：INTERTREND LTD.

Consignee：FIREFOX LANKA PVT LTD. (BOIREGISTERED COMPANY)

Authorize a Duplex Release of the above mentioned container(s) cargo for which we surrender full sets of Original Bill of Lading (duly endorsed) and you are kindly requested to release the above mentioned container(s) cargo to the below company without presentation of the Original Bill of Lading.

NAME：FIREFOX LANKA PVT LTD. (BOIREGISTERED COMPANY)

We hereby guarantee to undertake all responsibility and requirement.

Resulting from the above mentioned.

(Booking agent's signature and title.)

5. 清关资料的准备

我们拿到正本提单(或电放提单传真件)之后,需要准备清关资料给客户。当然这个过程中涉及付款方式,下面就按几种常用的付款方式来阐述一下:

(1)电汇:简称 T/T,而且 T/T 分为前 T/T 和后 T/T。在贸易中最常见的情况是,客户先付 20%~30%的定金,工厂收到定金之后开始安排生产。至于余款的安排,前 T/T 一般是收到客户的余款后才开始发货,后 T/T 一般是出货后拿到提单,然后扫描或传真给客户,他们看到提单 COPY 件再付余款。收到余款后再把正本提单连同其他的清关资料一起寄给客户,供他们清关使用。

在这种付款方式下,一般准备 COMMERCIAL INVOICE/PACKING LIST/B/L 等必需的单据,然后就是根据客户的要求看是否要提供,比如 CO/FORM A 等,如果包装是木质包装的话,到很多国家还需要木质包装熏蒸证明。还有,比如到欧盟很多国家的一些机电产品等,需要很多测试报告,比如 EN 测试等。总之,所有需要的资料都跟客户确认清楚为好,以免事后出现问题,再去弥补会比较烦琐。

确认清楚客户所需要的资料后,备齐各种资料,然后快递给客户,供其清关使用。

(2)托收:托收常见的方式有"付款交单"D/P 和"承兑交单"D/A 两种形式。至于这种方式对于出口方的利弊等因素,在确认订单之前就应该考虑到。这里只是大概介绍一下出货后单据的准备和流转。

托收所需要的资料跟 T/T 的情况类似,也需要与客户确认清楚。不同的是,T/T 的资料是直接寄给客户;而托收的资料是要交给出口方的合作银行——托收行。把全套资料交给银行,并让银行代为托收。托收行收到资料会根据出口商的要求填制相应的"托收委托书",俗称"托收面函"COLLECTION INSTRUCTION,制作汇票等。然后将全套资料连同托收委托书寄往进口商所在的分行或代理行,并委托他们代为向进口商提示汇票和收取货款。D/P 时,等进口商付款后方可放单给他们,D/A 时,让进口商先承兑然后才把单据交给他们去清关,汇票到期时,提示他们付款。当然银行之间的具体过程，我们不需要非常了解。但是我们要对大概流程和几个关键事件能够跟踪。比如托收行何时寄出单据，通过什么快递、单号是多少，单据何时签收，进口商何时付款或者承兑等，做到心中有数。如果出现异常情况，要知道如何去处理。

例如，2008 年上半年，我们有个做电动车生意的客户连续下了很多电动车的订单。在前面两个订单出货，且货物到目的港后，客户清关提货，且很快就投入市场销售。随即他们又下了一个零件订单，这些零件用于电动车的促销和更换。当时由于各种原因，这部分零件不能立刻出口。但是客户又催得很紧，一直让我们尽快出口这些零件。否则后面陆续到港的电动车，他们不去银行赎单（我们跟客户做的是 D/P）。当时有两个订单，共十来个 HQ 的货已到目的港。因为货代和对方的代收行都是客户自己合作的。一方面我们每天在船公司网站跟踪集装箱的更新动态，看看货代是否会有无单放货的情况；另一方面我们也要通知我们的托收行电讯代收行，如果客户不付款的话，不能把提单放给客户提货，不管是什么原因，否则将追究他们的责任。这种情况首先要控制货和提单，虽然不知道最后的结果，但是我们一定要积极主动地去做。不过后来，在我们的努力下，这个零件订单也终于出货了。然后传了 B/L 的 COPY 件给客户，并且经过协商，客户也去银行付款赎单了。

（3）信用证：信用证是国际贸易中使用最普遍的付款方式。其特点是受益人（通常为出口人）在提供了符合信用证规定的有关单证的前提下，开证行承担第一付款责任，其性质属于银行信用。应该说在满足信用证条款的情况下，利用信用证付款既安全又快捷。但必须特别注意的是，信用证付款方式强调“单单相符、单证相符”的“严格符合”原则，如果受益人（通常为出口人）提供的文件有错漏，不仅会产生额外的费用，而且还会遭到开证行的拒付，给安全、及时收汇带来很大的风险。事先对信用证条款进行审核，对于不符合出口合同规定或无法办到的信用证条款及时提请开证人（通常为进口方）进行修改，可以大大避免今后不符合信用证规定的情况发生。信用证的操作过程包括从信用证的审核开始，一直到出货后的按信用证要求提供单据，交单收汇等整个过程，每一个环节都要以信用证为指导。

信用证的审核

许多不符点单据的产生以及提交后被银行退回，大多是对收到的信用证事先检查不够造成的，往往使一些本来可以纠正的错误由于审核不及时没能加以及时地修改。因此，一般应在收到信用证的当天对照有关的合同认真地按下列各条仔细检查，这样可以及早发现错误采取相应的补救措施。

收到信用证后检查和审核的要点：

1）检查信用证的付款保证是否有效。

应注意有下列情况之一的，不是一项有效的付款保证或该项付款保证是存在缺陷问题的：

①信用证明确表明是可以撤销的；

由于此信用证无须通知受益人或未经受益人同意可以随时撤销或变更，应该说对受益人是没有付款保证的，对于此类信用证，一般不予接受；

信用证中如没有表明该信用证是否可以撤销，按照 UCP500 的规定，应理解是不可以撤销的（现在一般都使用 UCP600）；

②应该保兑的信用证未按要求由有关银行进行保兑；

③信用证未生效；

④有条件生效的信用证，如“待获得进口许可证后才能生效”；

⑤信用证密押不符；

⑥信用证简电通知或预先通知；

⑦由开证人直接寄送的信用证；

⑧由开证人提供的开立信用证申请书。

2）检查信用证的付款时间是否与有关合同规定相一致。

应特别注意下列情况：

①信用证中规定的有关款项须在向银行交单后若干天内或见票后若干天内付款等情况。对此，应检查此类付款时间是否符合合同规定或贵公司的要求。

②信用证在国外到期。

信用证在国外到期，有关单据必须寄送国外，由于我们无法掌握单据到达国外银行所需的时间且容易延误或丢失，有一定的风险。通常我们要求在国内交单或付款，在来不及修改的情况下，必须应提前一个邮程（邮程的长短应根据地区远近而定）以最快的方式寄送。

③如信用证中的装期和有效期是同一天，即通常所称的“双到期”，在实际业务操作中，应将装期提前一定的时间（一般在有效期前10天），以便有合理的时间来制单结汇。

3）检查信用证受益人和开证人的名称和地址是否完整与准确。

受益人应特别注意信用证上的受益人名称和地址应与其印好的文件上的名称和地址内容相一致。买方的公司名称和地址写法是不是也完全正确？在填写发货票时照抄信用证上写错了的买方公司名称和地址是有可能的，如果受益人的名称不正确，将会给今后的收汇带来不便。

4）检查装期的有关规定是否符合要求。

超过信用证规定装期的运输单据将构成不符点，银行有权不付款。

检查信用证规定的装期应注意以下几点：

①能否在信用证规定的装期内备妥有关货物并按期出运；如距证收到时装期太近，无法按期装运，应及时与客户联系修改。

②实际装期与交单期时间相距太短。

③信用证中规定了分批出运的时间和数量，应注意能否办到，否则任何一批未按期出运，以后各期即告失效。

5）检查能否在信用证规定的交单期交单。

如来证中规定向银行交单的日期不得迟于提单日期后若干天，如果过了限期或单据不齐、有错漏，银行有权不付款。

交单期通常按下列原则处理：

①信用证有规定的，应按信用证规定的交单期向银行交单；

②信用证没有规定的，向银行交单的日期不得迟于提单日期后21天。

6）检查信用证内容是否完整。

如果信用证是以电传或电报发给了通知行即“电讯送达”，那么应核实电文内容是否完整，如果电文无另外注明，并写明是根据国际商会丛刊第500号，即《跟单信用证统一惯例解释通则》，那么该电文是可以被当做有效信用证执行的（现在一般都使用UCP600）。

7)检查信用证的通知方式是否安全、可靠。

信用证一般是通过受益人所在国家或地区的通知/保兑行通知给受益人的。这种方式的信用证通知比较安全，因为根据国际商会丛刊第 500 号《跟单信用证统一惯例解释通则》的有关规定，通知行应对所通知的信用证的真实性负责；如果不是这样寄交的，遇到下列情况之一的应特别注意：

①信用证是直接从海外寄给您单位的，那么您单位应该小心查明它的来历。

②信用证是从本地某个地址寄出，要求您单位把货运单据寄往海外，而您单位并不了解他们指定的那家银行。

对于上述情况，应该首先通过银行调查核实。

8)检查信用证的金额、币制是否符合合同规定。

主要检查内容有：

①信用证金额是否正确。

②币制是否正确。

9)检查信用证的数量是否与合同规定相一致。

应注意以下几点：

①除非信用证规定数量不得有增减，在付款金额不超过信用证金额的情况下，货物数量可以容许有 5%的增减。

②特别注意的是，以上提到的货物数量可以有 5%增减的规定一般适用于大宗货物，对于以包装单位或以个体为计算单位的货物不适用。例如，5000PCS 100% COTTON SHIRTS (5000 件全棉衬衫)由于数量单位是“件”，实际交货时只能是 5000 件，而不能有 5%的增减。

10)检查价格条款是否符合合同规定。

不同的价格条款涉及的具体费用，如运费、保险费由谁分担。

如合同中规定是：FOB SHANGHAI AT USD 50/PC，根据此价格条款有关的运费和保险费由买方即开证人承担；如果信用证中的价格条款没有按合同的规定作上述表示，而是作了如下规定：CIF NEW YORK AT USD 50/PC 对此条款如不及时修改，那么受益人将承担有关的运费和保险费。

11)检查货物是否允许分批出运。

除信用证另有规定外，货物是允许分批付运的。

特别注意：如信用证中规定了每一批货物出运的确切时间，则必须按此照办，若不能办到，必须修改。

12)检查货物是否允许转运。

除信用证另有规定外，货物是允许转运的。

13)检查有关的费用条款。

主要内容有：

①信用证中规定的有关费用，如运费或检验费等应事先协商一致，否则对于额外的费用原则上不应承担；

②银行费用如事先未商定，应以双方共同承担为宜。

14)检查信用证规定的文件能否提供或及时提供。

主要有：

①一些需要认证的单据特别是使馆认证等能否及时办理和提供。

②由其他机构或部门出具的有关文件，如出口许可证、运费收据、检验证明等能否提供或及时提供。

③信用证中指定船龄、船籍、船公司或不准在某港口转船等条款能否办到等。

15)检查信用证中有无陷阱条款。

应特别注意，下列信用证条款是有很大陷阱的条款，具有很大的风险：

①1/3 正本提单直接寄送客户的条款。

如果接受此条款，将随时面临货、款两空的危险。

②将客检证作为议付文件的条款。

接受此条款，受益人正常处理信用证业务的主动权很大程度上掌握在对方手里，影响安全收汇。

16)检查信用证中有无矛盾之处。

如明明是空运，却要求提供海运提单；

明明价格条款是 FOB，保险应由买方办理，而信用证中却要求提供保险单。

信用证的修改

通过对信用证的全面审核，如发现问题，应分情况及时处理，对于影响安全收汇，难以接受或做到的信用证条款，必须要求国外客户进行修改。

信用证修改的规则如下：

1）只有买方（开证人）有权决定是否接受修改信用证；

2）只有卖方（受益人）有权决定是否接受信用证修改。

修改信用证应注意以下几点：

1）凡是需要修改的内容，应做到一次性向客户提出，避免多次修改信用证的情况。

2）对于不可撤销信用证中任何条款的修改，都必须取得当事人的同意后才能生效。

对信用证修改内容的接受或拒绝有两种表示形式：

①受益人作出接受或拒绝该信用证修改的通知；

②受益人以行动按照信用证的内容办事。

3）收到信用证修改后，应及时检查修改内容是否符合要求，并分情况表示接受或重新提出修改。

4）对于修改内容要么全部接受，要么全部拒绝，部分接受修改中的内容是无效的。

5）有关信用证修改必须通过原信用证通知行才具真实、有效性；通过客户直接寄送的修改申请书或修改书复印件不是有效的修改。

6）明确修改费用由谁承担，一般按照责任归属来确定修改费用由谁承担。

我操作过扣费最多的信用证，我曾经同时操作过多份中东的信用证，至今都还“记忆深刻”。每份信用证的原件都多达 8～10 张（一般的信用证都是 1～3 张纸），条款非常多，而且每份信用证都修改两次。四份信用证放在一起就有一本册子那么厚。中东的信用证是出了名的烦琐。当时我们的信用证有要求要提供进口国家大使馆认证的发票和产地证等，并且要求商会也要认证。不能提供的话，每份信用证要扣除 1000 多美元。当时接单的时候业务员也都审核过，即使修改后也无法做到，绝对会有不符点。但是他对客户比较了解，决定去操作。那单证人员也只能继续操作。当时包括从装柜到做单据、确认提单，时间非常紧迫，而且数据量非常大。尽管十分小心地去操作，最后还是不符点一大堆，当然最大的不符点就是使馆认证没有做。而且不符点不论多少，扣费也是一样。

我记得当时每份信用证详细的装箱单大概有十几张，而且复印件要八份。最后整理四份信用证单据，要寄一个很大的包裹，当时复印就用了一个多小时。最后虽然有不符点，客户还是去付款赎单，但是一共好像扣了4千多美元。

信用证的履行

1)单据的提交。

在跟单信用证业务中，单据的提交起着非常重要的作用，因为这是对信用证最终结算的关键。受益人向银行提交单据后是否能得到货款，在很大程度上取决于是否已开立信用证和单据是否备齐。单据的要求要完全按照信用证的规定来准备，要做到与其一致，否则就会有不符点产生。

2)交单时间的限制。

提交单据的期限由以下三个因素决定：

①信用证的有效期；

②装运日期后所规定的交单日期；

③银行在其营业时间外，无接受提交单据的义务。

信用证中有关装运的任何日期或期限中的“止”、“至”、“直至”、“自从”等类似词语，都可理解为包括所述日期。“以后”一词理解为不包括所述日期。

“上半月”、“下半月”理解为该月一日至十五日和十六日至该月的最后一日，首尾两天均包括在内。

“月初”、“月中”或“月末”理解为该月一日至十日、十一日至二十日、二十一日至该月最后一日，首尾两天均包括在内。

3)交单地点的限制。

所有信用证必须规定一个付款、承兑的交单地点，或在议付信用证的情况下须规定一个交单议付的地点，但自由议付信用证除外。

像提交单据的期限一样，信用证的到期地点也会影响受益人的处境。有时会发生这样的情况，开证行将信用证的到期地点定在其本国或他自己的营业柜台，而不是受益人国家，这对受益人的处境极为不利，因为他必须保证于信用证的有效期内在开证银行营业柜台前提交单据。

4)跟踪收汇：交单给银行之后，首先要跟踪银行审单的结果。当然我们在交单之前就需要自己反复检查，直到确认没有错误的情况下才可以交给银行。一般情况下，都是通过快递寄给交单行。第二天就需要确认银行工作人员是否收到，如果没有收到就要尽快跟踪快递。如果收到，就跟他们确认一个大概审单的时间。到时候再联系他们，询问单据是否有问题。有问题的话就需要及时修改然后再让交单行寄出。寄出后要跟踪他们的快递单号，在网站上跟踪开证行什么时候收到单据，然后在5个工作日内是否付款。

关于开证行、保兑行、指定行在收到单据后的处理时间，在UCP500中规定为"合理时间，不超过收单翌日起第7个工作日"，而在UCP600中改为了"最多为收单翌日起第5个工作日"。首先，"合理时间"这一概念不复存在。在当前业务中，经常出现处理时间是否"合理"的争议，这一概念受到当地行业惯例的影响，而一旦诉诸法律，还受到法官主观判断的影响，因此围绕这一概念的纠纷不断发生。针对这种现状，UCP600把单据处理时间的双重判断标准简化为单纯的天数标准，使得判断依据简单化。其次，关于最长时限的缩短，总体来说对受益人更为有利。从进口商方面考虑，头寸调拨时间变短，特别是授信开证的公司，如果其内部手续繁杂，将可能会影响及时支付。当开证行发现不符点后，其与申请人接洽的时间相应变短；而如果出现交单面函指示不清等问题，与交单行的联系时间也受到压缩。因此，银行、公司各个环节的操作人员都要更加富有效率。对于出口商而言，在新的规定下有望更早收到头寸。虽然有银行反映，新的规定将导致所有支付均发生在收单翌日起第5个工作日而没有提前支付的余地，但至少支付底限是提前了。

6. 后续事宜的处理和资料归档

一般在出货的同时开始准备清关资料，而且如果要做得更好的话，在船开后发个SHIPPING ADVICE给客户，告诉他们一些相关的信息，VESSEL/VOYAGE/B/L NO. /CONTAINER NO. /ETD/ETA等，这样客户可以根据这些预期的信息来安排后续的工作。准备好清关资料后先发邮件给客户，然后将需要寄送的正本资料通过相关的途径寄过去（D/P 或 L/C 的情况下是通过银行寄出，T/T 的时候是出口商自己寄出）。

整个过程都完成后，这个订单前段的工作基本结束。所有关于这个订单的一些资料都需要归档留底，以备查询。一般像订舱委托书、进仓通知单、提单确认件和提单复印件、发票、箱单、产地证、信用证复印件、付款记录等所涉及的资料都需要留底，整理完整后放到专门的文件夹里，跟正在操作的单子区别开来。在这里说的前段的工作基本结束，是因为出口收汇后还有后段的工作，如核销单的退回、电子口岸交单、报送数据等，外汇核销和退税等，这些涉及财务方面的问题，放在下一章阐述。

文件的归档也需要做到以下几点：

(1)分类合理。

文件的归档一般都是按订单来整理的，同一个订单下的资料都放在一起，然后放在特定的文件夹。如果产品种类很单一的话，可以按客户的国别或地区分类，归到不同的文件夹里；如果客户不是很多，但是每个客户的订单数量很多的话，可以按客户来分类；如果是产品类别比较多的话，也可以按产品类别来分类归档。这样分类归档都是为了以后查询方便。若归档没有任何规律，订单很多的情况下，时间一长就很难方便快速地找到需要的资料。

(2)资料齐全。

文件的归档需要资料齐全，与该订单所有相关的资料都放在一起。且资料的排列也可以规定一个固定的顺序。因为在一般情况下，一个订单的资料非常多，如果杂乱无章就很不方便工作。文件归档是各种资料的整理，不是资料的堆积。需要养成一个良好的习惯，善于整理资料并保存。

(3)标示清晰。

文件整理好之后，如果不多的情况下，可以用一个透明的文件袋装好，然后在右上角标示出订单号码，这样方便查询，然后再放入文件夹。如果一个订单的资料非常多的话，可以用一个比较小的文件夹。总之，便于管理和查询即可。

(4)保管妥善。

文件归档完毕之后，可以放进特定的文件柜或者是累计到一定的数量之后再放入文件柜，以便妥善保管。

(5)电子文档。

除纸质文件归档之外，我们最好也进行电子归档。建立各种文件夹，同一个订单的相关资料都放在一起，更加便于调阅和查询。而且与该订单的相关的重要邮件也可以导出，然后与其他资料放在一起归档。下图是我的订单归档资料——按订单号码分类：

8069	8070	8071
8075	8076	8077
8079	8080	8081
8083	8087	8088
8093	8094	8095
8097	8098	8099
8101	8102	8103
8105	8106	8107
8109	8110	8111
8113	8114	8115
8117	8118	8120
8122	8136	8137
8139	8140	8141
8143	8144	8147

三、海运、空运和快递的实时跟踪

1. 常用的海运跟踪方法

海洋面积占地球表面积的2/3，并把陆地分割成几个板块，使得各陆地板块之间只有通过空中或海上交通才能相互沟通，实现各块陆地上人们之间的贸易、服务的往来和文化的交流。由于海洋运输具有运量大、成本低、能耗省、利用天然水域等优点，在各种运输方式中从来就占有非常重要的地位，是现代国际贸易中使用最多的贸易方式。

由于海洋运输船舶经常都是长时间远离海岸在漫无边际的海洋上航

行，也由于海洋环境非常复杂，气象多变，随时都可能遇上狂风巨浪、暴雨、雷电、海啸、浮冰等人力不可抗衡的海洋自然灾害，因而使海洋运输船舶在从事运输的过程中遭遇海上危险的机会和影响因素都非常多，尤其像台风等恶劣天气，都会使海运中的船舶的正常行驶受到影响。

海洋运输的方式有很多种类，比如滚装船运输、散货船运输、油轮运输、集装箱班轮运输，这里也主要以集装箱船为例。集装箱班轮的运输路线就跟我们乘坐的公交车一样，他们也需要停靠很多港口，各个航线的船舶行驶路线不同，就像不同的公交车，走的路线都不太相同。下图就是某一艘船的行驶路线：

Port	Arrival			Departure		
	Local Date/Time	Service	Voyage	Local Date/Time	Service	Voyage
Nhava Sheva	23 Aug 2008, 14:05 Sat (actual)	CIX	011 W	24 Aug 2008, 18:55 Sun (actual)	CIX	011 E
Port Klang	29 Aug 2008, 14:55 Fri (actual)	CIX	011 E	30 Aug 2008, 01:15 Sat (actual)	CIX	011 E
Singapore	30 Aug 2008, 14:30 Sat (actual)	CIX	011 E	31 Aug 2008, 13:35 Sun (actual)	CIX	011 E
Hong Kong	03 Sep 2008, 21:54 Wed (actual)	CIX	011 E	04 Sep 2008, 08:06 Thu (actual)	CIX	011 E
Xingang	07 Sep 2008, 06:48 Sun (actual)	CIX	011 E	08 Sep 2008, 00:14 Mon (actual)	CIX	012
Dalian	08 Sep 2008, 13:40 Mon (actual)	CIX	012 W	09 Sep 2008, 00:15 Tue (actual)	CIX	012 W
Pusan	10 Sep 2008, 08:40 Wed (actual)	CIX	012 W	10 Sep 2008, 23:00 Wed (actual)	CIX	012 W
Qingdao	12 Sep 2008, 05:50 Fri (actual)	CIX	012 W	12 Sep 2008, 15:30 Fri (actual)	CIX	012 W
Hong Kong	15 Sep 2008, 09:30 Mon (actual)	CIX	012 W	15 Sep 2008, 22:40 Mon (actual)	CIX	012 W
Shekou	16 Sep 2008, 01:10 Tue (actual)	CIX	012 W	16 Sep 2008, 09:50 Tue (actual)	CIX	012 W
Singapore	19 Sep 2008, 19:50 Fri (actual)	CIX	012 W	20 Sep 2008, 20:00 Sat (estimated)	CIX	012 W
Colombo	24 Sep 2008, 07:00 Wed (estimated)	CIX	012 W	25 Sep 2008, 00:00 Thu (estimated)	CIX	012 W
Nhava Sheva	27 Sep 2008, 02:00 Sat (estimated)	CIX	012 W	28 Sep 2008, 08:00 Sun (estimated)	CIX	012 E
Port Klang	03 Oct 2008, 15:00 Fri (estimated)	CIX	012 E	04 Oct 2008, 00:00 Sat (estimated)	CIX	012 E
Singapore	04 Oct 2008, 14:00 Sat (estimated)	CIX	012 E	05 Oct 2008, 05:00 Sun (estimated)	CIX	012 E
Hong Kong	08 Oct 2008, 10:00 Wed (estimated)	CIX	012 E	08 Oct 2008, 19:00 Wed (estimated)	CIX	012 E
Xingang	12 Oct 2008, 03:00 Sun (estimated)	CIX	012	12 Oct 2008, 19:00 Sun (estimated)	CIX	013
Dalian	13 Oct 2008, 13:00 Mon (estimated)	CIX	013 W	14 Oct 2008, 00:00 Tue (estimated)	CIX	013 W
Pusan	15 Oct 2008, 09:00 Wed (estimated)	CIX	013 W	16 Oct 2008, 04:00 Thu (estimated)	CIX	013 W
Qingdao	17 Oct 2008, 08:00 Fri (estimated)	CIX	013 W	17 Oct 2008, 20:00 Fri (estimated)	CIX	013 W
Hong Kong	20 Oct 2008, 10:00 Mon (estimated)	CIX	013 W	20 Oct 2008, 22:00 Mon (estimated)	CIX	013 W
Shekou	21 Oct 2008, 02:00 Tue (estimated)	CIX	013 W	21 Oct 2008, 14:00 Tue (estimated)	CIX	013 W
Singapore	24 Oct 2008, 20:00 Fri (estimated)	CIX	013 W	25 Oct 2008, 20:00 Sat (estimated)	CIX	013 W
Colombo	29 Oct 2008, 07:00 Wed (estimated)	CIX	013 W	30 Oct 2008, 00:00 Thu (estimated)	CIX	013 W
Nhava Sheva	01 Nov 2008, 04:00 Sat (estimated)	CIX	013 W	02 Nov 2008, 04:00 Sun (estimated)	CIX	013 E

从上图可以看出，集装箱班轮运输船会在其固定的航线上的各个港口之间依次停靠，做环线航行。整个过程会受到多个因素的影响：

(1) 航行过程会受到天气的影响，就如上面提到过的各种恶劣天气。

(2) 航行过程也会受到各个停靠港口内交通的影响。如果港口拥挤的话，船在靠泊和离泊都会变得比较慢。比如青岛港有段时间出现大雾，严重影响船舶靠港，当时所有的船舶都不能靠港，都出现相应的延误。当大雾退去的时候，因为之前的船舶都在等待靠泊，又出现了港内拥挤的情况，使得部分船舶延误时间更长。

(3) 还有各个港口的基础设施和装卸作业效率等也会影响到船舶的停

靠时间，有的大港口，比如上海或新加坡，进口和出口的货物都比较多，港口的工作量非常大。而且港口的设施会影响到工作的效率，进而会影响作业时间。有的时候若出现港口罢工的情况，同样会影响到作业时间。例如，韩国釜山港口罢工事件，严重影响了船舶的作业。那段时间很多船公司都取消了这个港口的停靠，以使之不影响其他港口的运输服务。

(4) 港口位置也会影响运输时间，比如像印度有很多内陆港，海运船无法抵达，一般都是运到海港(比如 NHAVA SHEVA)卸货，然后通过火车或卡车运送过去。从海运船舶上卸货下来，到安排火车或卡车运输，中间有很多的因素会影响到是否能够及时运抵目的地。

(5) 运输线路或方式，如美国领土分为加拿大西北部的阿拉斯加州和美国本土再加上夏威夷群岛，一共 50 个州，分为东西口岸：

美西：洛杉矶、长滩、西雅图、奥克兰等；

美东：纽约、萨凡娜、巴尔地莫、迈阿密、休斯敦、诺福克、杰克逊维尔、查尔斯顿等。

美线一般有两种走法为 MLB 和 ALL WATER，他们的区别在于：

MLB，即小陆桥的全称 MINI LAND BRIDGE，一般指船公司将集装箱运到美国西岸的基本港，再用卡车、火车等拖致美国的内陆点；

ALL WATER，全水路即(特指美东航线)基本港运输的过程全部通过海运来完成的一种运输方式。

如果到美东港口，MLB 是先海运到美西港口，然后由火车或卡车运送到美东。因为中间要转换运输方式，所以能否在卸货后及时赶上火车或卡车成了决定整个运输过程所需时间的关键问题。如果是 ALL WATER 的方式，就是全部通过水路运输来完成，则减少了集装箱在内陆枢纽点因转运不及时而滞留的时间，相应地减少了总体的航程时间。

例如，我们有个美国客户专门做服装贸易。他们有很多货是到 NEW YORK，他们规定必须以 ALL WATER 的运输方式，不管两者的运费差别是多少。虽然表面上 MLB 的运输时间比较短，但这个是理论时间。经常会出现集装箱在美西港口卸货后不能及时转运，出现滞留，从而影响他们及时收到货物。很多服装订单一旦确定了交期就得按照这个时间点去操作，如果延期了就会影响到买家的新品服装发布和其他的销售准备与安排。外贸订单的时间要求非常严格。

(6) 转运性质:到同一个港口,不同的船公司有不同的安排,有的是直达,有的船公司安排的是中转服务。如果是中转的情况,头程船和预计的二程船都不能十分精确地按预计的时间操作。因为都受到上述各种因素的影响,只要头程船或二程船出现偏离计划的情况,经常就会出现二程不能顺利衔接,从而导致滞留或压港。如果我们能及时跟踪船的动态,就可以提前了解情况,既可以及时联系船公司让他们注意头程和二程交接,也可以通知客户做好相应的计划或调整。船公司工作也经常会有失误,比如留下某个集装箱没有安排二程转运,如果等到他们发现再安排时,往往为时已晚。我经常在论坛上看到有些人说本来是20多天的路程,最后走了一个多月,甚至有的走了2个多月。

虽然很多事不在我们的控制之中,但是如果我们能够及时发现,并采取相应的措施,我们就可以做得更好,因此进行适时的海运跟踪是非常有必要的。我们要记住一点:主动去发现问题比被动接受结果要重要得多,对于很多方面都一样。

现介绍常用的海运跟踪方法如下:

现在绝大多数船公司都有自己的网站,而且e-business也做得非常不错。我们可以在他们的网站上进行相应的货物信息查询和船舶跟踪,当然也不排除少数船公司的网站还不完善,没有这些功能。

①通过船公司网站查询货物信息。

这是一种最常见的跟踪途径,我们在船东的网站主页相应的地方输入提单号/箱号/订舱号等信息即可跟踪,当然只需要输入其中之一就可以了。

例一,我们在HANJIN(韩进)的网站上货物跟踪的相应位置输入箱号TCNU9514310,即可查询相应的状态:

Cargo Tracking Details

SEQ	Event	Place	Date
1	Gate In to Outbound Terminal	COLOMBO,SRI LANKA (LKCMBY1)	27Aug08
2	Vessel Departure from Port of Loading (HNGT0040W)	COLOMBO,SRI LANKA (LKCMBY1)	29Aug08
3	Vessel Loading at Port of Loading (HNGT0040W)	COLOMBO,SRI LANKA (LKCMBY1)	29Aug08
4	Vessel Arrival at Transhipment Port (HNGT0040W)	HAMBURG,GERMANY (DEHAMY1)	12Sep08
5	Vessel Depature from Transhipment Port (BALS0838N)	HAMBURG,GERMANY (DEHAMY1)	15Sep08
6	Vessel Loading at Transhipment Port (BALS0838N)	HAMBURG,GERMANY (DEHAMY1)	16Sep08
7	Gate Out from Inbound Terminal for Delivery to Consignee (or Port Shuttle)	ST PETERSBURG,RUSSIAN FEDERATION (RULEDY1)	22Sep08 (Estimated)

韩进的网站做得非常不错，它会显示出这条船所经停的每个港口的日期。这样的话，我们就可以清楚地知道他们每段时间在什么样的一个位置，也就不需要通过其他途径去查询船舶所在的位置。

例二，我们在OOCL(东方海外)的网站上货物跟踪的相应位置输入提单号OOLU2008385460，即可查询到相应的信息：

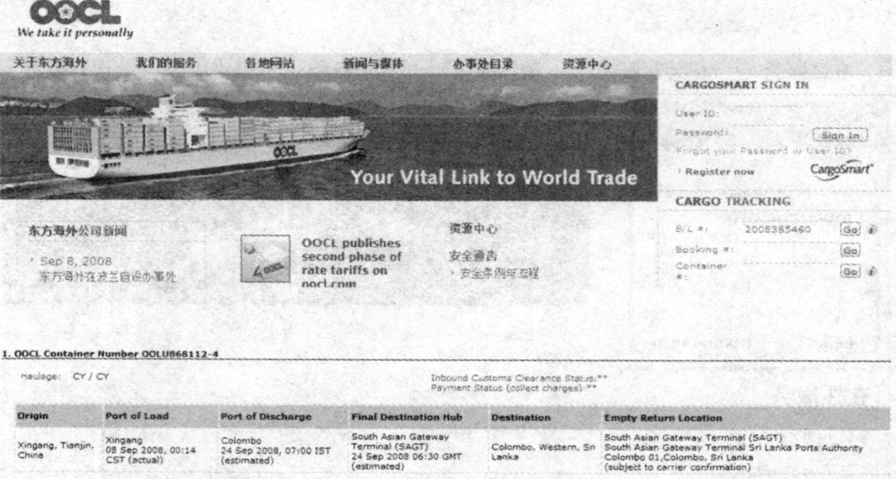

OOCL 的网站上查出来的是一个总体的安排，开船日 Sep. 8(actual)，预计 Sep. 24 到达(estimated)，在这个地方显示不出该条船每天到达什么港口。但是我们也可以通过其他途径查询这条船的详细动态。

②通过船公司网站查询船舶的详细动态。

如果我们能够在起运港就知道我们的集装箱已经上船的话，那我们查询该条承载船舶的行驶动态也可以知道到达目的港的日期。

例一，我们有个柜子从上海出，通过 CSAV 的船出到 COLOMBO，这条船名是 LOA，那我们在 CSAV 的网站上可以查询这条船的记录(路径：进入网站—Online Tools—Schedules—Vessel Position—选择船名 LOA)，从下图中可以看出 9 月 20 日会到达目的港，到达的港口都会有 Confirmed 的字样，如果没有到就会显示 Estimated 字样。

Vessel : LOA

General Status : In Port COLOMBO, SRI LANKA With Departure Date 20/09/2008

Port	Arrival Date	Status	Departure Date	Status	Voyage
JEBEL ALI, UNITED ARAB EMIRATE	17/08/2008	Confirmed	19/08/2008	Confirmed	00833N
KARACHI, PAKISTAN	21/08/2008	Confirmed	21/08/2008	Confirmed	00833N
MUNDRA, INDIA	22/08/2008	Confirmed	23/08/2008	Confirmed	00833N
SINGAPORE, SINGAPORE	29/08/2008	Confirmed	30/08/2008	Confirmed	00833N
SHANGHAI, CHINA	04/09/2008	Confirmed	04/09/2008	Confirmed	00833N
XINGANG, CHINA	06/09/2008	Confirmed	07/09/2008	Confirmed	00833N
QINGDAO (TSINGTAO), CHINA	08/09/2008	Confirmed	08/09/2008	Confirmed	00833N
NINGBO, CHINA	09/09/2008	Confirmed	10/09/2008	Confirmed	00833N
CHIWAN, CHINA	12/09/2008	Confirmed	12/09/2008	Confirmed	00833N
SINGAPORE, SINGAPORE	16/09/2008	Confirmed	16/09/2008	Confirmed	00833S
COLOMBO, SRI LANKA	20/09/2008	Estimated	20/09/2008	Estimated	00833S

例二，提单号为 OOLU2008385460 的柜子，现在确认柜子已经上船，如果单用提单号到 OOCL 的网站上跟踪只能看出预计到达目的港的时间，不能看出船舶的行驶动态。我们可以用船名航次查询船舶的具体信息，这条船名为 APL SHARJAH，查出信息如下，从下图也可以看出，这条船 9 月 8 日从 XINGANG 出发，预计 9 月 24 日到达 COLOMBO，到达的港口都会有 actual 的字样，如果没有到就会显示 estimated 字样。

Carrier: OOCL　Vessel Code/Name: SRJ - APL SHARJAH　Voyage: All　Port:
Date Ranoe: 24 Auo 2008 - 16 Nov 2008

Port	Arrival			Departure		
	Local Date/Time	Service	Voyage	Local Date/Time	Service	Voyage
Port Klang	29 Aug 2008, 14:55 Fri (actual)	CIX	011 E	30 Aug 2008, 01:15 Sat (actual)	CIX	011 E
Singapore	30 Aug 2008, 14:30 Sat (actual)	CIX	011 E	31 Aug 2008, 13:35 Sun (actual)	CIX	011 E
Hong Kong	03 Sep 2008, 21:54 Wed (actual)	CIX	011 E	04 Sep 2008, 08:06 Thu (actual)	CIX	011 E
Xingang	07 Sep 2008, 06:48 Sun (actual)	CIX	011 E	08 Sep 2008, 00:14 Mon (actual)	CIX	012
Dalian	08 Sep 2008, 13:40 Mon (actual)	CIX	012 W	09 Sep 2008, 00:15 Tue (actual)	CIX	012 W
Pusan	10 Sep 2008, 08:40 Wed (actual)	CIX	012 W	10 Sep 2008, 23:00 Wed (actual)	CIX	012 W
Qingdao	12 Sep 2008, 05:50 Fri (actual)	CIX	012 W	12 Sep 2008, 15:30 Fri (actual)	CIX	012 W
Hong Kong	15 Sep 2008, 09:30 Mon (actual)	CIX	012 W	15 Sep 2008, 22:40 Mon (actual)	CIX	012 W
Shekou	16 Sep 2008, 01:10 Tue (actual)	CIX	012 W	16 Sep 2008, 09:50 Tue (actual)	CIX	012 W
Singapore	19 Sep 2008, 19:50 Fri (actual)	CIX	012 W	20 Sep 2008, 15:45 Sat (actual)	CIX	012 W
Colombo	24 Sep 2008, 07:00 Wed (estimated)	CIX	012 W	25 Sep 2008, 00:00 Thu (estimated)	CIX	012 W

③通过货代或船东人工查询。

前面我也说过有很多船公司的网站不提供这种货物跟踪服务，从网站上也不能查到船舶的详细行驶计划。也有的网站虽然提供相应的服务，但是信息更新极慢，比实际时间要慢 5～6 天，也就是说，船已经离开某个港口，5～6 天之后才会在网站上显示已经离开这个港口。这种情况下，我们通过网站来跟踪就显得有些滞后，不能及时掌握这些信息。不管你是货运代理的操作，还是工厂或外贸公司的跟单员，只要你经常跟踪船舶的话，你就发现有很多比较小的船公司不能通过他们的网站提供这样的 Online 服务。

这种情况下，我们可以咨询货代或船公司，先要了解从起运港到目的港大概需要多长时间。例如，SHANGHAI 是起运港，船离港日期是 8 月 18 日，预计 13 天到达 COLOMBO，也就是预计 8 月 31 日会到目的港。所以在 ETA（预计到港时间）前几天就要打电话跟货代确认，或者直接打电话跟船公司确认，或者发邮件给船公司客服，看这条船是否到达目的港。虽然他们的网站上没有提供货物跟踪服务，但是他们一般都有内部系统可供查询。即使某个地方的办事处不知道，他们的总公司也肯定会知道各条船的动态，因为每条船舶在各个国家的港口进出口都要通过总公司和停靠港口当地的分公司或代理办理船舶进出口的相关手续，所以总公司会对船舶的行程非常了解。

④拼箱货物的跟踪。

前面所讲到的方法适合整箱货物的跟踪，因为整箱货物从起运港到目的港不需要换集装箱，以“场到场”(CY TO CY)居多，从船公司的网站上就可以跟踪这个集装箱的整个运输过程。但是拼箱的情况不同，以“站到站”(CFS TO CFS)居多，一个集装箱内有很多不同货主的货物。而且拼箱有“直拼箱”(集装箱内所有的货都是到同一个目的港)和“非直拼箱”(集装箱内的货不是到同一个目的港)。非直拼箱的情况下，货物先运输到一个大的枢纽港(比如香港、新加坡等)，在那里拆箱，再跟当地的拼箱货物一起拼箱，分别输送到不同的目的港。就实际而言，直拼的情况比较多，很多货主不太愿意接受非直拼的情况，因为在中转港很多时候不一定有足够货物续拼到某个最终目的港。

注意将拼箱的“直拼”和“非直拼”要与船舶的“直达”和“中转”相区别开来。“直拼”和“非直拼”的衡量标准是在从起运港到目的港的运输过程中会不会拆箱；“直达”和“中转”的衡量标准是在从起运港到目的港的运输过程中会不会换船。“非直拼”的时候肯定是“中转”的船，“直拼”的时候可能是“直达”的船，也有可能是“中转”的船。

拼箱的操作一般都是拼箱公司直接向船公司订整个集装箱，然后分别将不同货主的货物拼装在这个集装箱内。在船公司的系统里，这个集装箱的 Shipper(发货人)是起运港的拼箱公司，Consignee(收货人)是目的港的代理，而不会出现真正的货主和收货人的信息，因为船公司不会直接接受货主的拼箱订舱。当目的港的代理收到货物之后会安排拆箱，等收货人清关后把货物分拨给不同的实际收货人。

“直拼”的情况(不论是中转还是直达)一般都可以通过船公司的网站跟踪查询(如前面所说，前提是该船公司的网站能提供这样的服务)；“非直拼”的情况(肯定是中转)一般都不能通过船公司的网站跟踪，因为这些货物会在中转港拆箱，由当地的代理重新拼装，集装箱号码可能要更换，二程的船公司也有可能会更换。而且在实际操作中，除非货主有特殊要求，拼箱公司很少会将二程的信息（集装箱箱封号、船名、航次等）告诉货主，所以货主不会有足够的信息来跟踪。拼箱的船舶跟踪最好按下述几个步骤去执行：

A. 在订舱之前就要向货代了解到目的港是不是直拼，船是否直达。

B. 向货代要船名、航次等信息，到船公司网站或其他专业的物流网站去查询并核实。如果那条船根本就不到你要去的目的港，而货代说是直达的船，不是货代提供了错误的信息，就是货代为了招揽生意而撒了谎。

C. 一切都确认好了之后，"直拼"（不论是中转还是直达）的情况，都可以在船开之后向货代索要箱封号到船公司网站去跟踪，或电询船公司；"非直拼"的情况（肯定是中转）只能先向货代了解大概的转运时间，然后在适当的时候询问货代和通过货代询问他们中转港或目的港的代理。

无论用什么方法，都要自己多实践，平时多浏览船公司的网站，需要注册的就注册个账号，这样可以查询到更多的信息。而且也要多看一些外贸论坛和专业的物流网站，看看其他朋友分享的经验，也吸取他们的教训。同时看到好的网站就要收藏起来，下次会用到；看到好的方法，要去学习一下，这样才能提高；看到新的知识点要保存下来，下次遇到了就不会感到陌生。总之，用心去做事就会有进步。

2. 空运的跟踪

(1)空运跟踪的必要性和重要性。

空运跟海运相比具有速度快、时间短、成本高等特点。空运的成本要比海运高出很多倍，利润最大化是商人的本性，他们愿意花费更多的成本来安排空运，可见收货人都是急于要收到货的，所以空运跟踪显得非常重要。一般只有附加值比较高的产品会选择空运，否则会因运输成本太高而大大降低利润。

空运的运输网络也非常广泛，覆盖全球，为世界各国经济的发展和交流作出了杰出的贡献。而且空运对产品的包装要求很高，因为各种机型的飞机的载物空间有不同的限制。如果长、宽、高的尺寸超过了机舱的尺寸就很难装载。

国内的航空业发展很好，到国内各大城市基本上每天都会有航班，如果由于特殊原因没有赶上还可以立刻安排第二天的航班。但是到国外的某些城市的航班次数就比较少，有的城市每周只有一个航班，有的城市每周有固定的几个航班。如果第一个航班没有赶上，那就需要等待很长时间。

而且到很多国外机场没有直达的航班，必须在其他国家的机场中转，所以到达最终目的地的时间取决于后程的航班安排（比如二程、三程），在某些国家中转的航班频率也不是每天都有。如果这批货非常急的话，就要考虑中转航班的频率，不能光看头程，决定到达时间的还要看二程的情况。比如从上海到斯里兰卡的科伦坡，新航（SQ）是从新加坡转机，泰航（TG）是从曼谷转机，港龙（KA）是从香港转机，他们有不同的行驶线路，正常的情况下，所需时间也差别不大，但是如果二程不能顺利接上的话，由于他们的二程安排的频率是不同的，这个时候会体现出差别。

所以及时跟踪空运情况，了解货物的最新状态，是非常重要也是必要的。

(2)常见的空运跟踪方法。

一般的空运都是通过航空公司的网站，然后输入主单（MAWB）号就可以查询。一般空运提单也有两种形式：其一是航空公司的主单（MAWB），是航空公司自己签发的运单；其二是货代公司签发，称为分单（HAWB）。我们在航空公司的网站上查询时，必须要用主单号才能查到记录。

现在从事空运业务的航空公司很多，如果觉得收藏每一个航空公司比较麻烦，这里介绍一个更好的网站，只需要输入相应的信息即可链接到该航空公司的网站进行跟踪。下面用图形的方式逐步介绍：

网址：http://www.redberry.com/

步骤：

①打开 Redberry 的网站。

②在上面的页面内选择“Tracking”,然后点击进入。

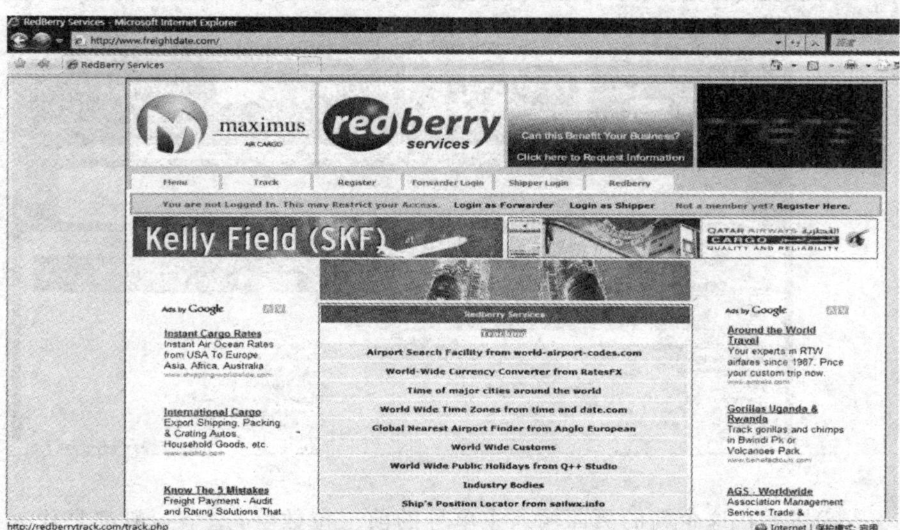

③再次在新的页面上点击“Tracking”进入下一步。

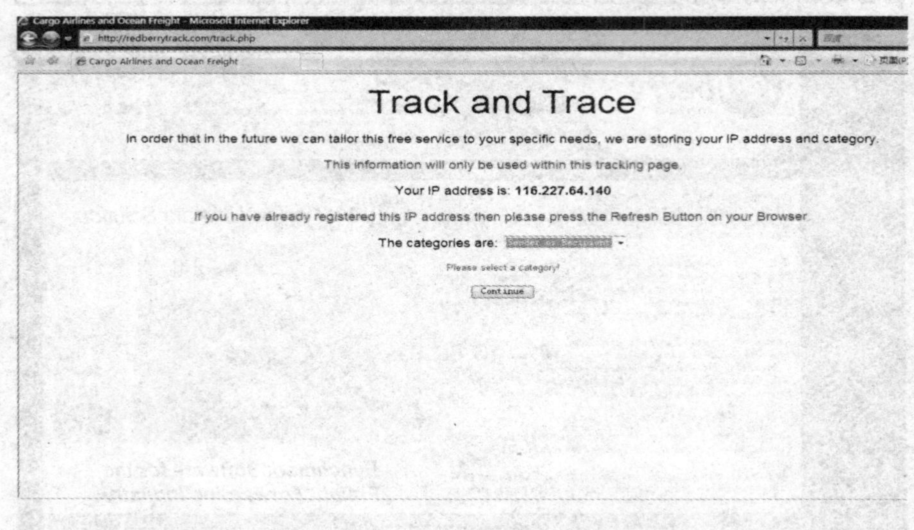

④在“The categories are”的下拉选项中选择“Sender or Recipient”，然后点击 Continue 按钮进入新的页面。

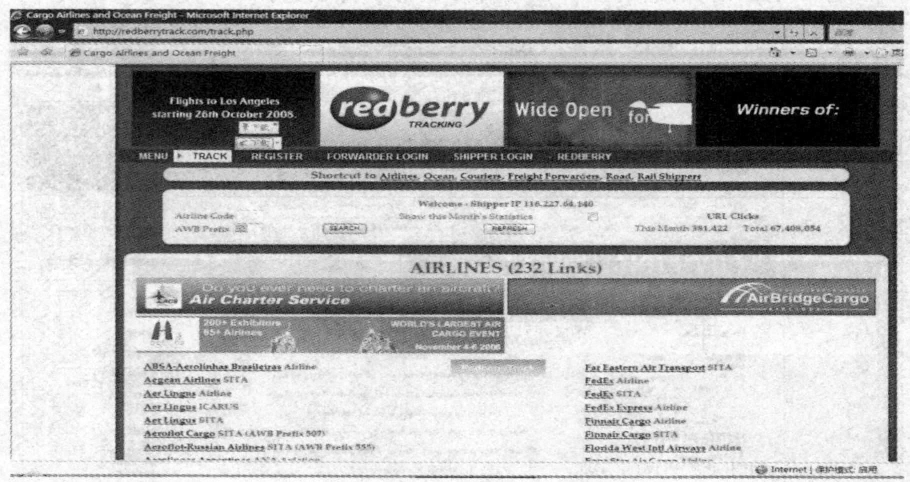

⑤然后在这个新的页面输入主单号的前三位数字，这个一般都是代表特定的航空公司，比如 232 代表马航(MH)，999 代表国航(CA)，043 代表港龙(KA)，等等。在这个步骤中只需要在 AWB Prefix 的方框内输入主单号的前三位数字，然后点击 SEARCH 按钮就可以查到所属的航空公司网

站链接。在这里我们以 MAWB 的号码为 232-14312594 为例。先输入 232 这个运单号码的前缀。

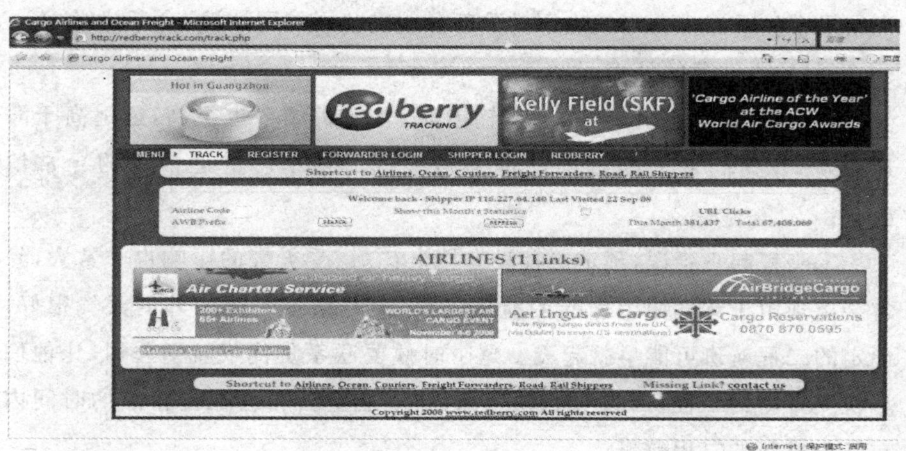

⑥输入 MAWB 的前缀 232 后，就可以查出所属的航空公司 Malaysia Airlines Cargo Airline。然后点击该航空公司的名称，即可以链接到航空公司的网站。还是继续上面的例子，我们就可以进入到马航(MH)的主页。

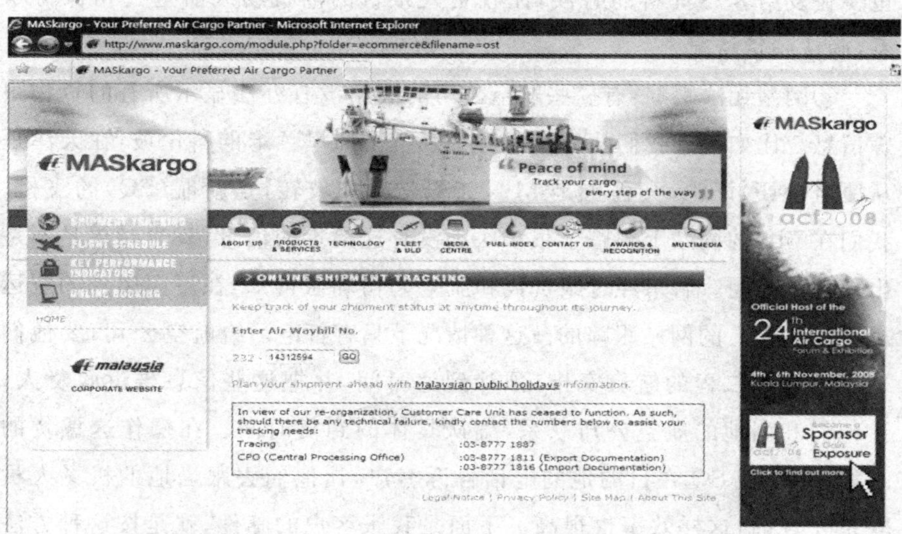

⑦在航空公司的网站上货物跟踪(查询)的地方输入 MAWB 就可以查询出来。如果该航空公司的 E-business 做得比较好的话，在上面就可以看

出订舱信息，而且还可以看出头程和二程（若有）的航班安排，当飞机起飞后，他们会不定期地更新信息，如果跟原来订舱安排不一致，他们也会在查询结果中显示出来。当然也不排除部分航空公司的网站没有这种服务。

（3）异常情况的处理。

空运是一种时效性很高的运输方式，且航班频率也很高，远远高于海运的频率，我们常去的机场基本上每天都有航班。空运常见的异常情况有：

①头程起飞延误，预定二程没有接上：空运受天气的影响也非常大，经常会出现由于天气原因引起的航班延误，但是很多时候国外的天气很好，原定的二程航班可能早就起飞。这个时候要联系货代或航空公司，让他们尽快安排新的二程，因为空运频率高，很多航空公司会在比较短的时间内重新安排新的二程航班。

②网站无法显示货物是否到达：如果用主单号查询的结果显示这票货物的信息和航班号，但是没有显示具体起飞和到达时间的话，我们可以通过该航空公司网站查询具体某一天的某个航班的具体时间表。另外，我们也要在发给客户资料的时候，让收货人跟目的港机场或航空公司保持联系，确认到货情况。

③网站无法跟踪：有一些航空公司的网站没有办法显示所有的货物跟踪信息。比如最近我们从天津空运一票货去斯里兰卡的科伦坡，在天津是从厦航（MF）订舱，头程也是MF，二程是新加坡转，是新航（SQ）的飞机。我们在MF的网站上跟踪了很多次都没有这票货的信息，我当时想是不是出了什么问题。后来经过跟货代和航空公司确认得知，在厦门以外的空运是不能在MF的网站跟踪的。这种情况下只有打电话给航空公司，要他们确认头程和二程的航班安排，预计到达时间，并把这些信息告诉收货人，让他们和当地的航空公司联系，确认具体的到货时间。在操作这票货的时候，我是把SQ在目的地的电话告诉客户，让他们去跟当地的机场人员联系并查询，这样效率也很高。下面是我跟客户的邮件，就是按这种方法来处理：

发件人： 'Jeewanthi-FFX'
收件人： 'kendy'; 'cutie'; 'sunethra-FFX'
日期： 2008年9月19日 11:18:29
主题： RE: RE: inv/pkg/IBWS of 8138-07 (bal.by air) - complete order

Dear Kendy,

Thanks for your information..

Shipment schedule to arrive Colombo today.

Regards,
Jeewanthi

From: kendy
Sent: Friday, September 19, 2008 9:35 AM
To: Jeewanthi; 'cutie'; 'sunethra-FFX'
Subject: Re: RE: inv/pkg/IBWS of 8138-07 (bal.by air) - complete order

Dear Jeewanthi,

Here to gv the tel nbl of SQ in Sri Lanka, you can keep in touch with them to get the details of this air shpmt.
Tel:+94-1-2300755.

Best Regards

Kendy

---

3. 快递的跟踪

(1)快递跟踪的必要性和重要性。

国际贸易的发展过程是伴随着快递等服务业的快速发展的，订单的签订和履行的过程也都离不开快递公司的服务，各个公司都有各种文件或样品等需要寄送，只有通过快递的服务才能完成。不论是国际件还是国内件，一般选择快递而不选择普通的平邮，就是因为时间的紧迫性，而且各个快递的优势区域不同，各自的时效性也都不相同。在寄送之前要考虑到他们的总体情况，不能仅仅比较价格，更要考虑到时效性，而且寄送之后要及时通过网络或客服电话进行跟踪。

如今的快递市场，不管是国内方面还是国际方面，竞争都非常激烈，快递种类也非常多，服务也不同。据工商部门登记注册的资料显示，截至2008年8月15日，我市目前登记注册的快递公司共有164家，主要有三种服务方式在争夺快递市场：一是国际快(运)递，主要承办陆、海、空进出口快(运)递货物、轻纺展品以及报关等外贸业务;二是国内同城、异地快递,主要承办国内各类物件、物品的收、寄快(运)递;三是挂靠、加盟某快递公司设立的业务站(点),主要承办快(运)递公司接、转的投递、派送物品。调查发现,有50.1%的消费者在需要快递时会选择民营快递公司,25.2%的消费者则随便投递。可见,快递服务行业的崛起为人们带来了便捷服务,为消费者和企业赢得了时间和经济效益。但是随着竞争的加剧,快递服务行业中的消费投诉近年来呈直线上升趋势。据消费投诉统计资料反映,仅2008年1月至7月,涉及快递消费的投诉比2007年同期上升20%,有85.8%的消费者维护自身合法权益的呼声与日俱增。而从工商行政机关登记注册的资料情况、消费志愿者的实地体察、相关快递企业经营户的调查等来看,收集到的不满意信息基本都在45%左右,突出表现在:仍有部分快递企业存在“视而不见”的倾向,如员工总数不达15人;从业人员没有持证上岗;职工未经技能培训直接开展业务;未按环保要求进行快递服务;快递不够安全;出现消费争议,推卸赔偿责任;同行业之间有串通之嫌,等等。

不论是大品牌的国际性快递还是小的民营快递,他们在操作过程中都会出现失误,在我们的工作当中碰到过各种各样的情况。为了使快递服务的延误不影响我们的正常业务,就需要我们更多地比较快递公司,寄送之前做出正确的选择;寄出之后进行及时跟踪,如果发现异常情况就立即处理,这样才能最大限度地挽回局面,减小损失。

(2)常见的快递跟踪方法。

1)国内快递。

①电话跟踪。这是首选的方法,国内快递如果距离不是很远的地方,一般当天寄隔天到,如果距离比较远的地方,就需要多一点的时间。如果我们常走那些时间段的快递,对大概所需要的时间都会有一个概念,到了预计要到目的地的时间可以问问收件人是否收到。如果没有收到的话,我们可以从寄件方查询,也可以让收件方在当地查询。如果该快件很急的话,可以催促快递公司尽快派送。

②网络跟踪。用这个方法查询到的信息不如第一种方法反应快。首先找到寄送的快递公司网站,然后输入单号即可查询。这个是在快递不是很急的情况下,可以通过网站查询参考一下。毕竟国内的很多快递公司网

络服务做得很不好，网络上的信息严重滞后于实际信息，派送信息更新极慢，查询到的结果没有太大意义。当然也不排除部分快递公司网络跟踪服务做得非常好。如果你寄送的快递公司很多，并且通过网络查询过很多快递的话，你就会了解他们网络服务的优劣。以后就有更多的经验来判断是选择电话跟踪还是网络跟踪。

③常见国内快递公司网站（部分，排名不分先后）：

- 申通快递包裹查询网址：http://www.sto.cn
- 天天快递包裹查询网址：http://www.ttkdex.com
- 中邦速递包裹查询网址：http://www.szzbsd.com/htm/chaxui.html
- 宅急送快递查询网址：http://www.zjs.com.cn/
- 邮政 EMS 包裹查询网址：http://www.ems.com.cn/
- 大田快运：http://tt.dtw.com.cn/newexpress/query/client_form.jsp
- 全一快运：http://www.apex100.com
- 闻达快递：http://www.wendaexpress.com/
- 一通快递（ETS）：http://www.etsstar.com/new_version/index.asp
- 飞康达快递：http://www.fkd.com.cn/
- 亚风快递：http://www.broad-asia.net/
- 中国速递：http://www.dgpost.com.cn/ems/product/zhsu3.htm
- 圆通速递（YTO）：http://www.yto.net.cn
- 深圳勤诚快递（DDS）：http://www.qc-dds.net/docc/cx.htm
- 中铁快运：http://www.cre.cn/index.html
- 顺丰速递（SF）：http://www.sf-express.com/sfwebapp/index.jsp
- 快马运输有限公司：http://www.fast111.com/search/kjcx.htm
- 宅急送一迪邦宅急送：http://www.8333.com.cn/
- 安信达快递：http://www.anxinda.com/data/search.asp
- 能达一速必达快运：http://www.shnd.net/index.htm
- 飞天达快递：http://www.98933.net/
- 飞鸿快递：http://www.feihong.org/new/index.asp

· 小红马快递：http://www. ponyex. com. cn/chxun. htm

· 北京东方直通速递：http://www. chinakj. net/shouye. htm

· 中通速递：http://www. zto. cn/

· 汇通快递：http://www. htky365. com/network. asp

· 佳吉快运：http://www. jiaji. com/

· 中诚快递：http://www. zoc. net. cn/

· 韵达货运：http://www. yundaex. com/

· 上海奇速快递：http://www. shseis. net/

· 联昊通物流快递：http://www. lts. com. cn/

· 一统快递有限公司，英文缩写 ITO：http://www. itsd. cn

· 越丰快递：http://www. yfexpress. com. hk/welcome/index. asp

· 环宇达：www. gzhyd. com

· 新邦速递：www. xbwl. cn

2）国际快递

国际快递的竞争和国内快递一样，也是非常激烈的，但是主流的国际快递也就那几家，比如 DHL/UPS/TNT/FEDEX 等，他们的网络服务比国内快递要做得好，能够比较及时地反映最新的货运状态，基本上通过他们的网站就可以查询到信息，所以网络查询是最常见的一种方法。当然如果有异常情况还是要打电话给他们的客服了解具体的情况。

下面列出常见的国际快递公司货运跟踪网页（排名不分先后）：

· DHL：http://www. cn. dhl. com/publish/cn/zh. high. html

· UPS：http://www. ups. com/WebTracking/reference? loc = zh_CN&WT. svl=SubNav

· TNT：http://www. tnt. com/webtracker/tracker. do? navigation=1&respLang=zh&respCountry=CN&genericSiteIdent=

· FEDEX：http://www. fedex. com/cn/

· SCS：http://www. scsexpress. com/

· DPEX：http://www. dpex. com/index. asp

· CITY-LINK：http://www. citylinkexpress. com/CN/zh-CN/Default. aspx

如果是通过其他的快递公司寄送，也可以从快递单上看到查询网站，如果暂时看不到运单，也可以在网上搜索到该快递公司的网站。查询之后也可以把该网站收藏起来，以便日后查询。而且从各个快递公司的网站上也可以看到查询电话。

(3)异常情况的处理。

寄送快递不仅要考虑到价格因素，也需要考虑时效性。比如外贸公司有很多样品或其他重要文件都需要寄给国外的客户，因为距离比较远，而且寄送的物品也比较重要，所以需要寄送方跟踪快件的签收情况。比如有一些是订单的样品，涉及新的订单能否下达，如果不能及时收到或有遗失的话，就会影响到正常的订单操作。如果寄送的是海运提单和其他出货资料的话，遗失就会影响到客户提货。所以，必要的跟踪显得非常重要。

像一些大的快递公司，虽然给我们提供了很多优质、便利的服务，但是他们每天都要处理大量的业务，也必然有出现差错的情况。我们如果能及时发现的话，就可以联系快递公司了解详细情况采取及时的补救措施。

例一，2008 年 4 月 4 日，我公司从天津供应商那里寄送了一批零件去斯里兰卡，当时这个费用是由供应商承担。由于客户要这批零件也是非常急的，所以我们要求供应商必须要选用比较大的快递公司，以保证快递的速度。当时供应商经过询价还是选择了 DHL(通过下面的代理操作)，货物的重量比较大，有 200 多公斤。当天下午就安排快递公司上门提货，并提供了快递发票和运单，单号是:852-7921-286。

按正常情况来讲，一般当天取件，第二天就能在网站上查询到该票货的信息。而且我也有个习惯，只要寄出了快递(一半都是国际件)，第二天必定要到网站上查询一下，看看我们的货有没有发出去。4 月 5 日上午，我在网站上查询不到任何信息。当时也没有太在意，因为是周末，以为信息更新比较慢。到晚上查的时候，发现这票货是从山东寄出的。当时我还不知道具体情况，以为是网站出现了错误。因为我们的供应商是在天津，为什么网站上显示是从山东寄出呢？然后我打电话给这个代理了解详细情况，经过了解得知，因为各个不同的城市到某个目的地的快递价格差异比较大，他们会把某些货通过国内快递或他们自己的陆运，送到价格比较低的城市去寄送。有的时候也因为在其他地方的某个代理货量非常大，能够拿到非常优惠的价格，其他城市的代理也会把货送到价格便宜的代理那边去发，我们的这批货就是这个情况。经过代理的解释，当时也就了解了为什么网站上显示的寄送地是山东而不是天津。

正常情况下，如果通过 DHL 的话，他们的路线是天津→北京→香港→新加坡→科伦坡，大概需要 3 天左右的时间（当然如果是周末到目的地的话，会影响派送）。我们这票货按正常情况来讲，4 月 7 日不到科伦坡的话，至少也要到新加坡。所以周一（4 月 7 日）一上班我就开始查询，网上显示的还是在山东。当时我就询问 DHL 客服，证实了这票货还在山东。后来我立刻打电话给取件的代理，他们解释是由于清明节放假的原因，导致了这票货的延误。当时我就质问他们之前一直让他们跟踪，为什么没有及时跟踪，也没有及时反馈给我们？

当然抱怨归抱怨，问题还是要处理的。既然延误了，就要催他们及时赶新的航班发出去。8 号从网上查到快递已经到达香港，后来 9 号、10 号一直都查不到更新的消息，打电话给 DHL 客服，也说不出所以然。一会儿说货在香港，一会儿又说货还在山东。当时真的不知道出了什么问题，就打电话给 DHL 客服经理，要他们严肃对待这件事，发生这样的情况严重影响了客户的生产安排。

经过不断地催促和与代理的交涉，最后确认了货还在山东，没有发出去。因为当时我们的货比较多，准备拼一个小型的集装箱出去，但是我们的货最终没有拼进去。他们网站的记录都是按集装箱来操作，以为也跟集装箱发出去了。所以才显示在香港，但是山东这边也一直没有反馈。

因为这件事不是属于误差而是工作失误，DHL 那边也比较重视，也努力来处理这件事。4 月 10 日，他们反馈给我说，要安排当天晚上的航班去韩国仁川，然后经香港再转飞到斯里兰卡的科伦坡，他们许诺会跟踪这票货的全过程，并会让斯里兰卡那边协助办理加急清关派送。最后快件在 14 日到达科伦坡。

由于这次的货量非常多，进口也需要向海关申报。当时是因为准备一些资料的问题，耽误了一点时间。最后终于在 18 日清完关，把货送到了收货人手中。

具体详细过程请参考下图：

中文 ▶ EN ZH

这些是您查找的结果

提供的时间是已记录的快件检查点中到达服务区域的当地时间。

运单号码	发件地服务区域	目的地服务区域	状态
8527921286	Shandong Province - China, People's Republic	Colombo - Sri Lanka	快件交由收件人的代理负责清关及派送 截止到：四月 18, 2008 12:22 ✔

8527921286 - 详细报告

日期	时间	地点服务区域	检查点详细信息
四月 05, 2008	22:13	Shandong Province - China, People's Republic	快件已从发件人处提取
四月 06, 2008	00:24	Shandong Province - China, People's Republic	快件到达机场 Shandong Province - China, People's Republic
四月 06, 2008	00:24	Shandong Province - China, People's Republic	快件已经离开DHL操作中心 Shandong Province - China, People's Republic
四月 07, 2008	14:33	Shandong Province - China, People's Republic	快件已经离开DHL操作中心 Shandong Province - China, People's Republic
四月 08, 2008	01:13	Hong Kong - Hub - Hong Kong	快件到达机场 Hong Kong - Hub - Hong Kong
四月 11, 2008	02:35	Shandong Province - China, People's Republic	快件已经离开DHL操作中心 Shandong Province - China, People's Republic
四月 11, 2008	16:26	ICN - Gateway - Korea, Republic Of	快件到达机场 ICN - Gateway - Korea, Republic Of
四月 11, 2008	16:28	ICN - Gateway - Korea, Republic Of	快件已完成清关手续并从海关放行 ICN - Gateway - Korea, Republic Of
四月 12, 2008	21:28	ICN - Gateway - Korea, Republic Of	快件已经离开DHL操作中心 ICN - Gateway - Korea, Republic Of
四月 12, 2008	21:28	ICN - Gateway - Korea, Republic Of	快件已经离开DHL操作中心 ICN - Gateway - Korea, Republic Of
四月 13, 2008	00:41	Hong Kong - Hub - Hong Kong	快件到达机场 Hong Kong - Hub - Hong Kong
四月 13, 2008	12:15	Hong Kong - Hub - Hong Kong	快件已完成清关手续并从海关放行 Hong Kong - Hub - Hong Kong
四月 13, 2008	16:45	Hong Kong - Hub - Hong Kong	快件已经离开DHL操作中心 Hong Kong - Hub - Hong Kong
四月 14, 2008	06:22	Colombo - Sri Lanka	快件到达机场 Colombo - Sri Lanka
四月 14, 2008	06:22	Colombo - Sri Lanka	快件正在清关
四月 14, 2008	06:22	Colombo - Sri Lanka	快件正在等待清关 Colombo - Sri Lanka
四月 15, 2008	09:56	Colombo - Sri Lanka	快件正在清关
四月 15, 2008	14:45	Colombo - Sri Lanka	已通知收件人的代理，货件正在清关
四月 15, 2008	18:20	Colombo - Sri Lanka	由于派送时收件人公司已下班，无法派送
四月 16, 2008	08:59	Colombo - Sri Lanka	已通知收件人的代理，货件正在清关
四月 16, 2008	11:27	Colombo - Sri Lanka	快件正在清关
四月 17, 2008	09:42	Colombo - Sri Lanka	快件正在清关
四月 18, 2008	09:45	Colombo - Sri Lanka	快件正在清关
四月 18, 2008	12:22	Colombo - Sri Lanka	快件交由收件人的代理负责清关及派送

尝试一个新搜索。

例二，2008 年 5 月 9 日我从天津供应商那边寄出了很多零件到斯里兰卡，选择的快递公司是 TNT，快递单号是 GD600-928-145WW，当时寄送完之后，我就立刻把快递信息和所寄的零件明细发给客户，因为这些零件都是非常急用的，所以就告诉他们预计 5 月 12 日能到达，让他们也跟当地的快递公司保持联系，快递一到当地就联系他们派送。

5 月 12 日从网上查到快件被海关扣住了，因为东西非常多，且货物申报的价值也比较高，所以需要通过海关正式报关才可以清关放行。后来我们通知收件人准备相关资料去清关。最后于 12 日中午清关放行，并把货派送到收件人手中。

下图是网页显示的详细过程：

600928145 详情

参考编号	
取件日期	09 May 2008
目的地	COLOMBO
送达日期	11:15, 12 May 2008
签收人	RASIKA

日期	时间	地点	状态
12 May 2008	11:15:00	Colombo	Shipment Sent To Receiver/broker For Clearance N Final Delivery.
12 May 2008	10:32:00	Colombo	Out For Delivery.
12 May 2008	09:03:00	Colombo	Held Customs, Awaiting Clearance Instructions From Receiver.
11 May 2008	16:48:00	Singapore	Shipment In Transit.
11 May 2008	14:39:03	Singapore	Shipment Received At Transit Point.
10 May 2008	14:49:05	Pudong International Airport	Shipment Received At Transit Point.
10 May 2008	14:33:43	Pudong International Airport	Shipment Received At Transit Point.
10 May 2008	01:55:38	Beijing	Shipment Received At Transit Point.
10 May 2008	00:22:00	Tianjin	Shipment In Transit.
09 May 2008	22:01:37	Tianjin	Shipment In Transit.
09 May 2008	19:37:13	Tianjin	Shipment Received At Origin Depot.

返回 / 输入界面

请看客户给我们的邮件，写明了快递已经清关并且已派送：

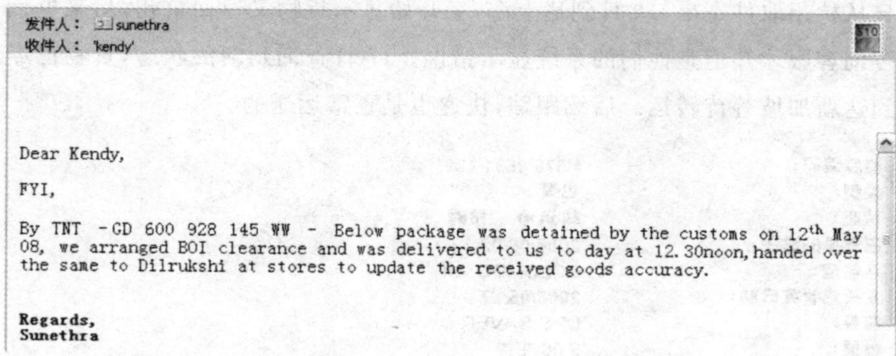
发件人： sunethra
收件人： 'kendy'

Dear Kendy,

FYI,

By TNT - GD 600 928 145 WW - Below package was detained by the customs on 12th May 08, we arranged BOI clearance and was delivered to us to day at 12.30noon, handed over the same to Dilrukshi at stores to update the received goods accuracy.

Regards,
Sunethra

例三，关于网页显示错误：有的时候快递公司的网站上也会出现错误。

货件	参考编码	目的地	取件日期	状态
232393091		COLOMBO	15 Aug 2008	In Transit

输入界面 提示

电邮这些结果

232393091 详情

参考编号	
取件日期	15 Aug 2008
目的地	COLOMBO
送达日期	
签收人	

日期	时间	地点	状态
17 Aug 2008	11:07:08	Singapore	Shipment Received At Transit Point.
17 Aug 2008	02:41:00	Hangzhou	Shipment In Transit.
17 Aug 2008	12:10:03	Hangzhou	Shipment In Transit.
16 Aug 2008	07:59:26	Hangzhou	Shipment Received At Destination Depot.
16 Aug 2008	01:18:28	Pudong International Airport	Shipment In Transit.
16 Aug 2008	09:46:00	Pudong International Airport	Delay Due To Routing Error. Recovery Actions Underway.
16 Aug 2008	09:17:15	Pudong International Airport	Shipment Received At Transit Point.
16 Aug 2008	02:10:00	Hangzhou	Shipment Held. Follow Up Actions Underway.
16 Aug 2008	12:51:21	Hangzhou	Shipment In Transit.
15 Aug 2008	09:44:16	Hangzhou	Shipment In Transit.
15 Aug 2008	09:42:24	Hangzhou	Shipment Received At Origin Depot.

返回 / 输入界面

上图的快递是从杭州寄出到斯里兰卡的，单号是 232-393091，8 月 15

日从杭州取件寄出，16 日到达上海，一开始显示货物又返回杭州，后来电话咨询客服才知道是他们的系统显示错误。17 日查询到新的状态，货物已经到达新加坡等待转运。后续跟踪，快递也是正常运送的。

追踪编码：	H676 8631 489
类型：	包裹
状态：	**转运中 - 按时**
已安排的递送：	2008/06/02
运输至：	COLOMBO, LK
发货或收款日期：	2008/05/27
服务：	UPS SAVER
重量：	9.00 千克

若要查看额外追踪信息，请 登录 "我的 UPS"。

包裹进度

地点	日期	当地时间	描述
CHEK LAP KOK, HK	2008/05/29	7:26	货件等待清关机构放货 / 已重新安排递送
PAMPANGA, PH	2008/05/29	3:30	启程扫描
CHEK LAP KOK, HK	2008/05/28	23:30	启程扫描
	2008/05/28	22:39	中转站扫描
	2008/05/28	14:31	中转站扫描
	2008/05/28	11:32	货件等待清关机构放货
BEIJING, CN	2008/05/27	21:42	中转站扫描
	2008/05/27	19:19	起运地扫描
CN	2008/05/27	14:13	收到付款信息

由 UPS 提供的追踪结果： 2008/05/28 23:38 美国东部时间

上图的快递是一票从天津寄出的快件，通过 UPS 寄送，单号是 H676-8631-489，5 月 27 日从天津取件，28 日到达香港，29 日到达菲律宾，但是 29 日又查询到另外一条消息，显示货物还在香港。当时也跟 UPS 客服确认过，快件已在发往新加坡的途中。网页上显示的也是错误的。

经过后续跟踪，该票快递也是顺利送抵收件人公司的。

总之，尤其是像国际快递，寄送之后一定要适时跟踪，若有异常情况就要及时联系客服询问具体情况。

第七章

出货后的整理和总结

chuhuohou de zhengli he zongjie

一、报关出口后的相关事宜

1. 收汇

报关出口后准备相关的收汇单据交给银行(付款方式为 D/P 或 L/C 时)或者寄给客户(付款方式为 T/T 时),然后要跟踪客户是不是在合理的时间范围内付款。客户付款后要让他们提供相应的付款单据,我们也可以跟我们的收款银行进行确认是否到账,因为到账才是最重要的。

如果客户没有及时付款,就要跟踪并询问他们为什么没有及时付款,是由于客观原因(如当地的节假日等)还是主观因素(有意拖延付款等)。至于风险的事,在前面的内容也有提及过,在这里也不再作描述。总之,催促客户付款直至收汇才是目的。

2. 核销单

出口报关需要提供核销单,报关后核销单连同报关单的出口收汇专用联和出口退税专用联都需要退回给出口报关企业供他们核销和退税使用,一般情况下会在出口报关后 20～40 天左右退回。出口报关企业的相关人员也要做好每一票的出口记录,如果没有及时收到退回来的核销单和报关单,就要尽早联系货代或报关行(如果出口手续都是通过货代来操作的话,就直接联系货代;如果是自己的报关行报关,那退核销单就直接联系报关行)。

3. 核销单的电子口岸操作

核销单退回给出口企业之后,还需要在电子口岸进行相关的操作,如电子口岸的交单和数据的报送等(推荐一篇来自福步论坛的介绍电子口岸操作的帖子:http://bbs.fobshanghai.com/thread-819065-1-1.html),在这里只简单介绍两个比较重要的步骤:

(1)电子交单。

核销单报关后,海关会在核销单的退税联上加盖海关验讫章,并退回报关单位。出口单位收到从海关退回的核销单和报关单,应在电子口岸上提交数据。进入中国电子口岸网站(http://www3.chinaport.gov.cn/),点击"出口收汇",查询到各个核销单所对应的报关信息,要核对所显示的内容与退回的纸质出口报关单上的内容是否吻合(主要是国别、数量、H.S.编码和金额等),如果信息一致就可以进行交单。

(2)数据报送。

"出口退税"子操作系统主要用于提交报关单退税联,此数据通过电子口岸报送给国税局,这样才能为后面的退税申报做好准备工作。一个经常出口的企业,每次出口都要做好记录。核销单退回来以后,可以集中在一个时间进行电子口岸的操作。每一到两个星期进行一次电子交单和数据报送,具体的时间可以根据出口企业的出口频率和相关工作人员的时间安排。

做好详细记录的目的就是,要清楚地知道是不是所有的核销单都已经及时退回,是不是所有退回的核销单都进行了电子口岸的交单,是不是所有报过关的核销单都进行了数据报送等。不做好记录的话,出口一多、时间一长就会忘记哪些核销单已经进行了相关操作,这样会对工作造成非常不利的影响。

二、外汇核销

1. 我国外汇管理制度框架

(1)外汇及外汇管理。

所谓外汇，就是指可以用作国际清偿的支付手段和资产。根据我国《外汇管理条例》的规定，我国的外汇包括外国货币、外汇支付凭证、外币有价证券、特别提款权、欧洲货币单位以及其他外币资产。根据各国货币在国际清偿中的不同特点，外汇又分为自由外汇和记账外汇。

外汇管理又称为外汇管制，是指一个国家为了保持本国的国际收支平衡，对外汇的买卖、借贷、转让、收支、国际清偿、外汇汇率和外汇市场实行一定限制措施的管理制度。其目的在于保持本国的国际收支平衡，限制资本外流，防止外汇投机，促进本国经济的健康发展。

根据《中华人民共和国外汇管理条例》规定，我国实行国际收支统计申报制度，凡有国际收支的单位和个人都必须进行国际收支申报。

(2)我国外汇管理制度框架。

我国从建国以来一直实行外汇管制。建国初期，基于我国国力较弱以及当时所处的严峻的国际国内形势，我国实行比较严格的外汇管理制度。随着改革开放和经济的不断发展，我国顺势颁布了一系列的外汇管理新法规，形成了以《中华人民共和国外汇管理条例》为主，包括其他外汇管理法规、行政规章和其他规范性文件相对完善的外汇管理法律体系，标志着我国外汇管理进入了一个新时期。

目前，我国外汇管理的职能部门是国家外汇管理局及其分局。

2. 我国的外汇收支分为经常项目外汇和资本项目外汇，对它们分别实施不同的管理措施

经常项目是指国际收支中经常发生的项目，包括贸易收支、劳务收支和单方面转移等。

我国对经常项目下的外汇收入实行银行结汇制，境内机构的经常项目外汇收入必须汇回国内，并按照国家关于结汇、售汇及付汇管理的规定卖给外汇指定银行，或者经批准在外汇指定银行开立外汇账户。境内机构原则上不得将经常项目外汇账户中的外汇资金转作定期存款；确需转作定期存款的，须凭法定的文件向开户行所在地的外汇局申请。境内机构的经常项目用汇，可按国家关于结汇、售汇及付汇管理的规定，持有效凭证和商业单据向外汇指定银行购汇支付。境内机构的出口收汇和进口付汇，应当按照国家关于出口收汇核销管理和进口付汇核销管理的规定办理核销手续。

外汇局收到出口单位报告的核销凭证（包括电子数据）后，应通过“出口收汇核报系统”及其他相关系统核对出口单位报告数据的真实性。如提交的核销凭证与海关、银行传送的数据不一致或提交的审核材料不齐全，应退回出口单位进行更正。海关、银行在接到出口单位的更正申请后，应在5个工作日内办理核销凭证或电子数据的核对、修改手续。

收汇核销所需资料

（1）核销单；

（2）报关单（出口收汇专用联），前提是已以电子口岸交单；

（3）银行结汇水单；

（4）出口收汇核销表（一式两份）。

三、出口退税

1. 企业办理出口退税的手续

企业办理出口退税必须提供以下凭证：

（1）购进出口货物的增值税专用发票（税款抵扣联）普通发票。申请退消费税的企业，还应提供由工厂开具并经税务机关和银行（国库）签章的《税收（出口产品专用）缴款书》（以下简称专用税票）。

（2）出口货物销售明细账。主管出口退税的税务机关必须对销售明细账与销售发票等认真核对后予以确认。

出口货物的增值税专用发票，消费税专用税票和销售明细账必须于企业申请退税时提供。

(3)加盖有海关验讫章的《出口货物报关单(出口退税联)》。《出口货物报关单(出口退税联)》原则上应由企业于申请退税时附送。但对少数出口业务量大,出口口岸分散或距离较远而难以及时收回报关单的企业,经主管出口退税税务机关审核财务制度健全且从未发生过骗税行为的,可以批准延缓在3个月期限内提供。逾期不能提供的,应扣回已退(免)税款。

(4)出口收汇单证:企业应将出口货物的银行收汇单证按月装订成册并汇总,以备税务机关核对。税务机关每半年应对出口企业已办理退税的出口货物收汇单证清查一次。在年度终了后将企业上一年度退税的出口货物收汇情况进行清算。除按规定可不提供出口收汇单的货物外,凡应当提供出口收汇单而没有提供的,应一律扣回已退免的税款。

下列出口货物可不提供出口收汇单:

①易货贸易、补偿贸易出口的货物;

②对外承包工程出口的货物;

③经省、自治区、直辖市和计划单列市外经贸主管部门批准远期收汇而未逾期出口货物;

④企业在国内采购并运往境外作为在国外投资的货物。

2. 何种情况下可以申请出口退税

我国出口的产品,凡属于已征或应征产品税、增值税和特别消费税的产品,除国家明确规定不予退还已征税款或免征应征税款的外。

出口产品,一般应具备以下3个条件:

①必须是属于产品税、增值税和特别消费税范围的产品。

②必须报关离境。所谓出口,即输出关口。这是区分产品是否属于应退税出口产品的主要标准之一,以加盖海关验讫章的出口报关单和出口销售发票为准。

③必须在财务上做出口销售。一般来说,出口产品只有在同时具备上述3个条件的情况下才予以退税。但是国家对退税的产品也作了特殊规定,特准某些产品视同出口产品予以退税。

3. 哪些企业可以出口退税

(1)具有外贸出口经营权并承担国家出口创汇任务的企业,经过外经贸主管部门批准,享有独立对外出口经营权的中央和地方外贸企业、工贸公司和部分工业生产企业。

(2)委托出口的企业主要指具有出口经营权的企业代理出口,承担出口盈亏的企业。

4. 出口退税的计算方法

(1)内资生产企业(含新外商投资企业)实行"免、抵、退"税的计算:

当期应纳税额=当期内销货物的销项税额-(当期进项税额-当期出口货物不予免征、抵扣和退税的税额);

当期出口货物不予免征、抵扣和退税的税额=当期出口货物的离岸价格×外汇人民币牌价×(增值税税率-退税率)。

当生产企业本季度出口销售额占本企业同期全部货物销售额50%及以上,且季度末应纳税额出现负数时,按下列公式计算应退税额:

①当应纳税额为负数且绝对值≥本季度出口货物的离岸价格×外汇人民币牌价×退税率时:当期应退税额=本季度出口货物的离岸价格×外汇人民币牌价×退税率;

②当应纳税额为负数且绝对值<本季度出口货物的离岸价格×外汇人民币牌价×退税率时:应退税额=应纳税额的绝对值。

(2)生产企业以"进料加工"贸易方式进口料件加工复出口的,按如下公式计算"免、抵、退"税:

当期出口货物不予免征、抵扣和退税的税额=当期出口货物的离岸价格×外汇人民币牌价×(征税税率-退税率)-当期海关核销免税进口料件组成计税价格×(征税税率-退税率)。

公式所列的"当期海关核销免税进口料件组成计税价格"原则上以核销时海关计算免征增值税的价格掌握。

其余"免、抵、退"税公式按前述公式执行。

上述公式中的"本期"是指"本半年(季、月)"或"本年","上期"是指"上半年(季、月)”或“上年”。

(3)无进出口经营权的生产企业出口退税的计算。

①当期出口货物不予退税部分＝当期出口货物离岸价×外汇人民币牌价×(征税税率－退税税率)。

②当期累计外销货物的进项税额＝当期累计全部进项税额×(当期累计外销货物销售额÷当期累计全部货物销售额)；

当期累计外销货物的应退税额＝当期累计外销货物的进项税额－当期出口货物不予退税部分。

(4)对外修理修配的出口退税计算(外贸企业)应退税额＝修理修配金额×退税率。

(5)出口企业委托生产企业加工收回后报关出口的货物退税计算:应退税额＝(购买加工货物的原材料等发票进项金额＋工缴费发票金额)×退税率。

(6)出口企业出口货物应退消费税的计算应退消费税税款＝出口货物的工厂销售额(出口数量)×税率(单位税额)。

(7)凡从小规模纳税人购进特准退税的出口货物的进项税,应按下列公式计算:进项税额＝普通发票所列(含增值税)销售金额/(1＋征收率)×退税率。

5. 出口退税的申报

出口退税申报,指已办理出口退税登记的出口企业,在产品实际出口以后,向主管出口退税的国税机关申请退还其出口产品税款的过程。

(1)出口退税申报的程序和要求。

外贸企业出口货物出口退税申报程序,应用计算机生成(实行出口退税计算机管理的企业)或手工填报《出口货物退税申报明细表》、《出口货物退税进货凭证申报明细表》、《出口货物退税汇总申报表》等表格,并提供办理出口退税所需的凭证资料,先报外经贸主管部门稽核签章,然后再报主管出口退税的国税机关申请退税。

(2)外贸企业办理出口货物退税,一般必须提供以下凭证:

①核销单(退税专用联);

②报关单(退税专用联),前提是在电子口岸下的出口退税子栏目下已交单;

③进项发票(已认证);

④出口合同;

⑤出口退税汇总表(一份);

⑥出口退税出口明细表(三份);

⑦出口退税进货明细表(三份);

⑧转为正式申报后生成的资料导入U盘。

6. 出口退税的流程和时间关系

一般正常的操作流程是银行结汇(出具水单)→核销→退税,但是在现实过程中总是由于一些原因,造成不能按这个步骤执行,比如不能及时收汇,这里有多种操作方法,下面作一简要说明:

一是没有及时收汇可以从其他水单进行拆借。

二是大多数地方在没有核销的情况下,可以在90天内先行进行退税申报,以免超期,这叫单证不全申报,待核销单核过之后再补上,也是可行的。但是要注意一点:核销的期限是报关出口后180天内,如果180天内没有及时收汇,就算前期进行退税申报,也是于事无补,也要视同内销征税,所以及时收汇、催汇也是比较重要的。

时间关系:

(1)退税申报期:90天。

(2)核销期:180天。

(3)发票认证期:90天,但是外贸企业有个不成文的规定,那就是开票后30天内要进行发票认证。

在进行核销和退税操作的时候,一定要注意这些时间限制,还是要回归到前面说过的,做好详细记录,每一票核销单的进程都要非常清楚。没有按时退回来的核销单都要及时催货代退回,否则影响了后续的退税,损失就比较大。

到退税申报的时候,一个订单的操作基本上就进行到了尾声,财务会对这个订单进行相关的利润分析,综合收汇、各项成本和税务情况,分析出这个订单的毛利润和净利润等情况，如果利润率太低的话，就要找出原因，是因为原材料涨价还是因为汇率变化，或者是考虑不周全等。要做好总结，为以后的订单操作提供经验。

第八章

纺织品跟单事务

fangzhipin gendan shiwu

● 一、纺织品行业的现状和前景

现今的中国纺织品行业从国际大环境看，虽然早年的中美、中欧贸易摩擦得以解决，但随之而来的又是一个个新的问题。贸易摩擦仍将长期存在，也就是说，中国的企业仍有可能因反倾销案的高发而面临灾难性后果。调整、优化产业结构，改变经济增长方式以及提高附加值才是应对之根本。

1. 国际同行业竞争者明显增多

一批发展中国家的纺织行业作为竞争对手已经崛起并竞相争夺我国纺织行业出口市场。这些竞争对手不仅将从出口上同我国纺织品竞争发达国家的市场，而且还将直接进入中国市场造成与国内企业的竞争。尽管在管理、质量、效益、成本等整体水平上我国纺织企业比对方好得多，但因给人做贴牌加工，而无法控制市场，就使我国纺织品的优势和利益无法得到真正的体现。

2. 2007 年以来，随着人民币的加速升值和贷款利率的上调直接导致出口风险加大

2007 年以来，人民币对美元汇率一路走低，大大增加了出口企业的经营成本和经营风险。上半年以来，人民币对美元汇率累计升值 2%，约影响纺织行业利润 113 亿元。5 月 21 日起，银行间即期外汇市场人民币对美元交易价浮动幅度由3%扩大至5%，以出口为主的生产企业报价难度加大，价格有效周期短，进一步增加了企业的经营风险。从而人民币升值对企业的诚信问题也是不小的考验。

例如，在人民币升值之前，每个出口到美国的订单，报价有效周期可以是3个月，甚至6个月。而如今，同样的报价仅能维持1个月，出口报价的难度可想而知。并连锁引发的是外贸公司与生产工厂的订单周期难以控制，操作中瞻前顾后。在这期间内一旦人民币升值比例超过企业的利润底线，势必会产生纠纷，诚信问题凸显。

贷款利率的提高增加了企业贷款的难度，同时增加了贷款资金使用的成本。中国纺织工业协会产业部统计中心的统计数据显示，2008年前5个月，上调利率累计影响行业利润4.8亿元。

3. 全球提倡环保，中国的节能减排任务艰巨

随着环保意识的深入人心，各国管理逐步加强。由于纺织行业固定资产投资增加，产业规模扩大，行业能耗也随之加大，与资源限制、环境约束形成矛盾。节水、节能、降耗、减排成为纺织行业任重道远的发展任务。

中国纺织工业协会产业部有关负责人表示，目前地方政府和企业缺乏节能减排的政策动力，国家能耗、水耗标准体系不健全，国家对计量统计及数据处理缺乏引导，企业在节能减排研发方面投入不足，行业协会节能减排推进工作缺乏资金支持等问题比较突出。

4. 成本大幅增加

从生产企业到外贸经营，我国纺织行业的生产原料、劳动力成本、能源成本逐渐上升。2007年1月至5月，我国煤电油价格同比增长3.3%，工人工资同比增长10%以上，棉花新的准税率的实施使中国棉花每吨价格比国际市场高出2000元以上，纺织企业生产成本不断增加。加之市场竞争日益加剧，企业通过产品价格转嫁成本的难度加大，赢利能力被削弱。目前，行业销售成本增速高于销售收入增速，销售成本占销售收入的比重保持高位。1月至5月，我国纺织行业规模以上企业的销售成本占销售收入的89.16%。

2008 年一度反弹的原油价格等不确定因素，使得中国目前的纺织行业同样不确定。但在 3 月 18 日中国产业用纺织品行业协会第二届三次理事长扩大会议上，朱理事长的 2007 年工作汇报中，朱理事长回顾说，2007 年中国产业用纺织品行业的发展情况，行业虽然受原料价格上涨、劳动力成本上升等的影响，行业整体仍然呈上升趋势。

5. 就目前探究以后相当长一段时间内的中国纺织业发展前景将有诸多不确定因素

(1)人民币持续升值，退税率下降，对于在中国纺织业中占大多数，且靠出口退税生存的中小型企业有着不小的影响。这类企业结构简单，产品链短，汇率的变动使其前景堪忧。同时随着新劳动法的实施，加之原材料等成本的持续增长，更使这类企业面临生存问题，以致数以万计的人员失业，从而对整个纺织业的影响可想而知。

但是为了应对退税率下降的问题和美国金融危机导致的全球经济疲软，国家财政部调高了部分产品的退税率，其中也包括纺织品，参考下面的网址：http://szs.mof.gov.cn/shuizhengsi/zhengwuxinxi/zhengcefabu/200810/t20081021_83275.html。

(2)虽然 2008 年欧洲已取消配额限制，2009 年美国也将跟进，但就趋势来看，同样不能太过乐观，门槛降低，又会促使中小企业重新加入降价抢单大军。而这两大市场又必将会设定新的贸易壁垒，也势必会产生新的贸易摩擦。

如欧盟新的 PFOS 指令(PFOS 全称为全氟辛烷磺酰基化合物)，是纺织品和皮革制品防污处理剂的主要活性成分，广泛应用于民用和工业产品生产领域，是目前最难降解的有机污染物之一。具体限值如下：化合物本身或配制品中其含量应小于 0.005%(50ppm)；半成品中其含量应小于 0.1%(1000ppm)；纺织品或涂料中其含量应小于 1μg/m。欧洲议会于 2006 年 10 月 25 日通过了限制使用 PFOS 的指令，该指令规定：欧盟各成员国于 2008 年 6 月 27 日开始正式实施对 PFOS 的限制措施。

(3)尽管有诸多问题存在影响着中国纺织业的发展，而且有诸多不确定因素，但中国纺织业的发展前景仍然被看好，这无疑要依赖于国家的宏观调控，企业积极应对，优化自身结构，提高产品质量，发挥中国纺织业的优势地位作用，增强国际竞争力。纺织业的“精化”、“深化”、“信息化”、“技术优化”等都将继续推动行业的不断发展！

● 二、纺织面料跟单

1. 纤维和纱线是面料的基础

(1)纺织纤维。

纺织纤维基本可分为两大类：天然纤维和化学纤维，每类纤维又包含不同品种(如下图所示)。

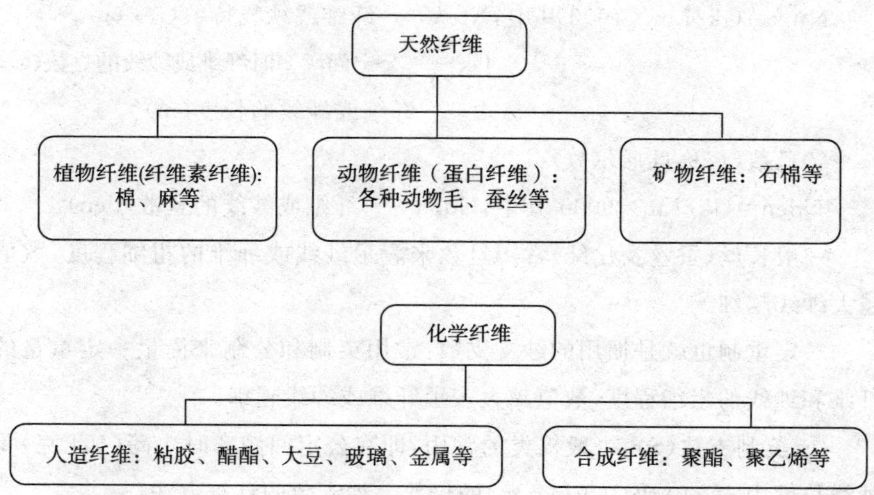

(2)服装用纺织纤维。

上图中服装常用的天然纤维有：棉、亚麻、苎麻、桑蚕丝、柞蚕丝、纯羊毛；常用的化学纤维有：涤纶、锦纶、腈纶、氨纶以及杜邦新型的 LYCRA(莱卡)，莱卡是杜邦公司独家发明生产的一种人造弹力纤维，可自由拉长 4 至 7 倍，并在外力释放后，迅速回复原有长度。它不可单独使用，但能与任何其他人造或天然纤维交织使用。它不改变织物的外观，是一种看不见的纤维，能极大改善织物的性能。

棉、麻、毛属于短纤维；蚕丝属长丝。化学纤维中人造纤维称为“纤”，合成纤维短纤维称为“纶”，化纤长丝则在后面加一个“丝”。如聚酯纤维短纤为“涤纶”，长丝为“涤纶丝”。

(3)纺织纤维的性能与指标。

纤维的线密度（纤维和纱线的粗细程度）与长度决定着纱线以及最后面料与服装的品质。较细纤维成品后光泽好、手感好；较粗纤维成品后粗犷、厚重。

对纤维的细度质量有两种指标区分：直接指标——纤维直径，间接指标——定长制和定重制。

1)定长制常用特数和旦数来计算：

①特数（俗称号数）：

Ntex＝Gk/Lm×1000 其中：Ntex——纤维或纱线特数（tex）；

Gk——公定回潮率时纤维或纱线的克数(g)；

L——纤维或纱线的长度（m）。

②旦数（俗称旦尼尔数）：

Nden＝Gk/Lm×9000 其中：Nden——纤维或纱线的旦数（den）。

一般长丝（蚕丝及化纤）常用旦数来表示纱线或纤维的粗细程度，数值越大纱线越细。

2)定重制也就是惯用的纱支支数：常用英制和公制来衡量一定重量的纤维和纱线的粗细程度，数值越大表示纤维或纱线越细。

① 英制支数（S）：一般棉类的常用，即在公定回潮率时 1 磅（454 克）重纱线长度中含 840 码（0.9144 米）的倍数。纱支数的计算方法：

Ne＝Le/840×Gek 其中Ne——纱线英支数（s）；

Gek——纱线公定回潮率时的重量磅数（1b）；

Le——纱线长度（码数 Yd）。

② 公制支数：公定回潮率时 1g 重的纱线米数。一般棉、麻、毛纤维常用公支表示：

Nm＝L/Gk　　其中：Nm 即公支。

2. 纱线分类

按原料划分：纯纺、混纺；

按简单工艺划分（主要用于棉类纱）：普梳——纤维经普通纺纱系统纺成的纱，精梳——棉纤维经精梳纺纱系统纺成的纱，半精梳——介于以上两者之间的；

按纱支划分：细支、中支、粗支、高支。

除了上述的分类方法，还可按照纤维或纱线的物理性能和使用特性（如长丝纱、短纤纱、花式纱、变形纱等）以及所做的后处理工艺（如本白纱、漂白纱、染色纱、烧光纱、丝光纱等）来区分。还有一个重要用途的纱线：缝纫线。

3. 纱线常用的处理工艺

（1）本色纱（又称原色纱）：无须特殊处理以保持纤维本色，原色坯布用纱（如白棉坯布）。

（2）染色纱：原色纱经煮炼和染色而成的色纱，色织布用纱（如格子布等）。

（3）漂白纱：用原色纱经过炼漂而成，用于织造漂白布，也可与染色纱交织成各种色织产品。

（4）烧毛纱：经烧毛机烧掉纱线表面的茸毛，制成具有光滑表面的纱线，高档面料用纱。

（5）丝光纱：经过丝光处理的棉纱。有丝光漂白和丝光染色纱，高档色织物用纱。

（6）色纺纱（包括混色纱）：先将纤维染色，然后纺制而成的纱，可织成外观呈现不规则星点和花纹的织品。

4. 棉纱

棉纱为目前主要用纱，也常用其他纤维混纺。故棉纱有国标等级之分，其检验方法通常为感官加仪器测试，生产过程也较复杂，常分为：

普梳纺纱工序：配棉→开清棉→梳棉→并条→粗纱→细纱→后加工→成品检验；

精梳纺纱工序:配棉→开清棉→梳棉→精梳→并条→粗纱→细纱→后加工→成品检验。

按条干均匀度和棉结,杂质粒数对棉纱评级。其中品质指标主要指纱线的强度,它在一定程度上反映织物耐穿,耐用性能。纱线的品级主要反映纱线的粗细差异及外观疵点情况,它直接影响织物外观,如纹路的匀整,清晰与阴影的大小等。纱线质量的高低与生产管理、工艺条件、机械状况、技术操作水平、原棉的优劣及其使用合理情况有着密切的关系。

棉纱的技术指标请见 GB/T398-93 国家标准。

棉纱检验方法按 GB/T398-93《棉本色纱线》;GB/T4743-95《纱线的线密度(或支数)的测定方法——绞纱法》;SN/T0450-95《出口本色棉纱线和精梳涤棉混纺纱检验规程》。

按照议定贸易合同要求和指标进行检验。

面料织造前还会根据需要对纱线进行上蜡、上油等处理,以增强在织造过程中的编织性能。还有一些纱线处理也是要在面料织造的过程中再处理后才能开始织造。

5. 面料织造

跟单准备:

(1)颜色原样、手感样、品质样;

(2)客户确认小样(工厂打的色样);

(3)订单合同复印件(跟单员按订单合同进行跟单事务);

(4)其他资料(如贸易公司跟单员要知道发货地址、联系人、运输方式,如有专职船务转交详细出货资料,并协助其工作以便顺利出货)。

了解不同面料(主要机织面料)的生产工艺流程:

染色:原纱——整经——浆纱——织造——坯布检验——修补——前处理——染色——后处理——定型——检验——打包;

印花:原纱——整经——浆纱——织造——坯布检验——前处理——印花——后处理——定型——检验——打包;

色织:原纱——染纱——倒纱——整经——浆纱——织造——坯布检验——后处理——定型——检验——打包。

1)织造前确保已掌握:颜色原样(要求色样)、确认手感样、品质样等订单详细要求的相关正确资料。

2)打色样即烧杯样(一般为 A/B/C/D):统一要求(如光源等),保证打样与大货为同一品质的坯布。常用面料一般都能买到现成的坯布(即专门的坯布生产厂商)。

3)做好合同等资料及色卡管理,并做好各种详细批注:如订单号、色号、色名、编号、日期等。

在以上过程中常会出现诸如:颜色对色不准、手感达不到要求等问题,因此会反复试验以达到订单要求为止。

例如,某订单已寄客户待确认的 ABCD 色样中,一般同色系情况下应该是按照颜色变化的渐进顺序来用 ABCD 来表示由深到浅或由浅到深。也有按照色相的变化来排序,由于色卡颜色样的色差往往差别很小,顺序排列很重要,客户批复 B:底色加深 20%,色光跟回原色样。这时你要小心确认:①对色光源是否一致;②为何会造成色光不准(哪个颜色的多少影响);③20%的程度理解是否一致(寻找参照物靠近哪个,或比哪个多还是少)。原色样的色相是否有受某些因素影响而无法达到。作为跟单员要清楚其中的每一个细节,以保证在其后的大货生产中以及出货检查时及时发现问题。

色织的面料由纱线直接染色后制成成品面料,这一本质织造方法的区别使得制造过程中没有对色之类的烦恼,但决定着整个生产时间一般多于染色类面料,如格子类面料。

4)达到客户一系列要求,客户确认,即开始生产大货。

跟单准备:

①翻布:车数,单车数量(要记清每一道工序,核对车数和单车数量以免工人在操作中遗失或遗忘)。

②明确要求:打单的各项要求,特别是货物的内外质量,交货时间。

③制订生产计划:根据交货期,制订生产计划以及分阶段产品数量,根据具体的生产计划,制定生产进度表,并按阶段更新和改动。同时要及时向主管汇报(可用传真、邮件等),以便发现问题及时解决。

④质量跟踪:工厂是否使用规定光源;小样、大样、确认样与大货是否一

致;色差是否在标准内(边中、对边、头尾、匹差、正反面);色牢度,缩水率和手感是否符合要求;经纬密度,幅宽和克重是否达到公司的要求。

一般国内的工厂少有从纱线一直到成品面料的企业,只有集团式的公司整合了各个生产环节,通常是:纱厂→坯布厂→染色厂→整理成品。

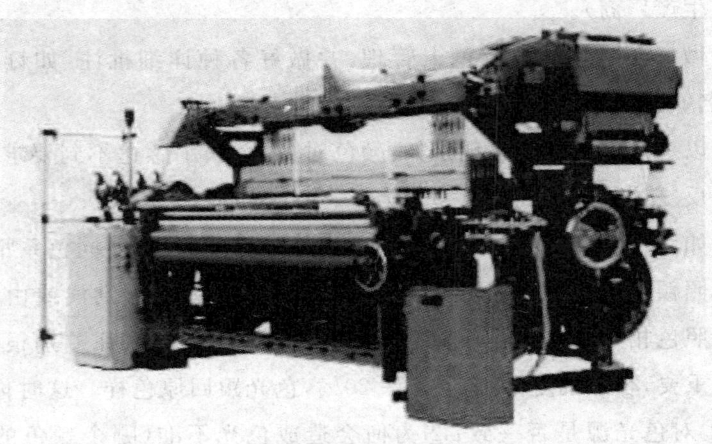

常用剑杆织机

生产过程中质量和进度控制是跟单工作中的重要任务,抓好质量是第一要素,追进交货期是主要目标。

坯布是面料织物最初的形态,由纱线通过织布机把纵横排列的两组纱线(即经纱、纬纱)按一定规律上下交织而成。针织面料则是由一组纱线相互缠结而成,分经编、纬编。不同的面料均是由不同的织物组织来形成。一般服装常用组织结构有:平纹、斜纹、缎纹等。不同组织结构的面料所形成的风格也是不同的,也直接影响着服装制作的风格。除了能用不同组织结构来改变织物风格外,通过对织物(主要是坯布)的后期加工处理也能形成不同风格款式的面料,服装类面料尤为重要。

6. 织物、面料的染色、印花与加工处理

跟单要求"四多":

多走(多在车间走,尤其是印染、整理工厂,不良工厂盗布严重),多看(及时了解生产进度和关注质量,发现问题及时与工厂生产主管沟通),多问(熟悉生产工艺和设备情况以便及时解决在生产中碰到的问题),多想

(跟单是需要全面、细致思维的工作,遇到问题要想:万一做坏怎么办,不能想万一做好怎么样,以减少不必要的损失,如有必要及时向公司主管汇报以便调整)。

服装的形成大致要经过:纤维纱线制造→面料织造→印染及后期处理→成衣加工。

这里印染直接决定着织物、面料以及成衣的色彩、质量、风格,可见其重要性,同时这也是在服装等纺织品生产过程中对环境影响最突出的一个环节。主要工序有:预处理、练漂、染色、印花、整理,等等。不同的面料其间所要用到的工序不尽相同,有的相对要更复杂。作为跟单员所要求的专业知识和经验水平较高。

(1)染色:就是用染料使纤维、纱线、面料(白坯)呈现不同的颜色。大致分为 3 个过程:吸附——附着在纤维表面;扩散——往纤维内部扩散;固着——在纤维内部固着。

不同染料的化学结构不同,其应用也不一样,可分为:偶氮、酞菁、蒽醌、菁类、靛族、芳甲烷、硝基和亚硝基等染料。

按应用性能大致分:

直接染料——价格优势、历史久远、应用方便,但色泽、色牢度不够,需要在后期处理,常与其他染料混用于丝、棉类织物染色。

活性染料——染色处理后皂洗、摩擦牢度好,较适合浅色类染色。

酸性染料——在酸性介质中,染料分子内所含的磺酸基、羧基与蛋白纤维分子中的氨基和离子键相合,主要用于蛋白纤维(羊毛、蚕丝、皮革)的染色。

还原染料——有不溶和可溶于水两种:不溶性染料在碱性溶液中还原成可溶性,染色再经过氧化使其在纤维上恢复其不溶性而使纤维着色;可溶性则省去还原一步,该类染料主要用于纤维素纤维的染色和印花。

分散染料——该类染料水溶性小,染色时借助分散剂呈分散状态而使疏水性纤维(涤纶、锦纶等)染色。

其他还有诸如:冰染、阳离子染料、缩聚染料、氧化、硫化的分类。

染色的三个过程往往是同时发生。一般在吸附、扩散时,染料就将纤维染色(通常叫做上染),某些染料(如还原染料)需要在上染完成后再经过一定的化学处理。目前大多数染色均在染料的水溶液中进行,因此染料溶液浓度和纤维、面料的吸收速度直接影响着整个染色过程,程度的掌握需要不断的实践和经验的累积。

(2)印花,即用染料或涂料在织物上形成不同图案。

大致程序有:设计图案→描稿→感光制版→印花→半制品检验→给湿蒸化→洗水→固色退浆→整理。

工厂一般还会经过配色打样、调制色浆、印花样确认等过程。

①常用印花工艺有:

直接印花——工艺简单,成本低。

拔染印花——工艺复杂,成本较高,常用于直接印花不能达到要求的花型。

其他还有,如防染印花、烂浆印花、渗透印花和微粒子印花等印花工艺。

②常用印花方法:

筛网印花:用绢网或涤纶筛网崩于金属及木制框架上。精细、套数不限、色泽好、层次感强,适合易变形及薄类面料。

滚筒印花:将花纹雕刻于铜质花筒上。效率高、对面料张力影响大,适合厚重面料。

版型印花:将花纹雕刻于纸板或金属板上(镂空花型)。刻花方便、应用灵活、不能印精细花纹、套色困难,适于小批量生产。

上述均是批量大规模的机械染色印花,还有一些传统手工方法诸如扎染、蜡染、手绘等。

7. 面料织物后整理

常用机械及化学方法改善面料织物的外观及手感,提高其使用性能。

常用方法如下:

物理方法:拉幅、剪毛、起毛、轧光、电光、轧纹、缩绒等。

化学方法:防水、防皱、防霉、阻燃、防静电等。

也常将物理化学相结合使织物具有更优良的性能,如毛类织物增强其耐用性和防缩、防虫、防蛀等整理，棉织物使其更柔软、透气、吸湿。

棉毛织物在未染色加工前(即生匹)就要进行一系列的整理：烧毛→脱浆→精炼→漂白→丝光→碳化→缩绒→轧光。

经过后期整理完成的成品方能进行大货检验，一般外贸跟单是在工厂完全成品包装后检验。

8. 包装、装运

跟单要求：

根据不同面料以及不同性质，采用不同的包装(如纸箱、蛇皮袋、塑料袋、匹装或卷装)，外表要根据客户的具体要求注明唛头(色号、款号、数量、缸号、时间、订单号、卷/匹数)，检验测试合格方可发货。建议：小批量或近途以配货为好，可节省费用。

9. 成品检验

(1)检验标准和方式：是国标还是美标或是客户具体要求，按十分制或是四分制检验法检验，要根据不同用途采用不同的检验方法。

(2)在规定的光源下以确认样为准，参考原样，偏色在四级以上。

(3)布面检验：密度、克重、污渍、纬斜、织疵、纱疵、修复不良、条花、皱条、破洞、破边、停车档、异物、手感、幅宽(要在头中尾测量四次以上)。

(4)发现问题及时汇报，并返修或重新投坯，不能抱有侥幸心理或自作主张冲关。

三、成衣跟单

1. 前期

(1)作为外贸公司的跟单员，英语水平尤其是专业英语至关重要，与客户联系沟通，确认订单意向等一般用邮件、传真、电话等方式，英文邮件最为常用。

(2)熟悉服装制作工艺、常用面辅料的大致价格等基础知识，以便在报价过程中判断供应商的价格是否合理。

(3)收到客户有订单意向的工作单后,仔细阅读工作单要求,全面了解工作单显示的所有信息:款号、订单号(有的在价格没有正式确认之前没有正式的订单编号)、款式图(彩图或者草图)、单码或全码规格表、细致部位工艺要求、面料要求、季节、尺码及每码分配比例等。每个公司的要求和工作方式不同,所以订单资料的形式也不尽相同。

2. 报价

(1)确认客户的所有要求后,转发所有资料给适合此单的工厂咨询报价(首先考虑合作过的工厂,不合适的话再寻找新的工厂),同时收集自己所了解的信息:如现时的面辅料价格、汇率的变动、工费的变动等。注意:转发资料时务必做到使供应商工厂完全明白客户订单资料上的所有内容,有的工厂需要将全英文的资料翻译成中文资料,以保证报价的准确性。与此同时安排工厂按照客户的款式、尺寸打初样(有时只有款式图的一般先打影像样)。一般报价时间为1～3天,打样周期为3～7天(视款式的难易程度)。如果是外贸中间商或最终买家,所需价格往往不只向一个供应商询价,通常会选择2～3家,询价后进行价格比较,以争取更多的利益或更强的竞争性。

(2)一般常配合的供应商报价均有一定的格式,如款号、数量、颜色数量(多个颜色与素色有区别:染色印花需要放样费用)。

FOB:

FOB价格术语,即装运港船上交货价。FOB为英文"Free on Board"的缩写。

FOB……(Port of Shipment),此价格术语后面列明装运港的名称,故俗称为"离岸价"。

买卖双方责任划分如下:

· 卖方责任

1)在指定的装运港和期限内将货物交到买方指定的船上,并及时通知买方;

2)负担直至货物越过船舷时为止的一切费用及风险,包括出口捐税、检验费、出口许可证费和其他为装船而必须履行的手续费用；

3)自费提供货物的习惯包装和证明货物已交到指定船只的船边的清洁提单；

4)应买方请求并由其负担费用，提供原产地证明书，以及在买方负担费用和风险的情况下，协助买方取得提单和货物输入国、过境国所需的由装运国或原产国签发的其他单证。

·买方责任

1)自费租船订舱，并将船名、装货泊位及装船日期通知卖方；

2)负担自货物越过船舷后发生的一切费用及风险，并按合同规定支付价金；

3)负担由于买方未能及时指定船只，或指定的船只未能在指定期限到达，或虽到达但未能承载货物等类似原因所产生的一切额外费用，以及自有关的规定期限或交货期期满之日起的货物的一切风险，但以货物确定为合同货物者为限；

4)支付在卖方责任的情况下，应领取所列单证，包括领事签证费在内的一切费用和开支。

①用料：单件(一般为报价中码)用码量；

②辅料：单件服装完成所需的辅料费用(一般包括：扣子、拉链、装饰品、缝纫线、商标、唛头以及包装所需的纸箱胶袋等)；

③工费：工人制作的加工费用(一般包括：裁剪、缝纫制作、整理包装等)；

④商检、运输及其他费用：视具体订单而有所不同(如有的款式所用面料需要测试)；

⑤利润：供应商的预估利润百分比(长期稳定的合作关系供应商会提供，较少合作的工厂一般不会提供)；

⑥汇率：现时的外币汇率(通常是美元的退税后折算汇率)；

⑦最终核算价格：以上费用综合后通过汇率核算后的最终价格(外贸)；

⑧特殊面料要约：有的面料需要达到供应商起定量方可生产大货，尤其是需要染色印花的面料通常需要达到最小起定量；

⑨价格有效期：在汇率稳定的情况下，常配合的供应商一般不会设置有效期，但随着近两年美国经济的影响汇率下滑波动较大，对于生产工厂来说价格有效期尤为重要，他们尽量最大程度地保证自己的利益。

不同工厂、供应商的报价单不尽相同，有的甚至仅提供如：FOB SHANGHAI * * USD/PC 的最终价格。在收到价格之后必须进行价格复核，以减少错误机会。通常也是核对订单所需面、辅料，具体要求（如有无成衣水洗、局部绣花等细节）。同时也需考察、比较供应商价格的准确性和竞争性。这时要与工厂、供应商充分沟通，以达到双方对价格的满意度。核对无误后，下发订单或报给客户批复、获得订单。订单必须以书面文字形式下达给供应商，明确规定合理的订单数量、单价、交货时间等信息，且必须经双方主管签字确认即签订买卖合同。

3. 打样、样衣审核

价格＋初样＋订单确认后（初样打样的时间不定：报价前、报价后、订单确认后，有时初样也能直接当 FITTING 样确认款式和尺寸），进入打样和生产前期准备、安排阶段。打样一般流程为：影像样、初样、FITTING 样（试身样）、PP 样（即产前样，尺寸＋款式＋面、辅料确认样）、TOP 样（大货样：通常大货中提取）。基本流程如此，但根据不同客户，不同款式要求有时会进行：开发样、推广样（成衣销售前推广：预售往往数量较多）。跟单员要跟进每一步打样过程，实时掌握打样一手资料，计划出样时间，了解每批次样衣的质量要求：

影像样、初样：按设计师意图充分理解，务求达到外观效果与尺寸要求。

Fitting 样：试身用，面料可替代，但风格必须接近订单要求，尺寸必须按照订单要求做，合理建议可做适当修改并提醒批办人员注意。

PP 样：所有面辅料、尺寸要完全按照订单要求，以便确认。注意审核全码规格表的合理性，即跳档规则。

2＃－18＃：

Misses Grade Rules

GARMENT MEASUREMENTS	TOL	2	4	6	8	10	12	14	16	18
BUST CIRCUM	1	－1	－1	－1		＋1	＋1 1/2	＋1 1/2	＋1 1/2	＋1
WAIST CIRCUM	1	－1	－1	－1		＋1	＋1 1/2	＋1 1/2	＋1 1/2	＋1
HIP CIRCUM	1	－1	－1	－1		＋1	＋1 1/2	＋1 1/2	＋1 1/2	＋1
THIGH CIRCUM	1	－	－	－3/4	S	＋3/4	＋1	＋1	＋1	＋1 1/4
FRONT RISE	1/2	－	－	－3/8	A	＋3/8	＋3/8	＋3/8	＋3/8	＋3/8
BACK RISE	1/2	－	－	－3/8	M	＋3/8	＋3/8	＋3/8	＋3/8	＋3/8
RISE DROP	1/8	－	－	－1/4	P	＋1/4	＋1/4	＋1/4	＋1/4	＋1/4
INSEAM	1/2	O	O	O	L	O	O	O	O	O
OUTSEAM	1/2	－	－	－1/4	E	＋1/4	＋1/4	＋1/4	＋1/4	＋1/4
ACROSS SHOULDER	3/8	－	－	－1/4		＋1/4	＋3/8	＋3/8	＋3/8	＋3/8
SLEEVE LENGTH(CBN)	1/2	－	－	－3/8	S	＋3/8	＋3/8	＋3/8	＋3/8	＋3/8
ARMHOLE CIRCUM	1/2	－	－	－3/8	I	＋3/8	＋5/8	＋5/8	＋5/8	＋3/4
ARMHOLE DROP	1/4	－3/16	－	－	Z	＋1/4	＋1/4	＋1/4	＋1/4	＋1/4
SLEEVE OPENING CIRCUM	1/4	－	－	－1/4	E	＋1/4	＋1/4	＋1/4	＋1/4	＋1/4
SLEEVE CUFF CIRCUM	1/4	＋	＋	＋1/8		＋1/8	＋1/8	＋1/8	＋1/8	＋1/8
NARROW LEG OPENING	1/2	＋	＋	＋1/4		＋1/4	＋1/4	＋1/4	＋1/4	＋3/8
WIDE LEG OPENING CIRCUM	1/2	＋	＋	＋1/4		＋3/8	＋3/8	＋3/8	＋3/8	＋1/2
SWEEP CIRCUM	1	－1	－1	－1		＋1	＋1 1/2	＋1 1/2	＋1 1/2	＋2
BACK LENGTH	1/2	－	－	－1/4		＋1/4	＋1/4	＋1/4	＋1/4	＋1/4

XS＃－XL＃：

Misses Grade Rules

GARMENT MEASUREMENTS	TOL ＋/－	X－SMALL	SMALL	MEDIUM	LARGE	X－LARGE
BUST CIRCUM	1	－2		＋2 1/2	＋3	＋2
WAIST CIRCUM	1	－2		＋2 1/2	＋3	＋2
HIP CIRCUM	1	－2		＋2 1/2	＋3	＋2

续表

GARMENT MEASUREMENTS	TOL +/−	X−SMALL	SMALL	MEDIUM	LARGE	X−LARGE
THIGH CIRCUM	1	−1 1/2	S	+1 3/4	+2	+1 1/4
FRONT RISE	1/2	−3/4	A	+3/4	+3/4	+3/8
BACK RISE	1/2	−3/4	M	+3/4	+3/4	+3/8
RISE DROP	1/8	−1/2	P	+1/2	+1/2	+1/2
INSEAM	1/2	O	L	O	O	O
OUTSEAM	1/2	−1/2	E	+1/2	+1/2	+1/2
ACROSS SHOULDER	3/8	−1/2		+5/8	+3/4	+3/8
SLEEVE LENGTH(CBN)	1/2	−3/4	S	+3/4	+3/4	+3/4
ARMHOLE CIRCUM	1/2	−3/4	I	+1	+1 1/4	+3/4
ARMHOLE DROP	1/4	−3/8	Z	+7/16	+1/2	+1/2
SLEEVE OPENING CIRCUM	1/4	−1/2	E	+1/2	+1/2	+1/2
SLEEVE CUFF CIRCUM	1/4	−1/4		+1/4	+1/4	+1/4
NARROWLEG OPENING	1/2	−1/2		+1/2	+1/2	+1/2
WIDE LEG OPENING CIRC	1/2	−1/2		+1/2	+1/2	+1/2
SWEEP CIRCUM	1	−2		+2 1/2	+3	+2
BACK LENGTH	1/2	−1/2		+1/2	+1/2	+1/2

1X#－3X#：

Women's Grade Rules

GARMENT MEASUREMENTS	TOL +/−	1X	2X	3X
BUST CIRCUM	1		+4	+4
WAIST CIRCUM	1		+4	+4
HIP CIRCUM	1		+4	+4
THIGH CIRCUM	1	S	+2 1/2	+2 1/2
FRONT RISE	1/2	A	+3/4	+3/4
BACK RISE	1/2	M	+3/4	+3/4
RISE DROP	1/8	P	+1/2	+1/2
INSEAM	1/2	L	0	0
OUTSEAM	1/2	E	+1/2	+1/2
ACROSS SHOULDER	3/8		+3/4	+3/4

续表

GARMENT MEASUREMENTS	TOL +/−	1X	2X	3X
SLEEVE LENGTH(CBN)	1/2	S	+3/4	+3/4
ARMHOLE CIRCUM	1/2	1	+1 1/2	+1 1/2
ARMHOLE DROP	1/4	Z	+1/2	+1/2
SLEEVE OPENING CIRCUM	1/4	E	+1/2	+1/2
SLEEVE CUFF CIRCUM	1/4		+1/4	+1/4
NARROW LEG OPENING	1/2		+3/4	+3/4
WIDE LEG OPENING CIRC.	1/2		+1	+1
SWEEP CIRCUM	1		+4	+4
BACK LENGTH	1/2		+1/2	+1/2

Top 样，即大货中提取的大货样，所有要求按照订单标准，包括包装等必须完全正确，以代表大货质量。也是唯一大货生产过程中需要的样衣，其他样衣必须在大货生产前完成确认。

在打样的过程中跟单员要实时与技术科、打样间工作人员沟通帮助解决实际打样中遇到的问题。尤其要统一服装各部位尺寸的度量方法，常有争议部位如图：

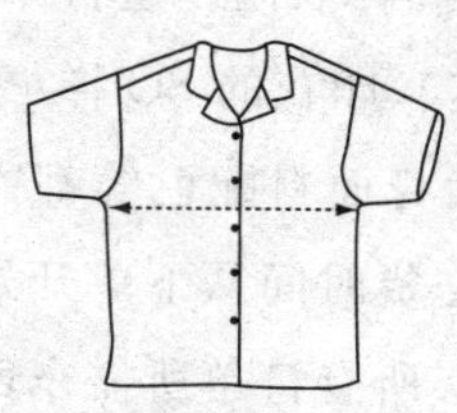

胸围注意：袖笼底量还是袖笼下 1 寸量，外销单一般 1 寸下量

大身长注意：后中量（CB）还是颈肩点（HPS）量，外单一般 HPS 点量

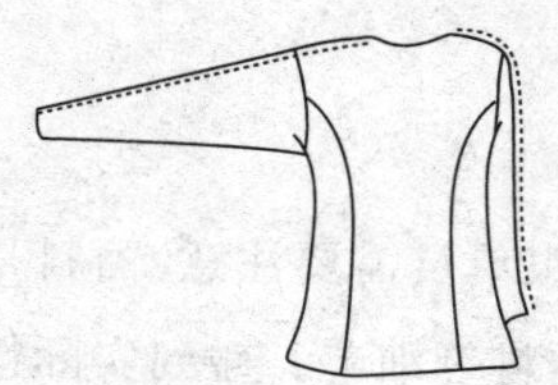

袖长注意：袖口量到肩点还是量到后中

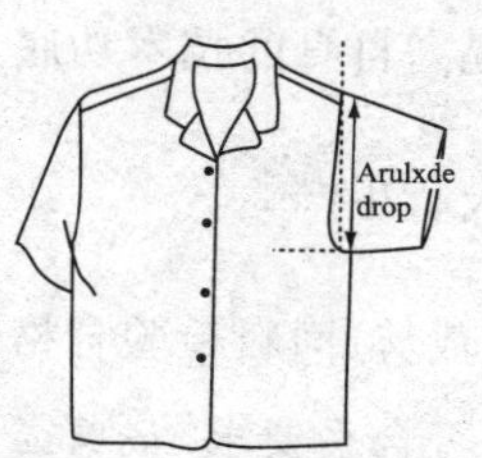

袖笼：弯量（也叫弧量）还是直量

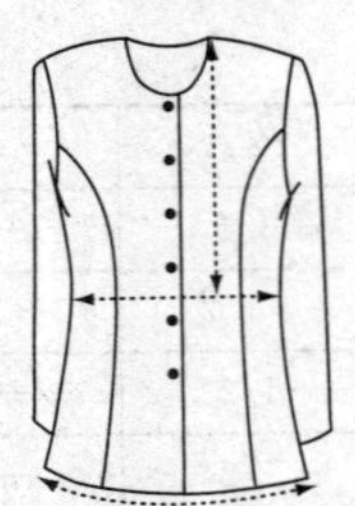

腰节线位置定准才能量准腰围；下摆区分：弯量/直量；有侧衩的款式，多采用衩顶直量

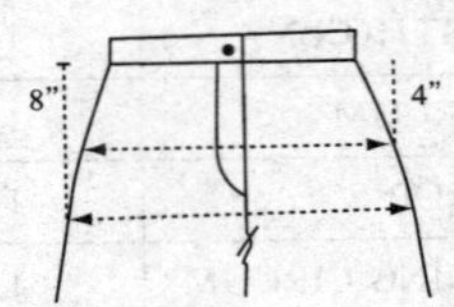

下装的上下座围（即臀围）位置（腰下 4 "&8"）区分：含腰带宽和不含腰带宽，一般宽腰带下装上下座围位置，均不含腰带宽度

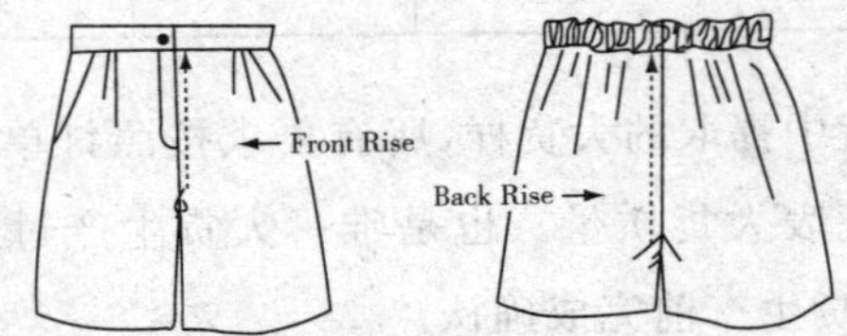

立裆深：同样区分含腰宽和不含腰宽，度量时注意

另外：领宽、领围、领长以及某些时装的特殊部位尺寸，成衣后较难量准，但只要注意正确的手法仔细度量也可以做到准确无误。

打样的同时面、辅料的准备和确认同样重要，和样衣同步进行。PP 样之前，面料要进行品质样确认、颜色样确认（打色卡）、印花的 SO 样/手刮样的确认，辅料如拉链、纽扣的品质、尺寸、是否与大身面料配色等都需全面仔细确认清楚。确认过程中同样重要的是时效，交货时间从下单开始起计算，确认样品时间直接影响整个订单的生产时间。所有订单所需东西确认好后即可准备生产大货。跟单人员必须保证所有资料齐备、完整、清楚。打样阶段的技术性很强，所以也是技术学习的大好机会，向前辈多提问、多学习以提高自身的技术功底。

4. 大货生产

(1)裁剪：面料检验合格后方可开裁。跟单员需要注意：面料是否全部到齐、是否合乎要求、裁剪需要多少时间、排料等细节。碰到实际情况影响后续生产时，及时解决，如计划投料 1 万码，由于实际面料特性（缩率改变）

等影响，实际排料超出计划1000码，这时就要马上联系面料提供商续产所需面料，安排好时间可先生产已裁剪好的，这样不至于影响整个大货交期。对于初入跟单行业的人员来说，裁剪车间同样是值得多留心学习的地方。比如，不同的面料品性在裁床上铺布、拖布、叠加的方法和注意事项均不一样。一个大货订单如何排料更方便裁剪、更省料(节约成本)同样具有很强的经验性和技术性，需要经验积累。因为残次品的关系，裁剪的数量往往要大于实际订单数量。以保证实际出货量达标(国际通常允许实际出货量在订单要求的+3%，个别公司要求+1%)。

(2)服装制作：严格按照订单规定的款式、工艺及尺寸生产大货。跟单员要深入一线，把握生产进度及时间督促生产车间保质保量完成生产任务。重点抓住三个环节：

1)生产初期：检查了解所有面辅料是否正确使用，上线后出来首件成品后，严格认真核对每个细节部位及面辅料，度量全部尺寸(注意：此时有可能首件衣服没有经过整烫等后期处理，度量时要注意准确度，没有钉扣要注意门襟等重叠部位，防止错误)。首件，不是只看一件，要抽查，以求尽可能早地发现问题、及时解决问题。例如，由于是批量生产，在缝纫过程中常会发现某些工艺方法不适应大批量的生产：耗费时间=间接增加成本。这时就要想办法解决，改进工艺或实验替代方法。由于是刚上线，工人都处在对款式的适应阶段(一般上线后1～3天)，均是半成品或零部件状态，修改基本不会对生产造成影响。

2)生产中期：把握时间进度，成品已经达到一定数量，质量检查尤为重要。一旦有成品下线后，后续的工作(整烫、包装)紧跟其后，跟单员要跟进每个环节部门督促各部门仔细检查如发现质量问题，及时返修(修改、补漏、调片等)。此阶段如果出现重大问题(一般此时出现大的问题，多数都是因前面的检查确认工作不仔细而导致)，如大面积回修甚至重裁、重做等都将严重影响整个大货的交货期，小的工艺问题还可赶时间修改。

3)生产末期，大批量成品下线，剩下小部分生产或维修。整个订单几成定局，不允许有任何的问题再发生。所有工序(修剪、整烫、包装)全部转入后道。此时基本可以推定出货时间(注意预留时间以防万一)，通知相关部门和人员准备发货。

三个环节，质量检查一直贯穿其中，以确保成品质量。

5. 辅料检验

服装辅料目前大致可以分为七大类：里料、衬料、填料、线带类材料、紧扣类材料、装饰材料、其他。

(1)服装里料。

里料是用于服装夹里的材料，主要有棉织物、再生纤维织物、合成纤维织物、涤棉混纺织物、涤纶塔夫绸、醋酯纤维与粘胶纤维混纺织物、丝织物及人造丝织物。里料的主要测试指标为缩水率与色牢度，对于含绒类填充材料的服装产品，其里料应选用细密或涂层的面料以防脱绒。当前，用量较多的是以化纤为主要材料的里子绸。

选择服装里料时应注意：

1)里料的性能应与面料的性能相适应。这里的性能是指缩水率、耐热性能、耐洗涤、强力以及厚薄、重量等，不同的里料有不同的性能特点。

2)里料的颜色应与面料相协调，一般情况下，里料的颜色不应深于面料。

3)里料应光滑、耐用、防起毛起球，并有良好的色牢度。

(2)服装衬料。

衬料包括衬布与衬垫两种。

衬布主要用于服装衣领、袖口、袋口、裙裤腰、衣边及西装胸部等部位，一般含有热熔胶涂层，通常称为粘合衬。根据底布的不同，粘合衬分为有纺衬与无纺衬。有纺衬底布是梭织或针织布，无纺衬底布由化学纤维压制而成的。粘合衬的品质直接关系到服装成衣质量的优劣。因此，选购粘合衬时，不但对外观有要求，还要考察衬布参数性能是否与成衣品质要求相吻合。如衬布的热缩率要尽量与面料热缩率一致；要有良好的可缝性和裁剪性；要能在较低温度下与面料牢固的粘合；要避免高温压烫后面料正面渗胶；附着牢固持久，抗老化、抗洗涤。

衬垫包括上装用的垫肩、胸垫，以及下装用的臀垫等，质地厚实柔软，一般不涂胶。

选择服装衬料时应注意：

1)衬料应与服装面料的性能相匹配。包括衬料的颜色、单位重量、厚度、悬垂等方面。例如，法兰绒等厚重面料应使用厚衬料，而丝织物等薄面料则用轻柔的丝绸衬，针织面料则使用有弹性的针织(经编)衬布；淡色面料的垫料色泽不宜深；涤纶面料不宜用棉类衬等。

2)衬料应与服装不同部位的功能相匹配。硬挺的衬料多用于领部与腰部等部位，外衣的胸衬则使用较厚的衬料；手感平挺的衬料一般用于裙裤的腰部以及服装的袖口；硬挺且富有弹性的衬料应该用于工整挺拔的造型。

3)衬料应与服装的使用寿命相匹配。需水洗的服装则应选择耐水洗衬料，并考虑衬料的洗涤与熨烫尺寸的稳定性；衬垫材料，如垫肩则要考虑保形能力，确保在一定的使用时间内不变形。

4)衬料应与制衣生产的设备相匹配。专业和配套的加工设备能充分发挥衬垫材料辅助造型的特性。因此，选购材料时，结合黏合及加工设备的工作参数，有针对性地选择，能起到事半功倍的作用。

(3)服装填料。

服装填料，就是放在面料和里料之间起保暖作用的材料，根据填充的形态，可分为絮类和材类两种。

1)絮类：无固定形状，松散的填充料，成衣时必须附加里子(有的还要加衬胆)，并经过机纳或手绗。主要的品种有棉花、丝绵、驼毛和羽绒，用于保暖及隔热。

2)材类：用合成纤维或其他合成材料加工制成平面状的保暖性填料，品种有氯纶、涤纶、腈纶定型棉，中空棉和光洁塑料等。其优点是厚薄均匀，加工容易，造型挺括，抗霉变无虫蛀，便于洗涤。

下面对保暖絮片作一些简单介绍：

①热熔絮片：是一种用热熔黏合工艺加工而成的絮片，它不允许有破洞，压缩弹性率必须达到85.0%。

②喷胶棉絮片：以涤纶短纤维为主要原料，经梳理成网，并对纤网喷洒液体粘合剂后加热处理而成。

③金属镀膜复合絮片：以纤维絮片、金属镀膜为主体原料，经复合加工

而成，俗称太空棉、宇航棉、金属棉等。

④毛型复合保暖材料：是以纤维絮层为主体，以保暖为主要目的的多层次复合结构材料。

⑤远红外棉复合絮片：这是一种最新开发的多功能高科技产品，该产品具有抗菌除臭作用和一定的保健功能。

4)线带类材料。

①线类材料。主要是指缝纫线等线类材料以及各种线绳、线带材料。缝纫线在服装中起到缝合衣片、连接各部件的作用，也可以起到一定的装饰美化作用，无论是明线还是暗线，都是服装整体风格的组成部分。最常用的缝纫线是 60s/3 与 40s/2 涤纶线，最常用的绣花线是人造丝与真丝线。

工艺装饰线也是线类材料的重要组成部分。工艺装饰线按工艺大致可分成绣花线、编结线和镶嵌线三类。常用于服装、床上用品、家具织物、室内用品、餐厅用品等。

另外有一种工艺装饰线，是针对某种特殊需要而制作的线，称为特种用线。它具有独特性能，使用范围比较窄，生产成本相对比较高，通常以用途来命名。

②带类材料。主要由装饰性带类、实用性带类、产业性带类和护身性带类组成。装饰性带类又可分为：松紧带、罗纹带、帽墙带、人造丝饰带、彩带、滚边带和门襟带等；实用性带类由锦纶搭扣带、裤带、背包带、水壶带等组成；产业性带类由消防带、交电带和汽车密封带组成；护身性带主要指的是束发圈、护肩、护腰、护膝等。

选择服装用线时应注意：

A. 色泽与面料要一致，除装饰线外，应尽量选用相近色，且宜深不宜浅。

B. 缝线缩率应与面料一致，以免缝纫物经过洗涤后缝迹因缩水过大而使织物起皱；高弹性及针织类面料，应使用弹力线。

C. 缝纫线粗细应与面料厚薄、风格相适宜。

D. 缝线材料应与面料材料特性接近，线的色牢度、弹性、耐热性要与面料相适宜，尤其是成衣染色产品，缝纫线必须与面料纤维成分相同(特殊要求例外)。

5)紧扣类材料。紧扣类材料在服装中主要起连接、组合和装饰的作用,它包括纽扣、拉链、钩、环与尼龙子母搭扣等种类。

选择紧扣材料时应遵循以下原则:

①应考虑服装的种类,如婴幼儿及童装紧扣材料宜简单、安全,一般采用尼龙拉链或搭扣;男装注重厚重和宽大,女装注重装饰性。

②应考虑服装的设计和款式,紧扣材料应讲究流行性,达到装饰与功能的统一。

③应考虑服装的用途和功能,如风雨衣、游泳装的紧扣材料要能防水,并且耐用,宜选用塑胶制品。女内衣的紧扣件要小而薄,重量轻而牢固,裤子门襟和裙装后背的拉链一定要能自锁。

④应考虑服装的保养方式,如常洗服装应少用或不用金属材料。

⑤考虑服装材料,如粗重、起毛的面料应用大号的紧扣材料,松结构的面料不宜用钩、袢和环。

⑥应考虑安放的位置和服装的开启形式,如服装紧扣处无搭门不宜用纽扣。

6)装饰材料。

花边种类繁多,花边也是装饰材料不可缺少的组成部分,是女装及童装重要的装饰材料,包括机织花边和手工花边。

机织花边又分为梭织花边、刺绣花边和编织花边三类;手工花边包括布绦花边、纱线花边和编制花边。

服装花边重视的是审美性、耐久性和洗涤性,选择和应用花边时,需要权衡花边的装饰性、穿着性、耐久性三个特性,根据不同的需求加以选择。

7)其他。

服装辅料还有比如商标、吊牌、包装袋等之类的情况,每个订单需要的辅料要根据产品的特性、工艺要求和客户的要求来决定采用哪些辅料。每种辅料的规格都需要跟客户详细确认清楚,避免等订单完成客户验货或客户收到货时反映辅料有问题,这样不利于订单开展和与客户的配合。

6. 后道检验、包装、出运

每个工厂均有自己的质检部门,也是成品出厂前的最后一道关口,需要备齐所有订单的有关资料，按照既定要求与标准(出口服装常用：AQL2.5&AQL4.0标准)和一定的比例抽样检验，检验的重点是服装的做工以及各部位尺寸是否达到规格要求。工厂内部均是逐件检验和修剪线头等，不合格产品及时甩出重返车间维修。所有成品检验完全合格后方可装箱、出运。装箱时按要求、比例准确分配，仔细核对纸箱、胶袋品质和箱唛上的款号、订单号、颜色、数量等详细信息，做到准确无误，如下图所示：

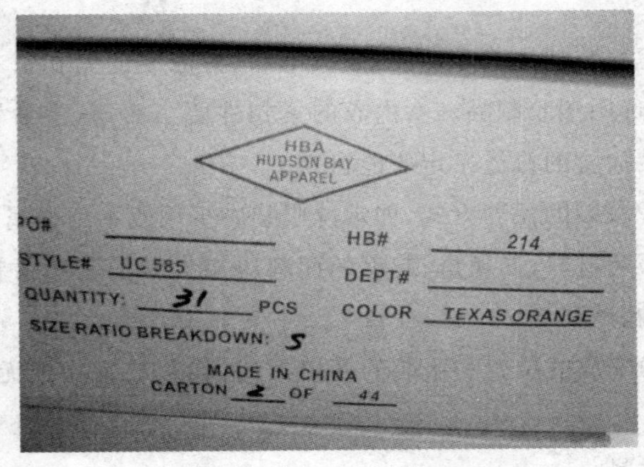

成衣装箱大致分三种装箱方式：

(1) 挂装：需要衣架、胶袋，衣服无须折叠，直接将成衣按顺序挂于特制套结的绳上。一般高档时装，如真丝、毛料类服装常用此装箱方法。

(2) 挂衣平装：衣服挂于衣架上，套上胶袋(胶袋底部有封口和不封口之分)。

按比例挂装在相应的纸箱内，如时装类常用，避免折叠死痕，影响外观。

(3) 折叠箱装：衣服按照一定的规律、方法折叠包装，再按比例装入纸箱内。

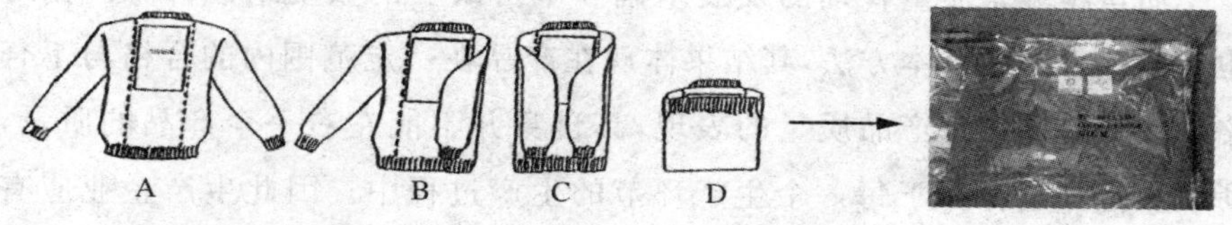

包装所用胶袋必须匹配衣服的大小：

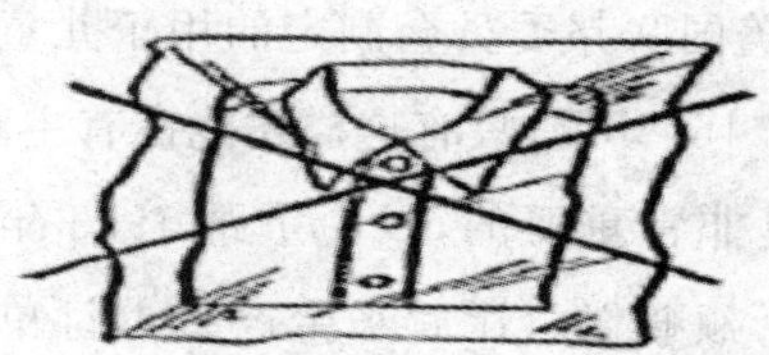

外贸跟单员要在完全成品成箱包装后，按比例抽查，全部通过就放行；小部分问题可回修的返修；不合格的联系相关负责人解决，上报主管人员商议或直接拒收。装车出运时，要根据立方数选择合适的车型（一般是箱式货车或集装箱货柜车），既不浪费空间又节省费用。

● 四、纺织品检验

1. 概述

无论什么商品，确保质量的唯一手段是严格的质量检验。近年来随着纺织品行业的不断发展，各个国家或地区在不同的时期都有或根据形势变化修改、制定新的行规、标准。如常说的国标、美标、欧洲环保标准等。这个标准是可持续、可变的，随着发展变化不断完善、充实。其他国家和地区正是通过各种标准所产生的技术壁垒以求保护本国的纺织行业和制约中国的纺织行业发展。很多检验项目须由专门认可的检测机构检验。

质量检验是质量管理的发展基础和不可缺少的重要组成部分。同时也是质量管理的基本方法，其结果体现在产品在一定范围内的合格与不合格。质量检验仅是产品质量的表现，其自身并不能左右一个产品的质量，所以质量控制存在于每一个生产环节的生产过程中。因此生产企业应有自己的且高于相关其他标准的检验标准，以保证出厂产品合乎要求。作为纺织品生产企业也应该密切关注产品所涉相关标准的及时信息，如欧盟绿色生态纺织品认证："OKO-Tes100"、美国联邦委员会制定的用于儿童服装和睡衣的标准："16CFR 1615 /16CFR 1616"等，只有这样才能占有主动权。同时提高自身的检验水准和技术也是非常重要的，以免重蹈 1995 年日本产品负责法实施后"断针"所引起的巨额赔偿。让后来生产日本订单的工厂认识到"验针机"的重要作用。

产品检验是细心、细致的工作，不能随意而行，应有相应的规章制度，对产品按一定的标准作出正确的判别。纺织品检验不只是针对生产加工过程，而是一个系统的工作。不仅是熟悉检验方法和标准就能完成的，整个生产部门的联通贯穿才是质量保证的根本。

2. 面料工厂检验常用仪器

纺织面料质量检验是纺织品面料生产、贸易等的重要环节，直接关系到纺织品交易的成功与否，与企业经济效益直接挂钩。现简单介绍几种常用的纺织面料检验试验仪器：

(1)面料克重仪。

1)台式型面料克重仪：

主要功能：圆盘取样器取织物标准圆样 $100cm^2$，放入电子秤秤盘，可自动称量显示织物面料的克重(g)、每平方米克重(g/m^2)、每平方码盎司(oz/yd^2)、点数等功能。

2)国际标准光源箱。

①仪器用途。

国际标准光源灯箱，用于纺织、印染、制衣等行业材料的色牢度的评定、色牢度等级、配色打样、鉴别色差及荧光物质等。

②主要光源：

A. D65 使用国际照明学会(CIE)所认可的人工日光灯 D65 作为基本的照明光源，D65 光源除用作对比颜色外，还被世界上大部分学会及团体定义为灰尺对比时的照明光源。

B. UV 紫外灯光源(Ultra Violet Illuminate)，由于现时工业生产中，荧光及增白染料普遍使用，检测此等效应的最佳方法，是使用紫外灯光源，因为紫外线在照射到染有荧光剂的物质上，会产生明显的光亮度变化，使肉眼能轻易察觉出来。

C. F/A 家庭灯源(Filament Lighting)，适用于代替在家庭或酒店房间内的光源下观察颜色，如内衣、寝室用品等产品的颜色管理。

D. CWF(美国商店光源)，有部分客户要求使用此光源作对色用，如美国客商经常要求使用 Cool White Fluorescent(CWF)光源。

E. TL84，欧洲、日本客商会要求使用此光源进行对色。

F. U30，暖日光，美式商用光源。

G. 灯管采用原装进口美国通用公司 GE 灯管和荷兰菲利浦公司 PHILIPS 灯管，灯管光源稳定可靠、无闪烁；控制部分采用德国欧司朗 OSRAM 整流控制系统。

③仪器特点。

该仪器具备测试同色异谱效应的功能，使检定货品之颜色在相同的光源及可控制的条件下进行，有效解决了因光源不标准而造成货品色差的问题。

④主要规格：4 光源系列、5 光源系列、6 光源系列。

3)织物经纬密度镜。用于测定各种织物的经纬密度。主要技术参数：

①放大倍数：10 倍 适用于 60 支以下的织物，

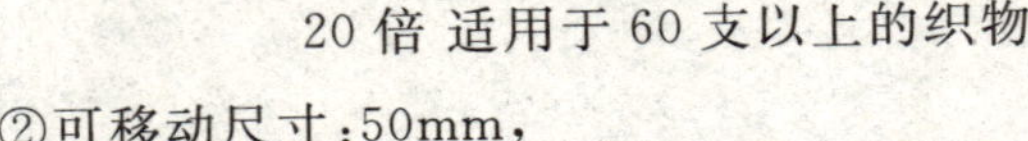

20 倍 适用于 60 支以上的织物。

②可移动尺寸：50mm，

外形尺寸(长×宽×高)：97×53×35mm。

4)面料花边裁切机

主要技术参数：

A. 刀长 500mm，

B. 裁切高度(半宽)45mm，

C. 传动方式为手动，

D. 重量 44kg。

3. 美国四分制标准

常见的布匹的检验方法是“四分制评分法”。在这个“四分制评分法”中，对于任何单一疵点的最高评分为四分。无论布匹存在多少疵点，对其进行的每直线码数(Linear yard)疵点评分都不得超过四分。

对于经纬和其他方向的疵点将按以下标准评定疵点分数：

一分:疵点长度为 3 寸或低于 3 寸;

两分:疵点长度大于 3 寸小于 6 寸;

三分:疵点长度大于 6 寸小于 9 寸;

四分:疵点长度大于 9 寸。

对于严重的疵点,每码疵点将被评为四分。例如,无论直径大小,所有的洞眼都将被评为四分。对于连续出现的疵点,如横档、边至边色差、窄封或不规则布宽、折痕、染色不均匀等的布匹,每码疵点应被评为四分。每码疵点的评分不得超过四分。

(1)评分的计算。

原则上每卷布经检查后,便可将所得的分数加起来。然后按接受水平来评定等级,但由于不同的布种需有不同的接受水平,所以,若用以下的公式计算出每卷布匹在每 100 平方码的分数,而只需制定在 100 平方码下的指定分数,便能对不同布封布匹作出等级的评定。

(总分数×36×100)/(受检码数×可裁剪的布匹宽度)= 每 100 平方码的分数

(2)不同布种的接受水平。

不同类型的布匹被分为以下四大类。

超过指定分数的单卷布匹应被定为二等品。如果整批布匹的平均评分超过了指定的分数水平,则该批布匹应被视为未通过检验。

梭织布匹

1)全人造布匹,聚酯/尼龙/醋酸纤维制品。

衬衫衣料

纺人造纤维织物

精纺毛料

20 点/100 平方码(单卷)

16 点/100 平方码(整批)

2)粗斜纹棉布。

帆布

府绸/牛津条纹或方格纹棉布衬衫衣料

纺人造纤维织物

毛织品

条纹或格子花纹的布/染成的靛青纱

所有专用布匹，提花织物/多比灯芯绒/天鹅绒/伸展粗斜纹棉布/人造布匹/混纺

28 点/100 平方码(单卷)

20 点/100 平方码 (整批)

3)亚麻布。

薄细棉布

40 点/100 平方码(单卷)

32 点/100 平方码(整批)

4)多皮奥尼丝绸、轻丝绸

50 点/100 平方码(单卷)

40 点/100 平方码(整批)

针织布匹

1)全人造布匹，聚酯/尼龙/醋酸纤维制品。

人造丝

精纺毛料

混纺丝绸

20 点/100 平方码(单卷)

16 点/100 平方码(整批)

2)全专业布匹，提花织物/多比灯芯绒。

纺人造纤维织物

毛纺品

染成的靛青纱

丝绒/斯潘德克斯

25 点/100 平方码(单卷)

20 点/100 平方码(整批)

3)基本针织布匹(精梳棉布/混纺棉布)。

30 点/100 平方码(单卷)

25 点/100 平方码(整批)

4)基本针织布匹(经梳毛机梳理过的棉布)。

40 点/100 平方码(单卷)

32 点/100 平方码(整批)

(3)抽样程序。

选择待检卷完全是随机挑选。纺织厂需要在一批布匹中最少有 80%的卷已打包时,向检验员出示货物装包单,检验员将从中挑选受检卷。一旦检验员选定待检卷,不得再对待检卷数或已被挑选受检的卷数进行任何调整。检验期间,除了核对颜色之外,不得从任何卷中截取任何码数的布匹。对接受检验的所有卷布匹都定级、评定疵点分数。

评定布匹等级的其他考虑因素:

屡犯的疵点

1)任何重复和/或不断出现的疵点都将构成屡犯的疵点,对每码布匹出现的屡犯的疵点都必须处以四分。

2)无论疵点分数是多少,任何有十码以上布匹含有屡犯的疵点的卷,都应当被定为不合格。

全幅宽度疵点

1)每 100 平方码内含有多于四处全宽疵点的卷,不得被评定为一等品。

2)平均每 10 个直线码数内含有一个以上重大疵点的卷将被定为不合格,无论 100 码内含多少疵点。

3)在头三码或末三码内含有一个重大的疵点的卷都应定为不合格。重大疵点将被视为三分或四分的疵点。

4)如果布匹在一个织边上出现明显的松线或紧线,或在布匹主体上出现波纹、皱纹、折痕或折缝,这些情况导致在按一般方式展开布匹时,布匹不平整,这样的卷都不能被评为一等品。

布匹宽度

1)检验一卷布匹时,对其宽度至少要在开始、中间和最后时检查三次。如果某卷布匹的宽度接近规定的最小宽度或布匹的宽度不均匀,那么就要增加对该卷宽度的检查次数。

2)如果卷宽度少于规定的最低采购宽度,该卷将被定为不合格。

3)对梭织布而言,如果宽度比规定的采购宽度宽 1 寸,该卷将被定为不合格。但是对于弹性的梭织布匹来说,即使比规定的宽度宽 2 寸,也可以被定为合格。

对针织布而言,如果宽度比规定的采购宽度宽 2 寸,该卷将被定为不合格。但是对于拉架针织布匹来说,即使比规定的宽度宽 3 寸,也可以被定为合格。

4)布匹的总体宽度是指从一端外部织边到另一端外部织边的距离。

可剪裁的布匹宽度是指除去布匹织边和/或定型机针孔、布匹主体上未染印的、未上涂层的或其他未经过处理的表面部分而量度出的宽度。

色差评定

1)卷与卷及批与批的色差不得低于 AATCC 灰度表中的四级。

2)在布匹检验过程中从每卷中取 6~10 寸宽的色差布板,检验员将使用这些布匹来比较同卷内的色差或不同卷之间的色差。

3)同卷内边对边,边至中或布头对布尾的色差不得低于 AATCC 灰度表中的四级。对于受检的卷,出现这类色差疵点的每码布将被评为四分。

4)如果接受检验的布料与事先提供的被认可样品不符,其色差必须低于灰度表中的 4~5 级,否则此批货物将被定为不合格。

卷长度

1)如果卷的实际长度与标签上注明的长度偏差在 2%以上,该卷将被定为不合格。对于出现卷长度偏差的卷不再评定其疵点分数,但是须在检验报告上注明。

2)如果所有抽查样品的长度总和与标签注明的长度偏差在 1%或以上,整批货物将被定为不合格。

接合部分

对梭织布匹而言,整卷布匹可以由多个部分连接而成,除非购买合同中另有规定,如果某卷布匹中含有长度低于 40 码的接合部分,该卷将被定为不合格。

对针织布匹而言,整卷布匹可以由多个部分连接而成,除非购买合同中另有规定,如果某卷布匹中含有一个重量低于 30 磅的接合部分,该卷将被定为不合格。

弓纬

对梭织和针织布匹而言，出现大于2%弓纬和斜折的所有印花布匹或条纹布匹，以及出现大于3%歪斜的所有灯芯布匹的卷都不能被定为一等品。

歪斜

1)对于梭织布匹而言，出现大于2%歪斜的所有印花布和条纹布匹，以及出现大于3%歪斜的所有灯芯布匹的卷都不能被定为一等品。

2)对于针织布匹而言，出现大于5%歪斜的所有灯芯布匹、印花布匹都不能被定为一等品。

布匹气味

所有散发出臭味的卷都不能通过检验。

洞眼

通过导致布匹破损的疵点，无论破损尺寸的大小，都应被评为四分。一个洞眼应包括两根或两根以上的断纱。

手感

通过与参照样品进行对比检验布匹的手感。如果出现明显的差异，该卷布匹将被定为二等品，每码评为四分。如果所有卷的手感都达不到参照样品的程度，将暂停检验，暂不评定分数。

(4)织物疵点专用术语。

横裆疵 (Barre)——对针织织物而言，这种缺陷的特点是在织物横列或在织物横向上通常会出现一些不均匀的花纹图案。纱线不均匀、纱线张力不均匀以及纱线具有不同的染料亲和力等都可能是出现这种情况的原因。

坏地 (Bad Place)——对于那些难以用语言来描述的织物缺陷而言，这是一个十分方便的术语。这个术语通常用来描述那些织物织造受到严重破坏的地方。

斜纹疵 (Bias)(参考纬斜)——对梭织织物而言，这种缺陷指的是纬纱与经纱发生尺寸偏斜的地方；对针织织物而言，这种情况指的是织物横列与织物纵行发生尺寸偏斜的地方。

鸟眼花纹疵 (Birdseye Defect)——对针织织物而言，这种情况指的是偶尔无规律出现的与织物设计相反的集圈组织。

弓弧 (Bow)——对梭织织物而言，这种情况指的是纬纱以弧线方式位于织物的宽度方向上；对针织织物而言，这种情况指的是线圈横列以弧线方式位于织物的宽度方向上。

断头疵 (Broken End)——这种缺陷指的是经纱断裂后并经过修补的地方，它的常见特点是可以看见织物当中的断头。

花纹错色疵 (Broken Colour Pattern)——对梭织织物而言，这种情况指的是花纹的不连续性，在用织布机通丝描绘彩色图案时产生错误或者在纬纱断裂时对织布机进行维修以后对图像填充链的重新设置不正确都可能会导致这种缺陷的产生；对针织织物而言，这种情况是由梭换筒错误而产生的。

断纬疵 (Broken Pick)——这种情况指的是，由于纬纱断裂而导致在织物的部分宽度上缺少纬纱。

擦伤疵 (Bruise)(参考边撑疵)——这种情况指的是，由于正在进行编织的纱线或者已经编织完毕的织物受到磨损，从而导致纤维失去方向感并导致织物外观失真。

斑点疵 (Burl Mark)——这是一种由于某些物质过量而导致的变形，这些物质包括粗纺线，废物以及正在用修补工具来去除的飘头纱。

吊边疵 (Buttonhole Selvage)——这是一种织物织边缺陷，更换纬纱之前在织布机梭子上累积起来的过度张力是造成这种缺陷的原因。这种张力往往会限制织边纬纱的正确脱落以及交错，从而产生一种类似于扣眼的瑕疵。

擦伤纱 (Chafed Yarn)——这种缺陷指的是受到磨损的纱线，纱线受到磨损以后会使纤维失去方向感并令纱线失真。这种缺陷将会影响到纱线的可着色性，并常常会导致经向条花或纬向条痕的产生。

碎裂纬纱 (Chopped Filling)——这种缺陷是指纬纱方向上产生的不均衡现象，其特点是存在一个明显的或整齐的图案，而该图案是由绘图辊的偏心行为所造成的。

破洞疵 (Clip mark)——这种缺陷是指织物上未被染上色的地方，这种缺陷的产生是由于夹在织物边缘上的金属小夹子所造成的，这些小夹子是为了避免或修正织物织边在染色时翻折而使用的。

粗经疵（Coarse End）——这种情况指的是，有一根经纱的直径要明显大于织物正常经纱的直径。

粗纬疵（Coarse Pick）——这种情况指的是，有一根纬纱的直径要明显大于织物正常纬纱的直径。

粗支纱疵（Coarse Yarn）——这种情况指的是，有一根支纱的直径要明显大于织物正常支纱的直径。

起皱织物疵（Cockled Fabric）——对针织织物而言，这种缺陷是指，那些有皱纹的、皱缩的或隆起的不能在裁剪台上放平的织物。产生这种现象的原因可能是由于纱线无规则地扭曲，也可能是由于纱线在针织过程中张力不均衡，还可能是由于织物中的纱线在整理工序中的反应程度不均。

扭结纱疵（Cockled Yarn）——这种情况指的是，某根纱线中的一些纤维看起来显得很卷曲而且分不清纤维的方向。产生这种情况的原因是由于一些纱线纤维相对于绘图辊来说太长，从而导致在前一绘图辊松开这根纤维之前，后一绘图辊就已经把这根纤维夹住了，这样就会令纤维折断和卷曲。扭结纱在织物中看起来就好像是细小的搓捻。

彩色飞花织入疵（Colour Fly）——这种情况指的是在纱线或织物当中出现不同颜色的纤维杂质。

色纱穿错疵（Colour Misdraw）——对梭织织物而言，这种情况指的是，用织布机通丝来描绘的色纱与彩色图案和（或）织纹设计相反；对经纱针织织物而言，这种情况指的是，用导杆来描绘的色纱与花纹设计相反。

脱浆疵（Colour Out）——在印花过程中，如果贮存槽中的色浆快用完的话，将会造成印花图案的空白跳花。

拖浆疵（Colour Smear）——这种情况是由于在印花过程当中来涂抹颜料所造成的花纹变形。

硬褶痕疵（Compactor Crease）——对针织织物而言，这种缺陷指的是，由于在缩水率控制和稳定过程中采用起皱织物而造成的坚硬褶痕。

起皱疵（Corrugation）（参考预缩纹隐皱痕疵）——这种缺陷是由非正常工作的预缩整理机厚垫布所造成的搓板现象。

盖面疵（Cover）——这个术语通常用来描述织物的表面特性缺陷，比如经纱和纬纱的数量、花纹突出与否，以及其他可以通过改变两种纱线系统中的某一个纱线系统来获得的期望特性。

折痕疵 (Crease)——这种缺陷指的是，织物在压力下自己折叠所产生的折痕。

皱折条花疵 (Crease Streak)——这种缺陷指的是，在染色或修整工作中把织物弄折后所导致的可见后效应。

破损疵 (Damaged)——这种情况指的是，织物已经被损坏而不能再应用于预定的场合。

刀口痕纹疵 (Doctor Streak)——这种缺陷指的是，在印花过程中由于刮刀破损而产生的一条狭窄的、摆动的条花。

双经纱疵 (Double End)——这种情况指的是，在织物设计本来只需要一根经纱的地方却出现了两根经纱。

双纬纱疵 (Double Pick)——这种情况指的是，在织物设计本来只需要一根纬纱的织机梭口处却出现了两根纬纱。

成双疵 (Doubling)——对纬纱而言，这种情况是指，由于粗纱的两端同时撞上细纱的一端而造成这根纬纱的尺寸要比正常尺寸大两倍；对经纱而言，由于粗纱的两端同时撞上细纱的一端将会导致粗经。

拖尾疵 (Dragging End)——对于经纱针织织物而言，这种情况指的是，由于经轴把经纱给缠住了，从而导致经纱是在不稳定的张力条件下进行针织。

松紧条痕疵 (Drawback)——产生这种缺陷的原因是由于逐渐施加于许多经纱上的由一些不正常限制所造成的多余张力。当限制消除后，这些过分松弛的经纱会逐渐被织入织物当中，从而产生织物缺陷。

低垂纬纱疵 (Dropped Pick)——这种织物缺陷是由于无梭织机上的引纬装置不能及时夹住和松开纬纱而造成的。由于引纬装置不能及时松开纬纱，所以纬纱就会进入装置主体，从而在织物的宽度方向上造成一半的缺纬。另外，由于松开后的纬纱立即就会被织入织物当中，因而在这种情况下，织入织物当中的纬纱有时会缠成团。

染色条花疵 (Dye Streak)——这是一种与染料相关的条纹缺陷，它的产生主要取决于染料在织物上的应用情况或者说是织物对染料的吸收情况。

缺经疵 (End Out)——这种情况指的就是缺少经纱。

纬向条痕疵 (Filling band)——这种情况指的是,在织物宽度方向上有一条在视觉上显而易见的条痕。纬纱的物理或化学性质存在着差别是造成这种缺陷的直接原因。

纬向跳花疵 (Filling Floats)(参考纬跳纱、上跳花疵以及下跳花疵)——这种情况指的是,纬纱在本来应该与经纱交错的地方并没有与之交错,而是在其之上或之下自由伸展。

细经纱疵 (Fine End)——这种缺陷指的是,某根或某些经纱的直径明显要比织物正常经纱的直径小。

细支纱疵 (Fine Yarn)——对针织织物而言,这种缺陷指的是,某根或某些支纱的直径明显要比织物正常支纱的直径小,这种情况通常会导致在织物横列或织物横向上出现细线状的裂纹。

叠经疵 (Flat)——这种情况指的是平纹组织的穿错,导致的结果是两根经纱重叠在一起。

跳花疵 (Float)(参考经向跳花疵、纬向跳花疵以及跳针)——这种情况指的是,一根纱线在本来应该与相对纱线系统中的纱线相交错的地方并没有与之交错,而是在其上或其下自由伸展。

外来纤维 (Foreign Fiber)——这种情况指的是作为杂质存在的纤维,而不是普通的织物纤维。这些纤维杂质既可以存在于一根纱线内,也可以随机分布于整件织物当中。

外来杂质 (Foreign Matter)——这里的杂质是指除纤维杂质之外的其他污染物。

起球疵 (Fuzz Balls)——这种缺陷指的是由于受到织布机磨损而形成的包围经纱的纤维球。产生这种缺陷的原因通常是在经纱中缺乏足够的胶料,从而导致通常所指的“软纱”的形成。

飞花回丝等杂物织入疵 (Gout)——这种织物缺陷指的是,卷入纱线或卷入织布机梭口中的短纤维或飞花的积累。这种缺陷与粗纺线的不同之处在于,粗纺线在外形上通常是对称的,而飞花回丝等杂物织入缺陷通常看起来像没有牵伸的团块。

晕圈疵（Halo）——这种织物缺陷指的是，在染色的过程当中，由于染料向某一缺陷迁移而形成的把该缺陷包围起来的细纬档。

三角形破洞疵（Hang Pick）（参考缩纡疵）——这种情况指的是，在钢筘刮来之前，纬纱会在瞬间缠住经纱结头或缠住其他突出物。发生这种情况将导致在织物的表面上出现一种短环纬纱缺陷。

悬线疵（Hang Thread）——这种情况指的是，在织物的表面上有纱线悬挂着。产生这种情况有两个最主要的原因，其中一个原因是在修补完断头之后织布机没有能够夹住多余的纱线，另外一个原因是服装检验员没有能够去掉多余的纱线。

浆斑疵（Hard Size）——这种织物缺陷的特点是，在织物上会出现一块具有粗糙、坚硬手感的地方而且该地方看上去有云斑而且不均匀。这种情况在色织染纱中最为普遍，产生这种情况的原因是浆纱机停止工作，从而导致过剩的胶料凝结在纱线上。这种缺陷通常表现在织物宽度方向上出现的条痕。

错组织疵（Harness Balk）——这种织物缺陷是由于织布机通丝没有能够按照规定的序列来进行移动所造成的，从而导致纬纱在本来应该与经纱交错的地方并没有与之交错，而是在经纱上面漂浮着。

落综档疵（Harness Breakdown）——这种情况指的是，由于织布机通丝停止工作而导致那些由通丝牵引的经纱向织物前面或织物后面漂浮这种现象。

综光穿错（Harness Misdraw）——这种情况指的是，由织布机通丝牵引的一根或多根经纱与织纹设计相反。

破洞疵（Hole）——本术语的意义已经很清楚，用不着再进行详细描述。

拉入疵（Jerk-in）——这种情况指的是，织布机梭子在把正常纬纱拉入织物的同时也把一根多余的纬纱拉入织物当中。在常规织布机上，这种缺陷通常发生在纬管库一侧。产生这种现象最主要的原因是持线装置在纱线更换后没有能够从向外去的绕线筒上夹住纬纱。绕线筒足够长，能够让边撑丝条切断器来切断纱线。

扭结纬纱疵（Kinky Filling）——这种情况指的是，在织物上某个地方由于纬纱过分松弛而导致它能够在短距离内自我扭结。造成这种现象的原因有:织布机梭子装箱不正确;纬纱叉工作不正常;打梭棒功率过高;纬纱过度扭结以及纬纱捻度设置不合适等。

打结疵 (Knot)——这种情况指的是,纱线的两端系到一起了。

换纡纬档疵 (Loom Bar)——这种织物缺陷指的是在织物宽度方向上出现的色档,产生这种现象的原因是在更换纬纱以前在织布机梭子上存在着张力积累。这种缺陷在染织织物中最为普遍。

飞花织入疵 (Loom Waste)——这种情况指的是,在织布机上积累起来的废物通过气流或织布机梭子而进入织物当中。

缩纡疵 (Loopy Filling)(参考三角形破洞疵)——这种情况指的是,在钢筘刮来之前,纬纱会在瞬间缠住经纱结头或缠住其他突出物。发生这种情况将导致在织物的表面上出现一种短环纬纱缺陷。

松眼横列疵 (Loose Course)——对针织织物而言,这种情况指的是,由于纱线缺乏适度的张力而导致线圈横列的环结比正常的环结大。

停车色档疵 (Machine Stop)——这个术语用来描述在染色和修整过程中由于机器停止工作而把织物夹在机器当中所造成织物上出现的明显色档。一般情况下,这种缺陷表现为织物宽度方向上出现的显著色纬档。

经向蛛网疵 (Mat-up)——这种情况指的是,由于经纱缠在一起而破坏了经纱和纬纱的正确交错。产生这种现象的原因是织布机在纱线断裂时没有能够停下来,也可能是从其他地方来的飘头纱进入织布机中。经向蛛网的危害程度也可能不大,也可能极具破坏性。

穿错一综光(Misdraw-Harness)——这种情况指的是,由钢筘牵引的一根或多根经纱与设计相反。

穿错一钢筘 (Misdraw-Reed)——这种情况指的是,由钢筘牵引的一根或多根经纱与设计相反。

穿错一色纱 (Misdraw-Colour)——对梭织织物而言,这种情况指的是,由织布机通丝牵引的色纱与颜色图案及(或)织纹设计相反。对经纱针织织物而言,这种情况是指,由导杆牵引的色纱与花纹设计相反。

缺纬疵 (Mispick)——这种情况指的是,织纹设计由于缺少纬纱而遭到破坏。

漏纱疵（Missing Yarn）——对针织织物而言，漏纱这种情况通常是由于在纱线断开以后机器仍然继续运转所造成的。

漏选疵（Miss-Selection）——对针织织物而言，这种情况指的是，花纹由于偶然的漏线而遭到破坏。产生这种现象的原因可能是底脚片被粘住了，也可能是纱线喂入方式不正确。

混纬疵（Mixed Filling）——这种情况是指，由与织物中其他正常纬纱不同的纬纱所导致的一条可以看见的条痕。

混纺纱疵（Mixed Yarn）——这种织物缺陷是指在织物当中包含与织物具有不同化学或物理性质的纱线。

多斑疵（Mottled）——这个术语是用来描述有许多斑点的织物外观。产生斑点的原因可能是织物上的颜料涂抹不均匀，也可能是织物对颜料的吸收不均匀。

条花疵（Needle Line）——对针织织物而言，这种缺陷是指由弯针造成的垂直裂缝。在这种情况下，虽然图案丝毫不受影响，但是纵行的均匀布置会变形。

粒结疵（Neppiness）——这种情况指的是，在织物表面出现过多的缠结团块（粒结）。

筘痕疵（Open Reed）（参考筘路疵）——这是一种由弯曲筘片所造成的织物缺陷，其特点是在织物经向上有一块细长的条痕。

对花不准（Out of Register）——这种情况指的是，在印花过程中，由于印辊不同步而造成的花纹变形。

跳花疵（Overshot）——这种情况指的是，纬纱偏离了它的常规路径，并且没有与经纱在它们本来应该交错的地方相交错，而是在经纱之上自由伸展。这种缺陷最容易出现在距离织物织边十二到十五英寸范围以内的地方，而且是由于织布机设置不正确所造成的。

花纹缺陷（Pattern Defect）——对梭织织物而言，这种情况是指，交错的形成或者颜色的嵌入与织物的花纹设计相反，产生这种现象的原因是机器工作不正常，也可能是色纱在织布机通丝中的放置不正确。对针织织物而言，这种缺陷是指，缝线的形成或者颜色的嵌入与织物的花纹设计相反，产生这种现象的原因是机器工作不正常，也可能是色纱在粗纱架上的放置不正确。

针洞疵 (Pin Holes)——对于从针链拉幅机上碾过的织物而言，出现针洞很平常，但是如果针洞距离织物织边太远，或者针洞扩大以及撕裂的话，那么此时就产生了这种织物缺陷。

脱套疵 (Press Off)——对针织织物而言，这种情况是指，织物没有被织上，或者织物从机器上掉下来，还可能是花纹完全断裂和破坏。

皱纹疵 (Pucker)(参考预缩皱痕疵)——这种织物缺陷是指在预缩处理过程当中由于浸湿不均匀而产生的经向变形，一般来说，是由于喷雾头不好而造成的。这种缺陷可能会表现在波状的织物织边，也可能会影响到织物的任何其他区域。在采用一个喷雾头的情况下，产生的皱纹通常有八到十英寸宽。

钢筘穿错疵 (Reed Misdraw)——这种情况指的是，由钢筘牵引的一根或多根经纱与花纹设计相反。

筘路疵 (Reed mark)(参考筘痕疵)——这是一种由弯曲筘片所导致的织物缺陷，其特点是在织物经向上有一块细长的条痕。

筘路条花疵 (Reed Streak)——这是一种由坏钢筘所引起的经向条纹缺陷。由于纱线的布置不均匀，所以织物上可能会出现轻的或重的条纹，另外，坏钢筘还可能会对纱线产生磨损，改变纱线的染料亲和力。

筘片缺陷 (Reedy)——这种缺陷的特点是，在有条纹缺陷出现的地方通常会出现筘片花纹。产生这种现象的原因是由于钢筘太松，也可能是由于钢筘牵引的安排不正确，还可能是由于织布机的设置不正确。

布面毛糙 (Rough)——这个术语通常用来描述由于断针或断底脚片而造成的织物的粗糙或起皱的外观。

预缩纹隐皱痕疵 (Sanforize Corrugation)(参考起皱疵)——这种织物缺陷是由于预缩整理机厚垫布没有正常工作而导致的搓板现象。

预缩皱痕疵 (Sanforize Pucker)(参考皱纹疵)——这种织物缺陷是指在预缩处理过程当中由于浸湿不均匀而产生的经向变形，一般来说，是由于喷雾头不好而造成的。这种缺陷可能会表现为波状的织物织边，也可能会影响到织物的任何其他区域。在采用一个喷雾头的情况下，产生的皱纹通常有八到十英寸宽。

预缩布面粗糙（Sanforize Roughness）——这个术语通常用来描述由于过分预缩而造成的织物的粗糙或起皱的外观。

折皱疵（Scrimp）——这种缺陷是由于织物在褶皱或折叠状态下进行印花所造成的，当打开或展开褶皱或折痕的时候，花纹通常会遭到破坏。

4. 十分制检验

(1)经向疵点扣分法：

1"以下扣 1 分　　1"—5"扣 3 分

5"—10"扣 5 分　　10"—36"之间扣 10 分

(2)纬向扣分法：

1"以下扣 1 分　　1"—5"扣 3 分

5"—半门幅之间扣 5 分　　半门幅以上扣 10 分

(3)疵点的评分原则：

1)同一码中所有经纬向的疵点扣分不超过 10 分；

2)破洞不论大小扣 10 分；

3)布边半英寸内不扣分；

4)连续性疵点须开裁或降等外品；

5)任何大于针孔的洞均扣 10 分；

6)无论经向或纬向，无论是何病疵，都以看得见为原则，并按疵点评分给予正确扣分；

7)除了特殊规定(比如涂层上胶布)，通常只需检验布的正面。

(4)等级计算方法：

1)可接受范围＝总分数小于总码数；

2)百码扣分不得超过一百分。

5. 服装出口常用的 AQL2.5 & 4.0 标准

(1)AQL 查检概述：AQL 是英文 Acceptable Quality Level 的缩写，即质量水平，它是检验的一个参数，不是标准。验货的时候根据批量范围、检查水平、AQL 值决定抽样的数量和合格与不合格产品的数量。服装质量检查采用一次抽样方案，服装批量的合格质量水平（AQL)为 2.5，检查水平为一般检查水平，检查的严格度为正常检查。其抽样方案见下表：

正常检查一次抽样方案是：(AQL－2.5 及 AQL－4.0)

总数量		抽查数量	AQL1.0		AQL1.5		AQL2.5		AQL4.0		AQL6.5	
FROM	TO		接受	拒绝	接受	拒绝	接受	拒绝	接受	拒绝	接受	拒绝
2	8	2	0	0	0	0	0	0	0	0	0	1
9	15	3	0	0	0	0	0	0	0	1	0	1
16	25	5	0	0	0	0	0	1	0	1	0	1
26	50	8	0	0	0	1	0	1	0	1	1	2
51	90	13	0	1	0	1	0	1	1	2	2	3
91	150	20	0	1	0	1	1	2	2	3	3	4
151	280	32	0	1	1	2	2	3	3	4	5	6
281	500	50	1	2	2	3	3	4	5	6	7	8
501	1200	80	2	B3	3	4	5	6	7	8	10	11
1201	3200	125	3	4	5	6	7	8	10	11	14	15
3201	10000	200	5	6	7	8	10	11	14	15	21	22
10001	35000	315	7	8	10	11	14	15	21	22	over	over
35001	150000	500	10	11	14	15	21	22	over	over	over	over
150001	500000	800	14	15	21	22	over	over	over	over	over	over
500001	over	1250	21	22	over	overs	over	over	over	over	over	over

(2)服装查检的项目。

1)尺寸外形检查——尺寸外形表。

①关键尺寸点——衣领长(平织)、领宽、领围(针织)、领展(针织)、胸围、袖弄、袖开口(长袖)、袖长(至袖边)、后长(平织)、中心量(针织)、肩顶量裤腰，下臀围、前浪、后浪、拉链开、裤脚口、内围 、裤后中长；

②非关键尺寸点——非关键尺寸点，如最小须展、肩高点、胸围、袖片、前后浪、腰内围、下臀围、平袋位、开口。

2)疵点检查：对所有衣服的外观、外形、辅料和找出的疵点都分别归类。

(3)评分标准。

AQL 是百件衣服内最大的疵点积分数，它是根据抽样检查后，达到合格判定数 Ac(件)，认为此服装批量（件)平均加工水平为满意；达到不合格判定数 Re(件)，认为此服装批量（件)平均加工水平为不能接受的水平。对于检查过程中评分的标准如下：

1)一般疵点——从订单的组织规格和质量标准出发，它将不能达到产品的表现性能，影响成衣的外观和内在。非关键尺寸点，一般疵点，返修能消除疵点对成衣的外观和内在的影响。如果在此疵点基础上进行返修的成衣工厂，出货前一定要做 100% 的再检查，检查者可以限定检查的特定规格、颜色、尺寸等。三个一般疵点折算为一个严重疵点。

2)严重疵点——影响成衣的外观、外形。当消费者购买时，看到这类疵点不会再买这件衣服，或者这类疵点将导致第一次或洗后穿着不舒服，消费者会退回衣服。如破损、斑渍、色条、破洞、关键尺寸点，属于严重疵点。发现一个严重疵点，则判定此件衣服不合格或不可接受。

书目介绍

乐 贸 系 列

外贸操作实务子系列

书名	作者	定价	书号	出版时间
1. 外贸纠纷处理实务——案例与技巧	熊志坚	35.00 元	978-7-80165-789-3	2011 年 1 月第 1 版
2. 报检七日通	徐荣才 朱瑾瑜	22.00 元	978-7-80165-715-2	2010 年 8 月第 1 版
3. 实用外贸技巧助你轻松拿订单	王陶(波锅涅)	25.00 元	978-7-80165-724-4	2010 年 4 月第 1 版
4. 外贸业务经理人手册(第 2 版)	陈文培	39.00 元	978-7-80165-671-1	2010 年 1 月第 1 版
5. 外贸会计实务精要	疏 影	28.00 元	978-7-80165-633-9	2009 年 5 月第 1 版
6. 外贸实用工具手册	本书编委会	32.00 元	978-7-80165-558-5	2009 年 1 月第 1 版
7. 外贸实务经验分享 33 例	沱沱网中文站	28.00 元	978-7-80165-560-8	2009 年 1 月第 1 版
8. 外贸实务案例精华 80 篇	刘德标 吴珊红	29.80 元	978-7-80165-561-5	2009 年 1 月第 1 版
9. 快乐外贸七讲	朱芷萱	22.00 元	978-7-80165-373-4	2009 年 1 月第 1 版
10. 危机生存——十位经理人谈金融危机下的经营之道	本书编委会	22.00 元	978-7-80165-586-8	2009 年 1 月第 1 版
11. 外贸七日通(最新修订版)	黄海涛(深海鱿鱼)	22.00 元	978-7-80165-397-0	2008 年 8 月第 3 版
12. 金牌外贸业务员找客户——17 种方法·案例·评析	陈念祥 张思羽	35.00 元	978-7-80165-543-1	2008 年 8 月第 2 版
13. 出口营销实战(最新修订版)	黄泰山	38.00 元	978-7-80165-306-2	2008 年 5 月第 2 版
14. 出口营销策略(《出口营销实战》升级版)	黄泰山 冯斌	35.00 元	978-7-80165-459-5	2008 年 5 月第 1 版
15. 进口实务操作指南——步骤·实例·经验技巧	中国进口网	55.00 元	978-7-80165-493-9	2008 年 5 月第 1 版

出口风险管理子系列

书名	作者	定价	书号	出版时间
1. 出口风险管理实务(第二版)	冯 斌	48.00 元	978-7-80165-725-1	2010 年 4 月第 2 版
2. 50 种出口风险防范	王新华 陈丹凤	35.00 元	978-7-80165-647-6	2009 年 8 月第 1 版

书名	作者	定价	书号	出版时间

外贸单证操作子系列

书名	作者	定价	书号	出版时间
1. 信用证审单有问有答 280 例	李一平　徐珺	37.00 元	978-7-80165-761-9	2010 年 8 月第 1 版
2. 外贸单证经理的成长日记	曹顺祥	38.00 元	978-7-80165-716-9	2010 年 3 月第 1 版
3. 外贸单证解惑 280 例	龚玉和　齐朝阳	38.00 元	978-7-80165-638-4	2009 年 7 月第 1 版
4. 信用证 6 小时教程	黄海涛（深海鱿鱼）	25.00 元	978-7-80165-624-7	2009 年 4 月第 2 版
5. 跟单高手教你做跟单	汪　德	32.00 元	978-7-80165-623-0	2009 年 4 月第 1 版
6. 外贸单证处理技巧（第 3 版）	屈　韬	42.00 元	978-7-80165-516-5	2008 年 5 月第 1 版
7. 进出口单证实务案例评析	袁永友　柏望生	33.00 元	978-7-80165-371-8	2006 年 8 月第 1 版

福步外贸高手子系列

书名	作者	定价	书号	出版时间
1. 小小开发信　订单滚滚来——外贸开发信写作技巧及实用案例分析	薄如骢	26.00 元	978-7-80165-551-6	2008 年 8 月第 1 版
2. 外贸技巧与邮件实战	刘　云	28.00 元	978-7-80165-536-3	2008 年 7 月第 1 版

国际物流操作子系列

书名	作者	定价	书号	出版时间
1. 货代高手教你做货代——优秀货代笔记	何银星	25.00 元	978-7-80165-696-4	2010 年 1 月第 1 版
2. 国际物流操作风险防范——技巧·案例分析	孙家庆	32.00 元	978-7-80165-577-6	2009 年 4 月第 1 版
3. 集装箱运输与海关监管	赵　宏	23.00 元	978-7-80165-559-2	2009 年 1 月第 1 版

通关实务子系列

书名	作者	定价	书号	出版时间
1. 如何通过原产地证尽享关税优惠	南京出入境检验检疫局	50.00 元	978-7-80165-613-8	2009 年 4 月第 3 版
2. 海关进出口商品归类基础与训练	温朝柱	36.00 元	978-7-80165-496-0	2009 年 1 月第 1 版
3. 最新报关单填制实用辅导	盛新阳　彭飞	38.00 元	978-7-80165-497-7	2008 年 10 月第 1 版
4. 最新商品归类技巧	赵　宏	38.00 元	978-7-80165-520-2	2008 年 9 月第 1 版
5. 报关实务一本通	苏州工业园区海关	28.00 元	978-7-80165-518-9	2008 年 6 月第 1 版

书名	作者	定价	书号	出版时间
彻底搞懂子系列				
1. 彻底搞懂中国自由贸易区优惠	刘德标　祖月	34.00 元	978-7-80165-762-6	2010 年 8 月第 1 版
2. 彻底搞懂贸易术语	陈　岩	33.00 元	978-7-80165-719-0	2010 年 2 月第 1 版
3. 彻底搞懂海运航线	唐丽敏	25.00 元	978-7-80165-644-5	2009 年 7 月第 1 版
4. 彻底搞懂信用证	王腾　曹红波	29.80 元	978-7-80165-639-1	2009 年 7 月第 1 版
5. 彻底搞懂提单	张敏　赵通	29.80 元	978-7-80165-602-5	2009 年 6 月第 1 版
6. 彻底搞懂关税	孙金彦	29.00 元	978-7-80165-618-6	2009 年 6 月第 1 版
外贸英语实战子系列				
1. 外贸英语函电实战	梁金水	25.00 元	978-7-80165-705-3	2010 年 1 月第 1 版
2. 外贸英语口语一本通	刘新法	29.00 元	978-7-80165-537-0	2008 年 8 月第 1 版
3. 英汉物流词汇精析——结合实务操作	应海新	68.00 元	978-7-80165-517-2	2008 年 5 月第 1 版
外贸谈判子系列				
1. 外贸英语谈判实战	王慧　吴旻　张海军　蒋晓杰　仲颖	32.00 元	978-7-80165-767-1	2010 年 9 月第 1 版
2. 外贸谈判策略与技巧	赵立民	26.00 元	978-7-80165-645-2	2009 年 7 月第 1 版
国际商务往来子系列				
国际商务礼仪大讲堂	李嘉珊	26.00 元	978-7-80165-640-7	2009 年 12 月第 1 版
贸易展会子系列				
外贸参展全攻略——如何有效参加 B2B 贸易商展(第二版)	钟景松	33.00 元	978-7-80165-779-4	2010 年 10 月第 2 版
区域市场开发子系列				
中东市场开发实战	刘军　沈一强	28.00 元	978-7-80165-650-6	2009 年 9 月第 1 版
国际结算子系列				
1. 国际结算函电实务	周红军　阎之大	40.00 元	978-7-80165-732-9	2010 年 5 月第 1 版
2. 出口商如何保障安全收汇——L/C、D/P、D/A、O/A 精讲	庄乐梅	85.00 元	978-7-80165-491-5	2008 年 5 月第 1 版

书名	作者	定价	书号	出版时间
国际贸易金融工具子系列				
1. 出口信用保险——操作流程与案例	中国出口信用保险公司	35.00元	978-7-80165-522-6	2008年5月第1版
2. 福费廷	周红军	26.00元	978-7-80165-451-9	2008年1月第1版
加工贸易操作子系列				
加工贸易企业关务作业统筹	熊　斌	29.80元	978-7-80165-423-6	2009年3月第1版
乐税子系列				
1. 生产企业免抵退税实务——经验、技巧分享	徐玉树	35.00元	978-7-80165-780-0	2011年1月第1版
2. 生产企业免抵退税从入门到精通	中国出口退税咨询网	98.00元	978-7-80165-695-7	2010年1月第1版
3. 出口涉税会计实务精要（《外贸会计实务精要》第2版）	龙博客工作室	32.00元	978-7-80165-660-5	2009年9月第2版
专业报告子系列				
1. 国际工程风险管理	张　燎	1980.00元	978-7-80165-708-4	2010年1月第1版
2. 涉外型企业海关事务风险管理报告	《涉外型企业海关事务风险管理报告》研究小组	1980.00元	978-7-80165-666-7	2009年10月第1版
外贸企业管理子系列				
小企业做大外贸的四项修炼	胡伟锋	26.00元	978-7-80165-673-5	2010年1月第1版
国际贸易金融子系列				
国际贸易金融服务全程通	赵小凡　张丽君　张贝	39.80元	978-7-80165-759-6	2010年8月第1版

“实用型”报关与国际货运专业教材

书名	作者	定价	书号	出版时间
1. 电子口岸实务	杨鹏强　林青	30.00元	978-7-80165-771-8	2010年9月第1版
2. 国际集装箱班轮运输实务	林益松　郑海棠	43.00元	978-7-80165-770-1	2010年9月第1版

书名	作者	定价	书号	出版时间
3. 报关实务(第2版)	杨鹏强	39.00元	978-7-80165-758-9	2010年7月第2版
4. 报检实务	孔德民	30.50元	978-7-80165-717-6	2010年5月第1版
5. 国际贸易单证实务	丁行政	45.00元	978-7-80165-706-0	2010年2月第1版
6. 国际货运代理操作实务	杨鹏强	45.00元	978-7-80165-709-1	2010年1月第1版
7. 航空货运代理实务	杨鹏强	37.00元	978-7-80165-707-7	2010年1月第1版
8. 进出口商品归类实务	林　青	39.50元	978-7-80165-667-4	2009年12月第1版
9. 进出口商品归类实务——实训题参考答案	林　青	12.00元	978-7-80165-692-6	2009年12月第1版
10. 现代关税实务	李　齐	30.00元	978-7-80165-643-8	2009年8月第1版

待出：

供应链管理实务

"精讲型"国际贸易核心课程教材

书名	作者	定价	书号	出版时间
1. 国际贸易实务精讲(第4版)	田运银	45.00元	978-7-80165-764-0	2010年9月第4版
2. 国际贸易实务疑难解答	田运银	20.00元	978-7-80165-718-3	2010年9月第1版
3. 国际贸易单证精讲(第2版)	田运银	42.00元	978-7-80165-669-8	2010年1月第2版
4. 集装箱运输系统与操作实务精讲	田聿新　杨永志　汤　玮	38.00元	978-7-80165-642-1	2009年7月第1版
5. 国际货运代理实务精讲	杨占林	39.00元	978-7-80165-636-0	2009年6月第1版
6. 海关法教程(第2版)	刘达芳	40.00元	978-7-80165-605-6	2009年3月第1版

待出：

1. 国际贸易规则与惯例实务精讲
2. 国际营销实务精讲
3. 国际商务谈判实务精讲
4. 国际结算实务精讲
5. 报关实务精讲
6. 外贸业务员英语实务精讲
7. 国际投资实务精讲
8. 国际技术贸易实务精讲

书名	作者	定价	书号	出版时间
电子商务大讲堂·外贸培训专用				
1. 外贸操作实务	本书编委会	30.00 元	978-7-80165-621-6	2009 年 5 月第 1 版
2. 网上外贸——如何高效获取订单	本书编委会	30.00 元	978-7-80165-620-9	2009 年 5 月第 1 版
3. 出口营销指南	本书编委会	30.00 元	978-7-80165-619-3	2009 年 5 月第 1 版
4. 外贸实战与技巧	本书编委会	30.00 元	978-7-80165-622-3	2009 年 5 月第 1 版

以上图书均可在当当网、卓越网及各地新华书店等处购买。若有其他购书意向，请与本社发行部联系，联系电话：(010)65194229。

Power of Information 信息就是竞争力！

每期随刊赠送《中华人民共和国海关总署文告》光盘

《中国海关》杂志是中国海关知识性权威月刊，立足海关，面向社会尤其是进出口企业。它权威解读通关政策，详尽介绍海关监管信息，深度透析我国贸易动向，为通关者提供独家的资讯财富。

China Customs Monthly is an authorized publication on customs knowledge in China. Sponsored by China Customs, the magazine has been striving to provide the most valuable information for the public, especially for the enterprises engaged in international businesses, with its official interpretation of China's clearance policies, detailed reports on customs supervision, and in-depth analysis of Chinese trade.

进出口企业手中宝典 Bible of Import and Export

《中国海关》杂志为月刊，大16开国际流行版式，全彩精美印刷

定价（含邮资）：26元/期，312元/年

港澳台地区及海外定价：15美元/期，180美元/年

HongKong,Macao,Taiwan and overseas price: $15 each, $180 one year

国内统一刊号：CN11-2553/Z

国内邮发代号：2-838

国际标准刊号：ISSN1001-0637

海外发行代号：M-1081

中国海关杂志社编辑出版的其他刊物 Our other publications

中国海关统计年鉴

（中、英文版）

1800元/上、中、下卷

《中国海关统计年鉴》是按年度发表的中国对外贸易最详细的统计数据，是优秀外贸企业制定进出口战略必备的可信资料。

China Customs Statistics Yearbook is the most detailed statistics of China's foreign trade. It will be a valuable reference for firms to establish their import and export strategy.

中国对外贸易指数

（月刊）

70元/期，840元/年

《中国对外贸易指数》反映的是我国一定时期进出口商品、价格和数量变动趋势及幅度的月刊，是洞察市场行情、驾驭市场风云的宝贵资讯。

China's External Trade Indices Monthly focuses on the changes of structures, prices, and quantities of imported and exported goods in China. Through these data, readers will be able to find out the shift trend of Chinese foreign trade.

海关统计

（月刊，中、英文版）

60元/期，720元/年

《海关统计》是中国进出口货物贸易数据月度信息，由中国海关收集、整理和编制，具有权威、全面和国际可比性，是社会各界尤其是进出口企业及时了解国际贸易行情的重要工具。

China's Customs Statistics releases monthly import and export figures of China. The official data collected by China Customs cover all sectors of Chinese foreign trade. This, along with the data's international comparability, will help firms in comprehending the foreign trade market.

订阅办法 How To Subscribe

A 直接向本刊运营部订阅（订阅电话：13911533857/13701293970）
From the Operations Department of our publishing house(tell:13911533857/13701293970)

B 到所在地海关本刊发行点订阅
From our outlets in your local Customs offices

C 到当地邮政局（所）订阅
From your local postoffices

D 拨打当地已开通的11185电话请邮政局（所）上门订阅
Dial 11185 and get home-visit services from the post

上述四种订阅办法可任选一种，可破月破季订阅 You can do it at any time